"十四五"职业教育国家规划教材

物流技术与实务

（第三版）

翁兆波　主编

中国财政经济出版社

图书在版编目（CIP）数据

物流技术与实务 / 翁兆波主编．—3 版．—北京：
中国财政经济出版社，2023. 8（2025.8重印）
“十四五”职业教育国家规划教材
ISBN 978 -7 -5223 -2385 -5

Ⅰ．①物… Ⅱ．①翁… Ⅲ．①物流技术 - 职业教育 - 教材 Ⅳ．①F253. 9

中国国家版本馆 CIP 数据核字（2023）第 142831 号

责任编辑：张 铮　　责任校对：张 凡
封面设计：卜建晨　　责任印制：张 健

中国财政经济出版社 出版
URL：http：//www. cfeph. cn
E - mail：cfeph @ cfeph. cn

社址：北京市海淀区阜成路甲 28 号 邮政编码：100142
营销中心电话：88190406 北京财经书店电话：64033436 84041336
北京密兴印刷有限公司印刷 各地新华书店经销
成品尺寸：185mm×260mm 16 开 15.25 印张 381 000 字
2023 年 8 月第 3 版 2025 年 8 月北京第 2 次印刷
定价：47. 00 元
ISBN 978 -7 -5223 -2385 -5
（图书出现印装问题，本社负责调换）
本社质量投诉电话：88190744
打击盗版举报热线：010 -88190492、QQ：634579818

编写 说明

现代物流是由运输、保管、配送、包装、装卸、流通加工及物流信息处理等多项创造时间价值和空间价值的经济活动组成。物流技术是物流活动中所采用的自然科学与社会科学方面的理论、方法，以及设施、设备、装置与工艺的总称。按实物运作过程进行划分，物流技术可以分为包装技术、运输技术、储存保管技术、装卸搬运技术、流通加工技术和配送技术等。物流技术的改进和应用是促进物流发展的重要动力。

本书依据教育部中等职业学校物流服务与管理专业《物流技术与实务课程标准》组织编写，物流技术与实务课程是根据物流服务与管理专业要求开发的一门理论与实践相结合的课程。主要介绍了现代物流的基本原理以及物流职业活动中涉及的基本技术和操作，内容注重理论与实践的结合，具有较强的基础性。物流技术与实务课程主要任务是使学生了解物流的基本原理，掌握物流活动中涉及的物流技术及操作流程，培养学生诚实守信、遵纪守法的品质以及动手能力，为就业提供实践操作积累。

本次教材修订为贯彻落实党的二十大精神，把全面推进习近平新时代中国特色社会主义思想和党的二十大精神进教材作为首要任务，以教育部有关文件、职业院校教材规划以及国家教学标准和职业标准（规范）为依据，结合学科特点，发挥育人作用，将价值塑造、知识传授和能力培养三者有机融合，形成育人合力。在掌握物流专业技能的同时引导学生树立正确的世界观、人生观和价值观，确保习近平新时代中国特色社会主义思想和党的二十大精神进教材落实到位，发挥铸魂育人实效。

本书共分六大项目 17 个工作任务。采用“项目引导、任务驱动”模式。以工作任务引领知识、技能和态度，使学生在完成工作任务的过程中学习相关知识技能，发展综合职业能力。理论知识部分围绕完成工作任务的需要来选择，注重内容的实用性和针对性。任务设计力求做学一体，打破理论与实践二元分离的局面，以任务为核心实现理论与实践一体化教学。

本书任务引领的结构设计符合职业教育实践导向的教育思想，并注意将职业能力培养渗透到专业能力教学之中。

每个任务具体设计以下模块：

任务目标：任务实施的方向和预期达成的结果，包括知识目标、能力目标。

任务描述：从工作需求中提出任务，描述任务完成的效果。

任务准备：完成任务所需要的场地、设备、器材、课时。

相关知识：讲解任务涉及的知识与技能和完成任务的操作方法与技巧。

应用训练：根据任务目标设计实训内容，以及完成实训任务的操作步骤。

成果展示：通过展示交流共同分享学习成果，激发学习成就感。

任务评价：根据任务内容制定成绩评价标准。

拓展提升：介绍相关典型案例，开拓学生视野，提高专业知识和技能。

综合练习：根据教学要求需要学生记忆的理论知识与操作要点。

本书共分六大项目，分别为认知现代物流、认知物流原理、仓储技术与实务、货物运输技术与实务、物流配送技术与实务、物流数据采集技术与实务。

本书由多年从事物流教学、企业培训的教师和行业专家编写。参加本书编写工作的有：曹爱华（编写项目一），盛卉（编写项目二），蔡美好（编写项目三），周雪（编写项目四），鲁洁（编写项目五），翁兆波（编写项目六）；全书由翁兆波担任主编。

本次教材修订根据出版以来专家读者的反馈意见及教学方面的要求，将原书做了重要调整，补充大量新的必要的内容，增加了我国物流行业的新成就、新技术、新案例，使技术与实践结合，更具有时代性和操作性。本书在编写过程中参阅了部分国内外同行的学术研究成果，参考和引用了所列参考文献中的某些内容，谨向这些文献的编著者致以诚挚的谢意。因时间有限，疏漏在所难免，殷切希望广大读者批评指正。

翁兆波

2022 年 11 月

目　录

项目一 1 认知现代物流

任务1 典型现代物流企业认知

任务目标

知识目标：

- □ 理解物流企业的概念、基本职能、任务、分类
- □ 了解现代物流企业管理模式、现代物流企业文化
- □ 熟悉现代物流企业的组织结构

能力目标：

- □ 能判断现代物流企业类型及经营模式
- □ 能正确识别现代物流企业组织结构

素养目标：

- □ 严格遵守物流行业的职业道德，遵守行业法律、法规
- □ 自觉关注我国物流企业发展前沿和动态，增强民族自豪感和自信心

任务描述

现代物流企业能够按照客户物流需求对运输、储存、装卸、包装、流通加工、配送等基本功能进行组织和管理，在现代经济活动中发挥着越来越重要的作用。本任务要求学生通过实例分析与实地参观等活动，对现代物流企业的类型、组织结构、日常运作、发展趋势有初步认识。

任务准备

1. 学生5人一组，上网初步了解知名的现代物流企业。
2. 分组访查有关物流企业，以观察者身份观察物流企业。
3. 实训时间：4课时。

用新的伟大奋斗
创造新的伟业

相关知识

一、认知现代物流

物流（logistics）是指利用现代信息技术和设备，将物品从供应地向接受地准确的、及时的、安全的、保质保量的、门到门的合理化服务模式和先进的服务流程。物流是随商品生产的出现而出现，随商品生产的发展而发展，所以物流是一种古老的传统的经济活动。它将运输、储存、装卸、搬运、包装、流通加工、配送、信息处理等基本功能有机的结合起来（见图1－1）。

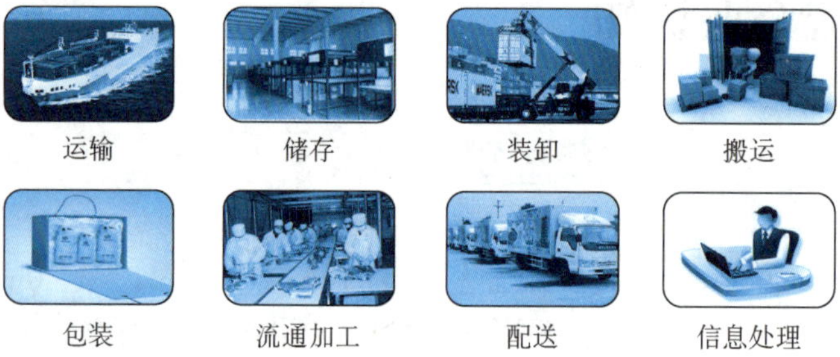

图1－1　物流的基本功能

例如，服装物流包括服装原料采购、服装设计、集中生产加工、包装、搬运、运输、物流中心入库、配送、进入终端渠道等过程（见图1－2）。

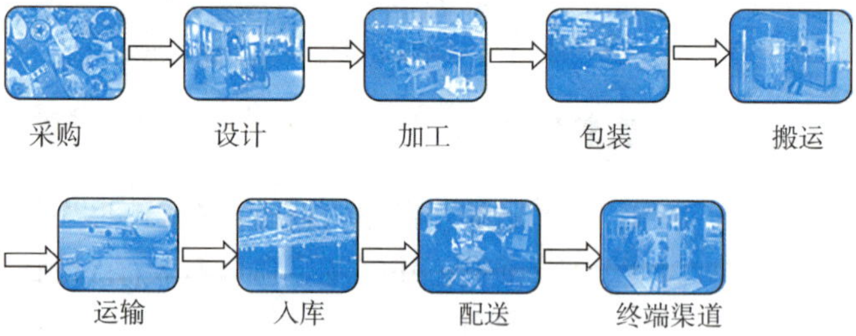

图1－2　服装物流过程

水果物流包括水果采摘、初步分拣、品质检验、包装、搬运装车、运输、物流中心入库、配送、进入终端渠道等（见图1－3）。

消费类电子产品物流包括原料采购、集中加工、制造与装配、包装、搬运、运输、物流中心入库、配送等（见图1－4）。

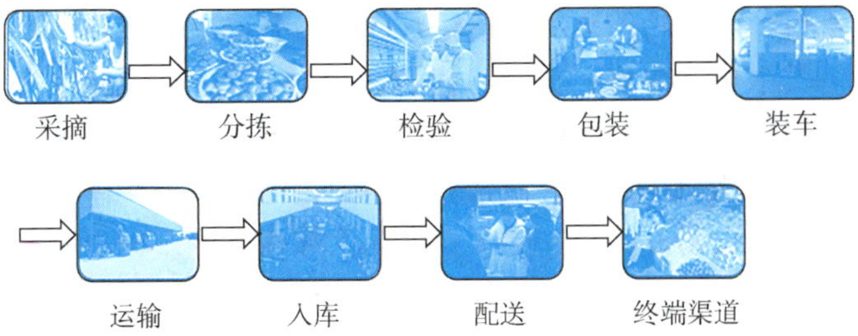

图 1－3　水果物流过程

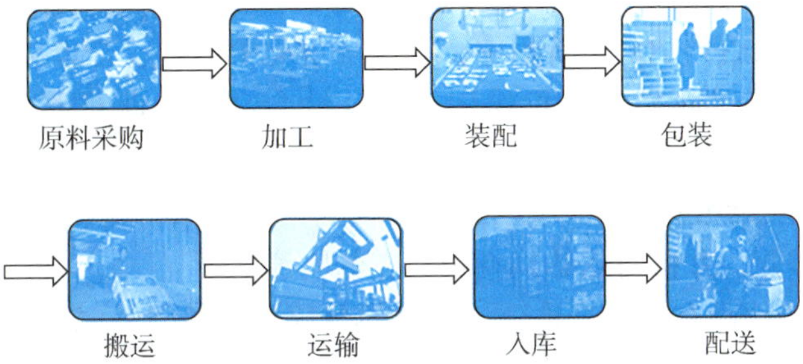

图 1－4　电子产品物流过程

物流中的“物”是物质资料世界中同时具备物质实体特点和可以进行物理性位移的那一部分物质资料。“流”是物理性运动，这种运动有其限定的含义，就是以地球为参照系，相对于地球而发生的物理性运动，称之为“位移”。流的范围可以是地理性的大范围，可以是在同一地域、同一环境中的微观运动，小范围位移。

“物”和“流”的组合，是一种建立在自然运动基础上的高级的运动形式。其互相联系是在经济目的和实物之间，在军事目的和实物之间，甚至在某种社会目的和实物之间，寻找运动的规律。

小知识

物流的起源

物流的起源可以追溯到原始社会，原始人将剩余产品放到栖身之所如自然洞穴中，这就是物流的雏形。而从奴隶社会开始，私有制的产生，以及之后的战争物资的运输，都需要：“兵马未动，粮草先行”，这正是物流活动的体现。

物流一词最早出现在美国，20 世纪初，一些发达的资本主义国家出现生产过剩与需求相对不足的经济危机，市场竞争的加剧使人们开始关注分销工作，萌发了物流的概念。第二次世界大战期间，美国在军队后勤保障供应系统中，成功地运用了“物流”技术，在军队的后勤供应中开创了物流的先河。

“物流”一词在 20 世纪 50 年代中期由美国引入日本，开始是在日语汉字中称“物的流通”，后简称“物流”。我国开始使用物流一词是在 20 世纪 80 ~ 90 年代。

● **运输功能**是物流的主要功能之一。运输是使用设备和工具，将物品从一地点向另一地点运送的物流活动。其中包括**集货、分配、搬运、中转、装入、卸下、分散**等一系列操作。运输的形式主要有**铁路运输、公路运输、水上运输、航空运输和管道运输**等。

● **储存功能**是物流的基本功能之一。储存是指保护、管理、储藏物品，具有时间调整和价格调整的功能。它的重要设施是仓库，在商品入库信息的基础上进行在库管理。

● **搬运功能**是指在同一场所内，对物品进行水平方向移动为主的物流作业；装卸功能是指在指定地点以人力或机械装入运输设备或从运输设备卸下，它是一种以垂直方向移动为主的物流作业。

● **包装功能**是指对于包装物的作用和效应，从产品到商品，一般要经过生产领域、流通领域、销售领域，最后到达消费者手中，在这个过程中包装起着非常重要的作用。包装功能包括：自然功能，即对商品起保护作用；以及社会功能，即对商品起媒介作用以扩大销售。

● **配送功能**是指在经济合理区域范围内，根据用户要求，对物品进行挑选、加工、包装、分割、组配等作业，并按时送达到指定地点的物流活动。

● **加工功能**是指物品在从生产地到使用地的过程中，根据需要施加包装、分割、计量、分拣、组装、价格贴付、商品检验等简单作业的总称。

● **物流信息处理**是指针对反映物流各种活动内容的知识、资料、图像、数据、文件等信息进行有效处理的活动。

小贴士

传统物流与现代物流比较

传统物流	现代物流
简单的位移	增值服务
被动服务	主动服务
人工控制	信息管理
无统一服务标准	标准化服务
点到点、线到线	全球化
单一管理	系统管理

二、物流企业

根据中国物流协会的最新界定，物流企业是指从事物流活动的经济组织，至少从事运输（含运输代理、货物快递）或仓储一种经营业务，并能够按照客户的物流需求对运输、储存、装卸、包装、流通加工、配送等基本功能进行组织和管理，具有与自身业务相适应的信息管理系统，实行独立核算、独立承担民事责任的经济组织，非法人物流经济组织可比照适用。

三、物流企业类型

根据以物流服务某项功能为主要特征，同时向物流服务其他功能延伸的不同状况，将物流企业划分为不同类型。

（一）按功能划分

按照物流企业对某项功能的侧重划分，把物流企业分为运输型物流企业、仓储型物流企业和综合服务性物流企业。

1. 运输型物流企业。该类企业以从事货物运输服务为主，包括货物快递服务或运输代理服务，具备一定规模；可以提供门到门运输、门到站运输、站到门运输、站到站运输服务和其他物流服务；企业自有一定数量的运输设备；具备网络化信息服务功能，应用信息系统可对运输货物进行状态查询、监控。

物流五大运输方式发展形势

货物的运输方式主要有五种：铁路运输、公路运输、水路运输、航空运输和管道运输。

小知识

COSCO 创造价值 连接梦想

COSCO 中国远洋海运集团有限公司成立于1961年，远洋航线覆盖全球160多个国家和地区的1500多个港口，船队规模居世界第二。在全球取得飞速发展。

截至2022年6月30日，中国远洋海运集团经营船队综合运力11347万载重吨/1413艘，排名世界第一。其中，集装箱船队规模303万TEU/510艘，居世界前列；干散货船队运力4475万载重吨/442艘，油、气船队运力2929万载重吨/227艘，杂货特种船队556万载重吨/167艘，均居世界第一。

2. 仓储型物流企业。该类企业以从事仓储业务为主，为客户提供货物储存、保管、中转等仓储服务，具备一定规模；能为客户提供配送服务以及商品经销、流通加工等其他服务；企业自有一定规模的仓储设施、设备、自有或租用必要的货运车辆；具备网络化信息服务功能，应用信息系统可对货物进行状态查询、监控。

仓储是一项物流活动，它不是生产，也不是交易，而是为生产与交易服务的物流活动的一项。它包括了进出、库存、分拣、包装、配送以及信息处理等六个方面。“仓”也称为仓库，一般指为存放物品的建筑物和场地，可以为房屋建筑、大型容器、洞穴或者特定的场地等，具有存放和保护物品的功能；“储”表示收存以备使用，具有收存、保管、交付使用的意思，当适用有形物品时也称为储存。

小知识

富日物流的商业模式

杭州富日物流有限公司是一家2001年投资建立的现代第三方物流企业，注册资本为5000万元。公司起步时，以先进的“哈佛”现代物流理念为指导，以降低社会物流成本为己任，为客户提供仓储、配送、装卸、加工、代收款、信息咨询等物流服务，并迅速在当时的浙江物流业引发了一场冲击波。作为近几年崛起的新业态，它最大程度地整合社会资源，推动浙江物流业共同发展，物流辐射全国各地（除台湾外）。

富日物流拥有杭州市最大的城市快速消费品配送仓，已构建完成30万平方米常温带月台式物流中心，并已全部投入使用，为客户提供全方位的第三方物流服务，并正在九堡镇建造规模更大的600亩物流园区。富日物流已经是众多快速流通民用消费品的华东区总仓，其影响力和辐射半径还在日益扩大中。

富日物流通过引入西方先进的第三方物流经营理念，成功地开拓了以杭州为核心的周边物流市场，目前已成为杭州最大的第三方物流企业之一。富日物流的主要客户包括大型家用电器厂商（科龙、小天鹅、伊莱克斯、上海夏普、LG、三洋等）、酒类生产企业（五粮液的若干子品牌、金六福等）、方便食品生产企业（如康师傅、统一等）和其他快速消费品厂商（金光纸业、维达纸业等）。国美电器、永乐家电等连锁销售企业和华润万佳等连锁超市也与富日物流达成了战略合作关系。

富日物流的商业模式就是基于配送的仓储服务。制造商或大批发商通过干线运输等方式大批量地把货品存放在富日物流的仓库里，然后根据终端店面的销售需求，用小车小批量配送到零售店或消费地。富日物流公司为各客户单位每天储存的商品价值已达2.5亿元，还扩大了6万平方米的仓储容量，可使每天储存的商品价值达10亿元左右。富日物流已经成为浙江现代物流业乃至长三角地区的一匹“黑马”。富日物流为客户提供仓储、配送、装卸、加工、代收款、信息咨询等物流服务，利润来源包括仓租费、物流配送费、流通加工服务费等。

3. 综合服务型物流企业。该类企业从事多种物流服务业务，可以为客户提供运输、货运代理、仓储、配送等多种物流服务，具备一定规模；根据客户的需求，为客户制订整合物流资源的运作方案，为客户提供契约性的综合物流服务；按照业务要求，企业自有或租用必要的运输设备、仓储设施及设备；企业具有一定运营范围的货物集散、分拨网络；企业配置专门的机构和人员，建立完备的客户服务体系，能及时、有效地提供客户服务；具备网络化信息服务功能，应用信息系统可对物流服务全过程进行状态查询和监控。

小知识

2022年国内十大物流公司排行榜

1）中远海运　2）中国外运　3）顺丰速运　4）中铁快运　5）中邮物流
6）中国储运　7）德邦快递　8）京东物流　9）嘉里物流　10）安能物流

小知识

沃尔玛成功的关键——物流配送

沃尔玛公司是一家世界性连锁企业，以营业额计算为2011年全球最大的公司，总部位于美国阿肯色州的本顿维尔。沃尔玛之所以能够迅速增长，并且成为非常著名的公司，与沃尔玛在节省成本以及在物流运送、配送系统方面的成就是分不开的。

沃尔玛公司1962年建立第一个连锁商店，随着连锁商店数量的增加和销售额的增加，物流配送逐渐成为公司发展的“瓶颈”，于是1970年，沃尔玛在总部所在地建立起第一个配送中心，集中处理公司所销商品，比例高达40%。随着公司的不断壮大，配送中心的数量也不断增加，现在已建立62个配送中心，为全球4000多家连锁店提供配送服务，整个公司销售商品的85%由这些中心供应，而其最大几个竞争者只有约50%~65%的商品集中配送。

为了满足美国境内的3000多个连锁店的配送需要，沃尔玛公司在其国内共有3万辆大型集装箱挂车，5500辆大型货运卡车，24小时昼夜不停工作，每年运输总量达77.5亿箱，总行程6.5亿公里。合理调配如此规模的商品采购、库存、物流和销售管理，离不开高科技手段。为此，沃尔玛公司专门建立了电脑管理系统，卫星定位系统和电视调度系统，拥有世界第一流的通讯和信息技术。

沃尔玛总部的计算机控制中心规模仅次于美国五大角楼，超过了美国联邦航天局。全球4000多个店铺的销售、订货、库存情况随时可以调出查询。沃尔玛同休斯公司合作，发射了专用卫星，用于全球店铺的信息传递与车辆的定位与联络。公司5500辆运输卡车全部装上GPS定位系统，每辆车在什么位置、转载什么货、目的地是什么，公司一目了然。利用这些技术，公司可以合理安排运量，最大限度地发挥运输潜力，避免浪费、降低成本、提高效率。沃尔玛公司总裁大卫·格拉斯总结道：配送设施是沃尔玛成功的关键之一，如果我们有什么比别人干的好的话，那就是配送中心。

（二）按物流主体划分

按物流主体方的目的不同可将物流企业分为第一方物流企业、第二方物流企业、第三方物流企业等。

1. 第一方物流企业。生产企业或流通企业自己将商品送到客户手中的物流运作，不依靠社会化的物流服务。第一方物流实际上就是“供方物流”，或者叫“销售物流”，是由供应厂商到其各个用户的物流。第一方物流企业的业务核心是生产和供应商品，但为了其自身生产和销售的需要而进行物流网络及设施设备的投资、经营与管理。

小知识

第一方物流企业——海尔物流

海尔集团成立于1984年，总部位于中国青岛，目前成为国内综合家电第一品牌，并在世界各个地方建立了子公司、分支机构和工厂，在海外市场享有很高的声誉。

小知识

海尔集团的成功不仅归功于先进的制造技术和成功的企业理念，也离不开高效率的物流系统。1998 年，海尔在美国设厂遇到的第一个问题就是必须和美国市场联网，信息化和物流的瓶颈困惑使海尔意识到从海尔的国际化到国际化的海尔，首先要做的事情是建立全球供应链网络，而支撑这个网络体系的正是现代物流。于是，海尔下决心建立现代物流体系，这对当时的中国企业来说无疑是一项前所未有的创举。海尔集团的首席执行官张瑞敏也因此被誉为“中国物流觉醒第一人”。

1999 年海尔物流成立。海尔物流注重整个供应链全流程最优与同步工程，不断消除企业内部与外部环节的重复、无效的劳动，让资源在每一个过程中流动时都实现增值，使物流业务能够支持企业实现快速获取订单与满足订单的目标。

在现代物流理念的指导下，海尔物流经历了物流资源重组、供应链管理、物流产业化三个发展阶段。每个阶段都有侧重点，环环紧扣螺旋上升。物流重组阶段的任务是，建立组织机构，整合集团内部物流资源，降低物流成本。供应链管理阶段的任务是，实施供应链一体化管理，提高核心竞争力。物流产业化阶段的任务是，海尔物流推进本部在做好企业内部物流、增强企业核心能力的基础上，向物流企业转化，致力于社会化业务的拓展，使之成为企业新的经济增长点。

2. 第二方物流企业。商业企业从供应商市场购进各种物资而形成的物流，实际上就是“需求方物流”。第二方物流的核心是采购并销售商品，为了销售业务需要而投资相应的物流网络。

由于商业企业的核心竞争能力在于商品的销售能力，而从事物流业却非其核心竞争能力的业务，因此，第二方物流企业的物流业务成本一般比专业物流企业要高。

3. 第三方物流企业。第三方物流企业是相对于第一方物流企业和第二方物流企业而言的。第三方物流企业指的是在整合了各种资源后，能够为客户提供包括物流设计规划、解决方案以及具体物流业务运作等全部物流服务的专业物流企业。

生产经营企业为集中精力搞好主业，把原来属于自己处理的物流活动，以合同方式委托给专业物流服务企业即第三方物流企业，同时通过信息系统与物流服务企业保持密切联系，以达到对物流全程的管理和控制。即第三方物流企业提供由买卖双方之外的第三方完成货物的运输、搬运、包装、储存等物流服务。

在第三方物流迅速占据市场的今天，中国第一方和第二方物流的比重仍要比西方发达国家大得多，随着生产、流通领域竞争加剧，第一方和第二方选择第三方承担物流服务的情况将会更加普遍，这也说明国内物流外包市场有较大的发展空间。

小知识

第三方物流企业——顺丰速运

顺丰速运（集团）有限公司于1993年成立，总部设在深圳。公司初期的业务为顺德与香港之间的即日速递业务，随着客户需求的增加，顺丰的服务网络逐渐延伸广东省部分地区，并进一步扩大到广东省以外的城市。至2006年初，顺丰的速递服务网络已经覆盖国内20多个省及直辖市，101个地级市，包括香港地区，成为中国速递行业中民族品牌的佼佼者之一。

自成立以来，顺丰始终专注于服务质量的提升，不断满足市场的需求，在大中华地区（包括港、澳、台地区）建立了庞大的信息采集、市场开发、物流配送、快件收派等业务机构，建立服务客户的全国性网络，同时，也积极拓展国际件服务。采用标准定价、标准操作流程，各环节均以最快速度进行发运、中转、派送，并对客户进行相对标准承诺。特别"收一派二"的服务标准，即上门服务时效为收件1小时，派件2小时，相对于国内其他第三方物流企业来说，具有相当的竞争力。

速度是快递市场竞争的决定性因素。想要分到更多的市场份额，快递企业必须把速度放在第一位。顺丰有自己的专运货机，在2010年创建了属于自己的航空公司，从配货的机动性上或是从输送快件的时效性都极具优势，"即日达""次晨达""次日达"是顺丰的特色业务。据了解，无论是同城快递还是城际快递，民营快递企业都比中国邮政EMS快约50%，而顺丰则比其他民营快递还快约20%。速度造就了顺丰的成功，服务水平与服务态度也是顺丰的一大优势。

相关知识

你知道企业物流吗？

企业物流是指企业内部的物品实体流动。它从企业角度上研究与之有关的物流活动，是具体的、微观的物流活动的典型领域。

企业物流又可分为以下不同典型的具体物流活动：企业供应物流、企业生产物流、企业销售物流、企业回收物流、企业废弃物流等。

企业物流可理解为围绕企业经营的物流活动，是具体的、微观物流活动的典型领域。企业系统活动的基本结构式投入、转换、产出，对于生产类型的企业来讲，是原材料、燃料、人力、资本等的投入，经过制造或加工使之转换为产品或服务；对于服务型企业来讲则是设备、人力、管理和运营，转换为对用户的服务。物流活动便是伴随着企业的投入、转换、产出而发生的。相对于投入的是企业外供应或企业外输入物流，相对于转换的是企业内生产物流或企业内转换物流，相对于产出的是企业外销售物流或企业外服务物流。由此可见，在企业经营活动中，物流是渗透到各项经营活动之中的活动。

应用训练

物流业需求发展概况

一、活动内容

选定一个物流企业开展调研。

二、实践过程

1. 每个学生通过百度、谷歌等搜索网站，查询国内十大物流公司的名称以及公司的LOGO（提示：UPS、DHL、FedEX、马士基、日本运通、莱德系统、TNT、康捷国际、泛亚班拿、Exel）。

2. 查阅大型物流企业的网站，写出3～4个网址。

3. 组织小组调查了解本地一家知名物流企业，并进行实地调查。分析该物流企业的资源与能力，将结果填入下表。

××物流企业调查表

组别：　　　　　　　　　调查时间：

企业名称		地点	
企业类型		评估等级	
仓库总数		总仓储面积	
专列		江轮	
海轮		驳运车	
员工数		覆盖地区	
本次调查的证明人		证明人所在单位和职务	
证明人联系电话			
小组活动过程描述			
本次活动的感悟			
证明人对学生的评价			

4. 对所选的物流企业的各个部门进行考察，认真分析物流企业各个部门之间的关系，编制物流企业的组织结构图。

物流企业的组织根据其结构分为直线式、职能式、直线职能式、项目式、矩阵式和混合式等类型。

（1）直线式。直线式组织是最原始也是最简单的组织形式。它的特点是企业各级行政领导按照直线从上到下进行垂直领导，不另设置专业职能机构。这种组织形式的优点是机构少，权力集中，命令统一，决策和执行迅速，工作效率高。缺点是领导需要处理的事物太多，容易分散领导的精力，不利于提高企业的经营管理水平，领导的个人品行和能力对于组织的状态起到决定性的影响。适用于小型物流企业。

（2）职能式。在职能式组织形势下，企业最高领导把专业管理的职责和权限交给相应的职能管理机构，由它们在专业管理活动上直接经营指挥业务机构的活动。它的特点是各职能部门都由专业人士负责，部门内部反应快、效率高，缺陷是对工作容易形成多头领导，部门间相互协调比较困难。所以，这种组织结构在实践中没有被多数企业采用。

（3）直线职能式。直线职能式是目前最为流行的组织形式，是将直线式和职能式结合起来的一种组织形式。这种形式要求每一个职能部门仅对自己的下级部门实行直接管理，而对其他下级部门只起到监督指导作用。由于这种形式是取直线式和职能式两种形式之长，舍二者之短，是一种较好的形式，在实践中得到比较广泛的应用。我国大中型物流企业大都采用这种形式。

（4）项目式。项目式是以项目为核心，辅之以职能部门的组织形似。每一个项目组具有独立的单元，同时包含企业职能的各个部门。这种组织形式的优势在于针对性强；对于具体项目的工作效率高、责任职责清晰、响应速度快；命令协调一致；组织结构简单；易于控制成本和质量。缺陷在于，在项目衔接下紧密的时候容易出现冗员；企业内部的员工横向不协调，容易导致员工情绪波动；工作的连续性差，缺少安全感。

（5）矩阵式。矩阵式是职能式与项目式的组合。由于企业规模、产品、工艺、服务对象的不同，实行矩阵式组织的企业的结构也不尽相同，表现形式多样。

矩阵式组织主要围绕项目设立，企业的重点突出，同时职能部门对项目组内的相关人员同样具有管理和调配的权利，使得企业人员的配置和利用更加合理，对客户需求的响应迅速，并且在企业内多个项目进行，在不同阶段时可以进行合理调剂。

矩阵式组织的缺陷在于，作为工作人员经常要判断自己的领导是谁，尤其是在职能部门领导和项目组领导意见不一致时，这种判断一定会影响工作效率和工作结果。

（6）混合式。混合式组织是根据企业的具体情况不拘一格构造的含有多种结构的组织形式。这种形式没有固定的格式，完全根据企业自身发展的需要构造，在不同的产品、领域或者部门采用不同的形式。

混合式组织形式的灵活性很强，适应各种情况，但由于层次不清，权限分工容易混乱，需要健全严格的管理制度才能保证企业有序、稳妥地发展。

小贴士

三种主要企业组织形式对比

项目	职能式	矩阵式	项目式	项目	职能式	矩阵式	项目式
不确定性	低	高	高	重要性	低	中等	高
所用技术	标准	复杂	新	客户类型	各种各样	中等	单一
复杂程度	低	中等	高	对内部的依赖性	弱	中等	强
持续时间	短	中等	长	对外部的依赖性	强	中等	弱
规模	小	中等	大	时间限制	弱	中等	强

物流企业在设计组织结构时，必须考虑六个关键因素：工作专门化、部门化、命令链、控制跨度、集权与分权和正规化。对于重要的结构问题来说，每一个因素都分别回答了在设计恰当的组织结构时，我们必须回答的6个关键问题：①把任务分解成相互独立的工作单元时，应细化到什么程度？②对工作单位进行合并组合的基础是什么？③员工个人和群体向谁汇报工作？④一名管理者可以有效指导多少员工？⑤决策权应该放在哪一级？⑥规章制度在多大程度上可以指导员工和管理者的行为？参考图1－5。

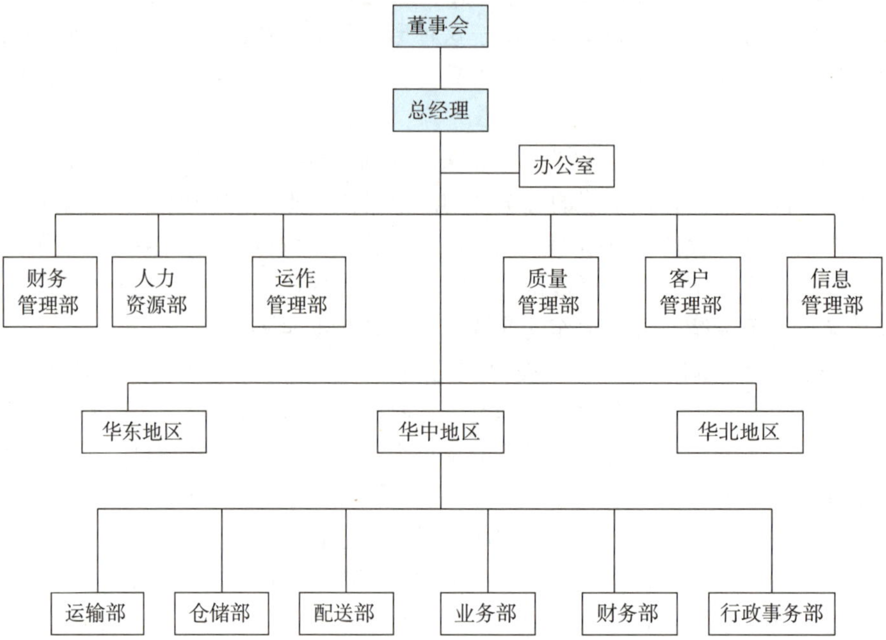

图1－5　××物流企业组织结构图

5. 各小组将调查的情况进行分析和总结，形成一份书面的分析报告，并以PPT的形式在班上进行交流。

小组活动汇报记录

小组序号	PPT制作	演讲	书面报告	评分

任务评价

课业任务完成情况评价表

组别：　　　　　　　　　学生姓名：

<table>
<tr><th>序号</th><th colspan="2">考核点</th><th>学生本人评价</th><th>组长评价</th><th>教师评价</th></tr>
<tr><td>1</td><td colspan="2">学习态度和纪律</td><td></td><td></td><td></td></tr>
<tr><td>2</td><td colspan="2">参与讨论的情况</td><td></td><td></td><td></td></tr>
<tr><td>3</td><td colspan="2">信息搜集的能力和准确性</td><td></td><td></td><td></td></tr>
<tr><td>4</td><td colspan="2">资料归纳与总结的能力</td><td></td><td></td><td></td></tr>
<tr><td>5</td><td colspan="2">沟通能力</td><td></td><td></td><td></td></tr>
<tr><td>6</td><td colspan="2">团队合作能力</td><td></td><td></td><td></td></tr>
<tr><td>7</td><td colspan="2">出勤情况</td><td></td><td></td><td></td></tr>
<tr><td>8</td><td rowspan="3">表达能力</td><td>文字</td><td></td><td></td><td></td></tr>
<tr><td>9</td><td>口头</td><td></td><td></td><td></td></tr>
<tr><td>10</td><td>PPT</td><td></td><td></td><td></td></tr>
<tr><td colspan="3">总分</td><td colspan="3"></td></tr>
<tr><td colspan="3">教师的评语</td><td colspan="3"></td></tr>
</table>

注：每一个项目满分为 10 分。

任务 2
分配物流岗位

任务目标

知识目标：

☐ 了解物流企业的部门和岗位设置

☐ 了解物流企业对于物流人才的能力要求

能力目标：

- ☐ 能正确判断各个物流岗位的职责
- ☐ 能分析不同物流企业中岗位设置中的差别

素养目标：

- ☐ 从科学发展观出发，通过学习我国物流企业的人才需求，增强爱岗敬业精神
- ☐ 树立面对困难积极思考，勇往直前，吃苦耐劳的精神

任务描述

在任务1的基础上，对所选择的物流企业进行深入的调研，熟悉物流企业的部门及岗位设置，并描述各岗位的职责，明确企业对这些岗位的人才需求情况及相对应的能力要求。

任务准备

1. 学生5人一组，上网查询物流企业的相关岗位。
2. 以组为单位，对访查的物流企业进行深入的调研，熟悉物流岗位设置以及各岗位的职责。
3. 实训时间：2课时。

相关知识

2015－2022年中国快递服务行业业务量保持稳定上升的趋势。2021年由于疫情的反复，中国快递服务企业业务量以29.9%的增速增长至1083.1亿件。截至2022年6月30日，全国快递业务量已突破512.2亿件，同比增长率为3.7%。中国快递业务累计收入达到4982.2亿元，同比增长2.9%。物流岗位大致分为两大类：

第一类是物流操作类：主要有仓管员、采购员（或采购助理）、快递员、报关员、跟单员等岗位。培训生或毕业生进入物流行业后，最先接触的也就是这类工作岗位。

第二类是物流管理类：一般是物流企业中高级管理人员，主要负责物流企业或整个物流系统的运营。其一般都需要2～5年的时间在基层岗位积累经验，熟悉物流操作职位的流程和运作原理。

物流行业发展动向

这些岗位可以划分为五个方向，即采购方向、仓储方向、运输方向、物流信息方向以及国际货运代理方向。

小贴士

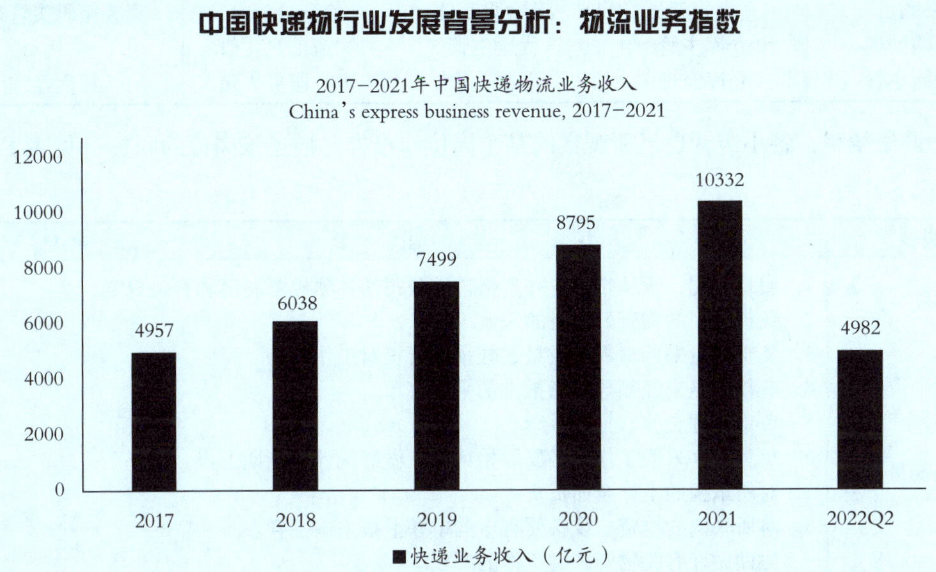

数据来源：国家统计局，艾媒数据中心（data. iimedia. cn）

应用训练

一、活动内容

实地调研物流企业的基本情况。

二、实践过程

1. 每个学生通过百度、谷歌等搜索网站，查询物流的相关岗位。

物流专业就业方向一般主要面向物流企业、运输仓储服务企业，从事物流系统的规划、运作、办理等一线工作。如：（1）第三方物流企业的业务人员；（2）从事物流业务处理的客户服务人员；（3）从事物流业务处理中的制单、审单等工作的表单作业人员；（4）现代物流企业中进行商品配送、运输调度的规划调度人员；（5）从事商品资料、配送客户资料等工作的档案办理人员；（6）从事商品畅通加工办理与操作的办理人员；（7）从事进货、理货、发货等工作的办理人员；（8）从事储位、库存办理工作的办理人员；（9）现代物流企业的报关人员；（10）电子数据交换系统的操作人员。

市场每年对物流管理人才的招聘很有限，更多的是需要在基层从事操作的人员。因此，物流操作员在每年的招聘中格外受宠。目前比较先进的企业正逐步向零库存迈进，这不光对物流管理人员提出了很高的专业要求，也要求最直接的物流操作员有更高的能力。相对于物流管理人员，物流操作员的需求量更大。

2. 实地调研物流公司，了解物流企业的相关岗位设置（见表1-1）。

3. 在实地调研时，各小组应单独了解某个岗位的职责，观察其岗位工作人员的工作情况。

表 1－1

采购	仓储	运输	物流信息	国际货运代理
采购员 采购助理 采购主管	仓库管理员 仓库主管 仓库经理	运输调度员 货运主管 运输主管	信息分析员 物流信息主管 客户服务人员	集装箱码头管理员 货代员 货代经理

4. 调研结束，各小组就自己所观察的某个岗位作报告，描述该岗位的职责（见表 1－2）。

表 1－2

岗位	职　责
采购员	1. 服从分配，听从指挥，并严格遵守公司的各项规章制度和有关规定。 2. 负责公司的物资、设备的采购工作。 3. 负责对所采购材料的质量、数量进行核对工作。 4. 有权拒绝未经领导同意批准的采购订单。 5. 负责办理交验、报账手续。 6. 负责保存采购工作的必要原始记录，做好统计，定期上报。 7. 对所承担的工作全面负责。 8. 对所采购的物资、设备要有申购单并上报采购主管。 9. 协助做好有关物资采购工作的事项。 10. 负责对本大类商品的分类编码。 11. 负责制定商品毛利计划和商品价格，对商品价格进行统一管理。 12. 负责对营业外收入的管理与交费的追踪。
采购助理	1. 协助配合采购主管的部门工作，更新、完善、创新采购工作和流程。 2. 进行原材料等其他公司和客户所需的物品筛选、检查、采购、发货及质保工作。 3. 监督采购物品的系统性，录入各类有关采购的物品信息，编制各类采购文件和工艺，并适时更新修改并作一定的补充，归档形成系统化管理。 4. 与各部门进行沟通，及时了解需求情况，较好地控制成本，创造公司最大利润。 5. 协助并执行公司日常管理事务，检查、督办、协调公司有关决议、文件、指示的执行情况，并将有关信息及时汇总报告给相关人员。 6. 完善公司采购系统的管理规章制度，督促修改、规范公司各部门的规章制度。 7. 起草、传达采购部相关文件或备忘录，协助并组织公司各种活动和会议，并做培训和考核。 8. 维护公司日常办公秩序和办公环境，协助完成办公用品与其他物品的采购、维护和管理。
采购主管	1. 主持采购部门的日常管理。 2. 根据生产计划和采购计划，结合库存信息，负责下达采购订单并跟催及时到料。 3. 负责建立和维护供应商的档案库，与技术、品质管理等部门人员共同参与对供应商的开发、辅导、评审和考核。 4. 负责与供应商建立良好的关系，掌握供应商供应能力。 5. 负责汇总、审核物资申购单、采购单。 6. 协助上级领导同供应商的谈判和议价。 7. 确保生产物料适时、适量、适质供应。 8. 负责制定采购战略和落实采购成本控制。 9. 配合生管和仓库，努力降低库存。 10. 按时完成公司领导交付的其他任务。

续表

岗位	职　责
仓库管理员	1. 按规定做好物资设备进出库的验收、记账和发放工作，做到账目相符。 2. 随时掌握库存状态，保证物资设备及时供应，提高周转效率。 3. 定期对库房进行清理，保持库房的整齐美观，使物资设备分类排列，存放整齐，数量准确。 4. 熟悉相应物资设备的品种、规格、型号及性能，填写分明。 5. 搞好库房的安全管理工作，检查库房的防火、防盗设施，及时堵塞漏洞。
仓库主管	1. 根据公司的生产销售能力，确定原材料及产品的标准库存量。 2. 及时与生产部和市场部沟通，保证生产用原材料的库存供给和市场部发送产品所需的库存供给。 3. 定期编制采购物品的入货台账、退货台账及库存台账，报送财务部和生产部。 4. 定期编制产品入库、出库及库存台账，送生产部和财务部。 5. 组织人员保证材料库及成品库的仓储环境，确保库存产品或材料的材质不变。 6. 制定并实施材料库及成品库的管理制度和管理方法。
仓库经理	1. 负责仓库规划，包括场地、物料、人员、仓储设备规划以及编制部门预算。 2. 编制、修订仓储管理制度和管理方法，负责内部物流流程优化。 3. 仓储台账编制：定期编制各种物品的入库、退货、出货、流转台账及库存台账等。 4. 防雨、防火、防盗、防潮、防灾巡查，监控化学危险品储藏、内部运输、流转。 5. 仓储铲车、叉车现场运行的控制与调度。 6. 隐患巡查、易燃易爆、易倒塌储运排查。
运输调度员	1. 根据每日需要配送的情况，合理安排运输商的配送任务，确保运输表准确性。 2. 确保各运输商配送任务完成情况并记录。 3. 监督供应商配送车辆安排情况；合理安排配送车辆，协调客户送货时间预约工作和提供退货证明；避免送货不及时造成的拒收、退货、罚款。 4. 安排业务员的退货申请；提供退货证明并跟踪。 5. 及时正确处理运输突发事件，协调运输商完成送货任务。
货运主管	1. 监督管理进出口业务操作，对公司进出口货物的运输负责。 2. 运单清单、交接单及相关单证的审核，保证货运部准时、准确完成订舱及出运任务。 3. 定期检查录入与更新的系统数据。 4. 控制运输成本，督促和审核各类运输报表及运费结算工作的完成情况，配合财务部结算、支付工作。 5. 协调货运部与其他相关部门的工作及配合，并处理各项突发事件。
运输主管	1. 负责监督与领导运输部各级人员，开展日常货物运输及人员接送工作，对公司车辆的合理、安全、节约使用负责。 2. 负责运输部各级人员的日常管理工作，包括出行安全、考勤、绩效考核、人员调整、工作指导与安排。 3. 负责审批各部门用车需求申请单，并根据车辆需求合理安排车辆的使用；随时掌控各车辆的具体去向和状态；确保公司车辆的有效利用。 4. 负责安排与协调成品出货的车辆使用，审核货车出厂单；公司车辆不能满足成品出货、送货需求时，负责联系外请车辆运送货物，并负责确定外请车辆的送货要求、价格、付款方式等事宜。确保公司货物的及时交付。 5. 负责监督与管理长途货物运输、配送承包商的服务质量，审核每月承运商的货物运输、配送账单，并定期对长途货物承运商进行评审，确保对其有效控制。 6. 负责监督与管理各类车辆的油料供应工作。 7. 负责监督公司各类车辆的每日出行情况，负责审核每日车辆出行日志记录。 8. 负责监督与管理公司各类车辆的日常保养工作，监督驾驶员安全用车，维护保养好车辆；安排车辆的定期保养、维护维修工作。负责评审与确定有资质的单位，为公司各类车辆提供配件和维修服务。 9. 负责公司各类车辆的年审、违章处理工作，安排驾驶人员行车证的年检工作。 10. 负责运输部驾驶人员的安全、交通法规定等知识的培训工作，确保人员和车辆的安全。

续表

岗位	职　责
信息分析员	1. 负责对物流数据进行专项分析，改善实施和优化公司的资源。 2. 针对业务问题，规划、设计报表、数据分析与挖掘的解决方案。 3. 对物流操作和系统流程分析，提供新操作和系统流程方案。 4. 建立分析报告和系统功能文档。
物流信息主管	1. 向项目管理部门汇报。 2. 负责领导流程优化物流项目。 3. 负责指导信息搜集和数据分析。 4. 与业务操作团队建立 SOP、流程图等。 5. 熟悉系统开发生命周期，建立项目计划。
客户服务人员	1. 根据不同客户的委托业务，及时有效的完成客户仓储单证审核、安排运输等国内物流服务。 2. 服务过程中随时与客户进行沟通和汇报，及时回复客户的电子邮件和业务询问。 3. 遇到特殊事件及时向上级汇报、及时通知客户并予以应对、亲自进行查验记录与跟踪确认。 4. 客户回单的及时跟踪、整理、归档等。 5. 准确及时的完成台账的输入，完成相关费用结算及开票工作。 6. 催讨客户应收账款和代付账款。
集装箱码头管理员	1. 负责码头船舶出入和货物装卸的现场管理。 2. 现场协调码头外包项目的管理工作。 3. 对码头物料的进出工作进行管理。 4. 做好码头的安全工作及现场的 5S 管理。 5. 做好码头设备的维护、保养工作及定期检查工作。
货代员	1. 负责根据合同、L/C、发票、箱单等重要单据信息填制委托单，将委托单内容（传真件）及时准确录入 ERP 管理系统。 2. 负责审核订舱回单，及时将配舱信息输入操作系统，并需将船公司的有注明中转港及所靠码头的书面的配舱通知单转给操作员，以便操作员对信息进行核对，将订舱回单传真（或 EDI 信息）给客户。 3. 负责缮制提单，及时发送提单确认件进行提单确认，应客户要求正确签发预借、倒签、顺签提单。 4. 负责对船公司、港区、车队、报关行等相关合作单位的费用进行核实并结算。
货代经理	1. 组织货代部门员工收集货代市场情报，确定销售策略和方案，制定并组织实施公司各阶段的市场销售和客户维护计划。 2. 指导并把控对外报价、指导运输合同的谈判。 3. 指导货代方案的制定以及监督方案的执行。 4. 组织对货代员的岗位技能培训和考核。 5. 负责与运输公司、海关、商检及合作单位等建立良好的合作关系。 6. 加强与货代客户的联系和协调，处理客户投诉，避免业务纠纷。 7. 负责对所属的货代员的日常考核和绩效管理。

任务评价

课业任务完成情况评价表

组别：　　　　　　　　　　　学生姓名：

序号	考核点		学生本人评价	组长评价	教师评价
1	学习态度和纪律				
2	参与讨论的情况				
3	信息搜集的能力和准确性				
4	资料归纳与总结的能力				
5	沟通能力				
6	团队合作能力				
7	出勤情况				
8	表达能力	文字			
9		口头			
10		PPT			
总分					
教师的评语					

注：每一个项目满分为 10 分。

任务 3
认知物流时间与空间

任务目标

知识目标：

- □ 理解物流时间与空间的概念
- □ 了解物流时间的构成
- □ 了解物流的空间效益

能力目标：

- ☐ 能应用物流的时间效用分析问题
- ☐ 能应用物流的空间效用分析问题

素养目标：

- ☐ 培养交流沟通能力，能够与同学、教师进行有效沟通，协作共事
- ☐ 能熟练应用网络平台来获取信息，关注我国物流行业发展动态

任务描述

物流是产品的形成过程和转移，包含时间和空间属性，具体表现为时间上的延续和空间上的移动。本任务要求学生通过调查等手段，来进一步了解物流的时间构成和空间效益。

任务准备

1. 每个学生到网上购买一件商品。
2. 学生5人一组，以组为单位，进行价格调查。
3. 实训时间：2课时。

相关知识

一、认知物流运动

物流是劳动对象在形成过程中的一种运动的表现形式，起始于原材料的采购、运输、加工制造的生产流程，再进入流通过程，最后终止于客户手中。它也具有一般运动的基本属性——空间与时间，即要占据一定的空间和在空间上的移动，同时表现为时间上的延续，要消耗时间。物流是产品的形成过程和转移，是价值的增值过程，流速越快，意味着产品的流转周期越短，资金周转越快。在现实中，由于种种原因，物流并不是连续的，而是断断续续的，在多处多次发生停顿。越来越多的企业认识到加快物流速度对于降低成本提高竞争力的重要意义。海尔集团张瑞敏说物流就是以时间消灭空间，其含义就是通过物流加速可以减少仓库使用量，减少库存量。戴尔公司让“库存加速”，比竞争对手取得5%的成本优势。

二、认知物流时间

物流的时间是指配送中心在产品采购入库后，通过科学的管理手段，以最佳的方法和适当的库存量，合理的控制产品的入库、在库及出库时间。时间的价值在现代社会的竞争中越

来越凸显出来，谁能保证时间的准确性，谁就获得了客户。由于物流的重要目标是保证商品送交的及时，因此时间成为衡量物流质量的重要因素，也就是时间价值。时间价值是“物”从供应者到需求者之间存在一段时间差，由于改变这个时间差所创造的价值，即它是使某件物品可在适当的时间被得到而创造的价值。

小知识

DELL 的“零库存”

DELL（戴尔）供应链高度集成，上游或下游联系紧密，成为捆绑的联合体，其整个供应链最关键的地方在于整个供应链物流的控制。IT 行业有它的特殊性，电脑配件放在仓库里一个月，价格就要下降 1～2 个百分点。由此，DELL 设立了“零库存”的控制目标，并创立了在业界号称“零库存高周转”的直销营运方式。在直销模式下，要真正按顾客需求定制生产，这需要在极短的时间内完成，速度和精度是考验戴尔的两大难题。戴尔的做法是，利用信息技术全面管理供应链过程，通过明确具体的目标管理来控制供应链运作。供应链过程控制经过优化后，戴尔供应链每 20 秒钟汇集一次订单。而戴尔的供应商仅需要 90 分钟的时间来准备所需要的原材料并将他们运送到戴尔的工厂，戴尔再花 30 分钟时间卸载货物，并严格按照制造订单的要求将原材料放到组装线上。由于戴尔仅需要准备手头订单所需要的原材料，因此工厂的库存时间仅有 7 个小时。这一切取决于戴尔的雄厚技术基础——装配线由计算机控制，条形码技术使工厂可以跟踪每一个部件和产品。在戴尔内部，信息流通过自己开发的信息系统，与企业的运营过程及资金流同步，信息极为通畅。

三、物流时间的分类

根据货物在物流过程中的运动状态不同，物流的时间可以分为运动时间与静止时间两大类。

1. 物流的运动时间构成了物流过程中的主要时间，这主要包括外部途中运输、内部移动时间及产品加工时间。

（1）外部途中运输是指在企业外部原材料、制成品的运输过程，其时间消耗主要由路线长度和运输速度直接决定。运输时间因航空、水运、铁路及公路等运输方式而异，并可能因不利天气、晚点、交通堵塞等而受到影响。此外，外部运输中的装卸作业是必不可少的，其中也包括无法直接控制的办理手续、等待及排队时间。

（2）内部移动时间是指在企业内进行的必要运输，相对于外部运输，内部运输的影响因素要简单得多，整个过程几乎都在企业的直接控制之下，不可预知因素的发生机会很小。

（3）产品加工时间。产品加工、包装、分拣等作业时，没有发生空间位置转移，但其消耗时间由作业量和作业速度决定，并包含与作业量无关的准备工作以及必要的等待过程所需要的时间。

2. 物流的静止时间：主要包括库存时间、等待时间和交接时间。物流中的静止时间，在多数情况下是不产生价值的，其延长了物流消耗时间，占用有限的资金，更为重要的是极大的降低了物流服务水平。

（1）库存时间。在物流静止时间中，库存时间占据绝大部分，控制库存时间是加速物流的重要途径。库存广泛存在于物流系统中多个环节，涉及原材料库存、在制品库存和商品库存。合理的库存，有利于保证客户服务水平，可以使采购、生产、运输等环节采用更经济的批量从而降低总成本。这是库存对物流系统有利的一面，但过高的库存增加了物流消耗时间，占用了资金，且掩饰了系统中存在的管理问题，割裂了物流系统各部分之间的联系，所以库存被认为是一种浪费是有一定道理的。控制库存一直是物流管理中的难题。

（2）等待时间。比如在物品运输过程中，由于通关、装卸、信息处理、必要手续的办理等原因带来的物流停顿。在多种运输方式联运中，物品在不同运输方式间的转移过程，等待也占用较多时间。缩短现场等待时间，依赖于整个系统周密的生产运营计划和执行。在某种程度上可以说，等待时间是整个物流系统计划和执行水平的直接体现。合理的规范等待时间，并进行严格的控制是督促改进物流系统管理水平的有效途径。

（3）交接时间。指物流过程中相邻两环节之间在交接时发生的等待，表现为验收时的点数、质量检验等，以及发货时的复查与等待。

小知识

上汽大众的“零库存”

在上海嘉定的上汽大众汽车厂厂区方圆 2.5 千米之内，可以看到数十个或大或小的仓库。这些仓库绝大部分并不是上汽大众的财产，而是属于上汽大众的众多零配件供应商。

实际上，不仅仅是仓库，嘉定正是由于有上汽大众生产厂的存在，近 10 年来已经聚集了近百家汽车零配件供应商，而上海政府决定，要进一步把嘉定这个原本不起眼的小地方，策划成为一个全国乃至亚洲最大的汽车城。

这种零配件供应商围绕着整车厂商聚集的现象在中国并不少见。无论是一汽、二汽还是上汽通用的厂区边上，零配件供应商的仓库无一不是鳞次栉比。毫无疑问，这种局面对整车厂商来说十分有利，有供应链上游企业的仓库存在，其就能更好实现“零库存”。

四、认知物流的空间效益

指在“物”的流动过程中由于“物”的空间转换所产生的效益。供给者与需求者之间往往处于不同的空间，也就是说，供给者与需求者所处的空间位置不同，物从供给者到需求者之间有一段空间差，由于改变位置创造的价值称作空间价值。例如正是商品流通所耗劳动创造的空间价值使我们可以享受瑞士生产的咖啡、法国的时装、微软公司的 Windows 软件。

五、物流空间效益的内容

物流企业岗位认识

物流的空间效益伴随着“物”的流动得以实现，内容十分丰富。从“物”的流动方向与流动过程来看，可以以下四个方面来理解空间效益的具体内容。

（一）基于集中生产所创造的空间效益

由于资源、分工和需求等的差异，随着时间的推移，各个区域的特征日益显现，各区域间在经济大系统中的功能分工出现异化。综合考虑人力、资源、基础设施等生产要素的差异，其中必然会出现较之其他地区更适合生产某种产品、更有比较优势的地区。而要充分利用这种比较优势，生产出特定产品，就需要相关的原材料、资本、信息、人力、管理等生产要素不断从其他地区流入，以求集中生产，形成本产品相对于其他地区生产产品的优势。此时，物流通过运输、搬运装卸、储存、流通加工、信息管理等环节使得各种生产要素顺利流入，促进集中生产的进行，能够创造空间效益。

现代化大生产的特点之一，也是通过集中的、大规模的生产以提高生产效率，提升市场竞争力，降低成本。但由于集中生产的产品需求市场相对分散，有时可能覆盖国内大面积的需求地区，有时可以覆盖一个国家、若干个国家甚至全球区域。这时，物流通过各作业环节将产品从集中生产地转移到分散的需求地，从而创造空间效益。

（二）基于分散生产所创造的空间效益

与集中生产相反，由于受到自然条件、产品生产方式、产品技术经济特征以及社会分工深化等因素的影响，现实中还广泛存在分散生产的情况。这种生产方式需要完善的物流体系的支撑，能够使与之相关的“物”实现顺利流动。

分散生产的情形在现实中有很多。例如，一个汽车生产系统的零配件通常也是典型的分散生产方式，往往一个汽车厂的零配件生产协作厂家成百上千，地域分布相当分散，各个零件协作生产厂家在当地生产某一零部件，最后集中在一个集装厂进行装配，这是由汽车制造的技术经济特征决定的。同样，物流活动对汽车生产与销售的支持也能创造空间效益。

（三）基于中间集散所创造的空间效益

社会分工的深入和细化，使得生产环节变得越来越繁多，需要资源、能源、人力等经济要素的频繁流动予以支持。由于消费者对“物美价廉”的追求和生产者对利润的追求，再加上信息不对称的影响，大大增加了交易成本，使得商品交易往往要借助于中间集散地才能顺利实现。集中交易能够极大地降低流通成本。如果交易双方直接一对一地进行交易，那么每种商品都需要交易一次，如果需要的产品种类巨大，那么所产生的流通成本可能会超出交易本身所带来的收益。而通过中间集散地的方式，在众多供应者和消费者之间加入一个中转环节，可以大大降低流通成本，提高流通效率。

（四）基于弥合生产需求分散所创造的空间效益

现代社会中生产与需求的空间差十分普遍，而现在消费者对商品的需求也日益多样化。除了大生产决定的供应分散之外，自然地理、产业集群和社会发展因素等也造就了产品生产的分散。例如，南方生产的荔枝、桂圆等水果在全国都有广泛的市场；农村生产的粮食、蔬菜也被运输到远方的城市消费；东北大米、木耳等特产被端上了南方消费者的饭桌等。现代人每天消费的物品几乎都是相隔一定距离甚至十分遥远的地方生产的。生产与消费的关系由过去的一对一、一对多或多对一，变成多对多的关系。

每种商品的生产者面临众多的消费者，每种商品的消费者也面临着对众多生产者。这么复杂交错的供给与需求的空间差都是依靠物流来弥合的，物流也从中取得了利益。这就是物流这种经济活动取得的空间效益。

应用训练

一、活动内容

观察物流的时间，调查不同渠道同一商品的价格。

二、实践过程

1. 每个学生到网上购买一件商品。在下单至收货过程中，通过该电商所提供的物流查询信息，跟踪其配送路径（见图 1－6）。

订单跟踪　付款信息　订单轨迹　订单状态，掌握手中，手机

处理时间	处理信息	操作人
2013-02-01 21:44:27	您提交了订单，请等待系统确认	客户
2013-02-01 21:44:34	您的订单由于送货时间未到不能出库	系统
2013-02-01 21:46:18	您的订单预计2月3日送达您手中	系统
2013-02-02 12:03:50	您的订单已经进入上海12号库准备出库	系统
2013-02-02 14:23:14	您的订单已经打印完毕	王婷
2013-02-02 14:38:36	您的订单已经拣货完成	马敏
2013-02-02 15:09:06	您的订单已通过扫描确认	宋静
2013-02-02 15:18:39	您的订单已打包完毕	XX 打包员
2013-02-02 16:55:14	您的订单已完成分拣	乔恩军
2013-02-02 17:48:29	您的订单等待送往 XX 站	吴天洪
2013-02-03 07:13:59	您的货物已分配，等待配送	鲁盛飞
2013-02-03 08:45:06	配送员已经从站点出发，请您准备收货，姓名：万立红，手机号：	万立红
2013-02-03 13:28:26	已完成配送，感谢您在 XX 购物，欢迎您再次光临！	万立红

图 1－6　订单跟踪

2. 学生 5 人一组，以组为单位，选择某样特定商品（品牌、产地、类型、等级、数量等），分别到集散中心及其他零售渠道，进行价格调查，记录并对比，填写价格调查表。

价格调查表

组别： 调查时间：

商品的描述	名称	
	品牌	
	产地	
	类型	
	等级	
	数量	
不同渠道商品的价格	集散中心	
	超市	
	零售店	
	专卖店	
	大型购物中心	
小组活动过程描述		
本次调查的结论		
本次活动的感悟		

任务评价

课业任务完成情况评价表

组别： 学生姓名：

序号	考核点		学生本人评价	组长评价	教师评价
1	学习态度和纪律				
2	参与讨论的情况				
3	信息收集的能力和准确性				
4	资料归纳与总结的能力				
5	沟通能力				
6	团队合作能力				
7	出勤情况				
8	表达能力	文字			
9		口头			
10		PPT			
总分					
教师的评语					

注：每一个项目满分为10分。

拓展提升

中远集团：努力实现物流、商流、信息流的一体化

一、中国外贸运输的主力

中国外贸运输量的90%以上是依靠航运来完成的。作为以航运为主业的中远集团，以占全国远洋运力75%的船队规模和覆盖全球的营销网络，成为中国外贸运输的主力。作为全球承运人，中远在进一步确立航运业在现代物流业中主干地位的同时，正努力向现代综合方向转变，从而实现物流、商流、信息流的一体化，使物流成为中远集团新的利润区域。这是中远集团在21世纪的一项新的战略任务。

二、从客户需求出发，以客户满意为中心，达到与客户间的“双赢”目标

中国现阶段的物流产业受国民经济总体发展水平、“小而全”的传统观念，以及企业自身人才资源匮乏，投资能力不强等多种因素的制约，物流市场尚处于孕育和培养的阶段，因此，目标市场的定位所采用的生产经营方式有着巨大的差异，也就决定了它们的产品和原材料在流通过程中的需求千差万别。一方面，客户对象主要集中在外资企业、高附加值产品、国家重点建设项目和国家支柱产业，其产品档次和价值相对比较高，也有能力支付高额的物流费用，但要求服务往往应具备个性化、专业化的特点。另一方面，在客户眼里，是分不同航运需求物流服务的。这就要求必须以客户满意为中心，真正地领会客户的生产经营意图，一切从客户的需要出发，针对客户供应链的各环节，紧密地配合客户生产的需求，以提高客户生产效率、降低客户物流费用、提高客户整体效益和竞争力为目的，拟定一个整体性的解决方案，并以此整合包括航运在内的所有业务。

这是中远集团总结经验得出的航运企业发展物流业的关键所在。比如在上海最大的蔬菜出口基地，通过调查，得知客户对蔬菜的运输、包装等业务知之甚少，就通过与客户洽谈，以劳务输出的方式派出储运管理人员，直接进入客户的生产活动中，与客户真正融为一体。在总结这个经验的基础上，推出了“绿色服务”这一物流品牌。

“绿色服务”是从公司派出优秀的业务人员，进驻客户单位进行联合办公这一形式开始的，整个出货业务流程的运转，全部由高素质、高效率的业务人员来完成。这样，业务人员就直接参与了客户的经营活动，在与客户的伙伴关系中，直接为客户创造价值，同时向客户出具书面承诺。该承诺意味着从接受委托这一刻起，公司将承担出货过程中所遇到的一切风险，从而使客户摆脱了出货过程中诸多业务上的细节，远离风险。而客户满意以后的最终结果，就是通过物流的增值服务，获得了应有的回报，树立了自己的品牌形象，达到了客户间的“双赢”目标。

三、中远集团要和航运企业建立全球营销一体化网络

全球经济一体化和跨国公司的日益扩张，促使航运企业内部资源配置模式，由航线型资源配置模式转向全球承运的资源配置模式，并逐渐将遍布于全球各地的人员、设备、信息、

知识和网络等资源进行全方位、一体化的协调和整合，形成全球一体化的营销体系。

物流服务涵盖的范围是航运业向客户方的进一步延伸，它连接了生产、流通、消费、交换等诸多环节，包括了加工、包装、订单处理、需求预测、采购、仓库选址、零部件及服务支持等。因此，全球承运人必须积极发展现代物流，使得业已形成的全球营销网络的触角更加深入客户内部的生产经营领域，极大地丰富了航运企业全球营销体系的内涵和外延，也在一定程度上，使得全球承运人日益向针对客户全面解决问题的综合服务商方向转变。

四、加快服务体系的建设，不断完善信息系统，形成全球物流综合网络

现在物流服务体系由三大块组成：运输系统、配送系统（包括装卸搬运、包装、保管发送、流通加工）和信息服务系统。

中远的运输系统中，外贸运输具有传统优势，内贸运输和配送业务则刚刚起步。为逐步提高中远综合物流服务能力，中远将更多地介入内贸运输，以完善运输功能；发展国内货物配送，积极尝试在海外为大客户开展配送分拨服务；在此基础上，为客户提供种类增值服务，以强化服务优势；同时投入资金，不断完善信息系统，最后形成全球物流综合网络。

综合练习

一、单选题

1. 从时间角度看，物流的发展可分为：古代物流阶段、（　　）、现代物流阶段。

A. 机械物流阶段　　B. 自动化物流阶段

C. 传统物流阶段　　D. 集成化物流阶段

2. 物流概念产生的原因是（　　）。

A. 经济原因和管理原因　　B. 企业原因和军事原因

C. 经济原因和军事原因　　D. 理论原因和企业原因

3. 下列说法正确的是（　　）。

A. 物流不仅研究物的流通与储存，还研究伴随着物的流通与储存而产生的信息处理

B. 物流所要“流”的对象是一切物品，包括有形物品和无形物品

C. 只有物品物理性质发生变化的活动，如运输、搬运、装卸等活动才属于物流活动

D. 物流的起点是从某个企业原材料的供应、储存、搬运、加工、生产直至产成品的销售整个过程

4. 第三方物流企业在初创期通常采用项目结构，项目数量攀升到一定水平时，将会采用（　　）组织结构。

A. 职能式　　B. 直线式

C. 矩阵式　　D. 混合式

5. 运输提供了物品位移和（　　）的职能。

A. 短期存储　　B. 简单加工

C. 信息流转　　D. 增值服务

6. 在同一地域范围内进行的，以改变物的存放状态和空间位置为主要内容和目的的活动称为（　　）。

A. 运输　　B. 配送

C. 流通加工　　D. 装卸搬运

7. 流通加工不合理现象主要表现在（　　）。

A. 时间效用　　B. 空间效用

C. 持有效用　　D. 形态效用

8. 物流活动的三大支柱是（　　）。

A. 运输、储存和加工　　B. 运输、储存和包装

C. 运输、储存和装卸　　D. 运输、储存和信息活动

9. 我国大中型物流企业的组织结构一般采用（　　）。

A. 矩阵式　　B. 项目式

C. 直线式职能式　　D. 职能式

10. 你认为下列有关配送的理解哪一项是正确的（　　）。

A. 配送的实质就是送货，和一般送货没有区别

B. 配送要完全遵循“按用户要求”，只有这样才能做到配送的合理化

C. 配送时“配”和“送”的有机结合，为追求整个配送的优势，分拣、配货等项工作是必不可少的

D. 配送时物流中一种特殊的、综合的活动形式，与商流是没有关系的

二、多选题

1. 现代物流与传统物流的区别有（　　）。

A. 被动管理与主动服务　　B. 分散管理与系统管理

C. 人工控制与物流管理信息化　　D. 经济背景不同

2. 在社会需求多样化、经济市场化、市场一体化、竞争国际化的社会背景下，现代物流正朝着（　　）、绿色化发展。

A. 标准化　　B. 信息化

C. 网络化　　D. 规模化

3. 按照物流企业对某项功能的侧重，把物流企业分为（　　）。

A. 运输型物流企业　　B. 仓储型物流企业

C. 综合服务性物流企业　　D. 第三方物流企业

4. 属于配送的功能要素的有（　　）。

A. 集货　　B. 配装

C. 分拣　　D. 配货

5. 物流业务结构分析主要包括（　　）、搬运、包装、装卸、物流信息、物流管理咨询等。

A. 生产　　B. 仓储

C. 运输　　D. 配送

三、判断题

1. 在物流的各项活动中要及时搜集和传输一切信息，使信息尽可能丰富，从而在物流系统中起到举足轻重的作用。（　　）

2. 搬运一般是指在物流节点间进行物品的处理活动。（　　）

3. 物流服务的基本功能包括空间效用、时间效用以及形质效用。（　　）

4. 物流在英文中最初为 Physical Distribution（PD），最早出现在 20 世纪 20 年代的日本。（　　）

5. 物流活动克服了供给方和需求方在空间和时间方面的距离。（　　）

6. 第三方物流（TPL）企业是专门承担物流职能的企业。（　　）

7. 当企业的规模较大，而且在物流方面形成了较大的竞争优势时，可以选择一体化物流管理组织结构。（　　）

8. 在评价某种运输方式的速度指标时，还应适当考虑运输的频率（或间隔时间）和运输经常性对送达速度的影响。（　　）

四、简答题

1. 什么是物流？它有哪些基本特征？

2. 简述物流企业的基本职能。

3. 物流企业有哪些类型？

4. 物流企业的组织结构有哪些形式？它们各有什么优缺点？

5. 什么是物流的时间效用？

6. 什么是物流的空间效用？

项目二
2 认知物流原理

任务1
认知物流成本及效益背反原理

任务目标

知识目标：

- □ 理解物流成本的概念，掌握物流成本的构成和分类
- □ 掌握效益背反的原理及相关原理

能力目标：

- □ 能运用效益背反原理初步分析不同行业企业物流成本的构成
- □ 能结合企业需求和课程内容制定物流成本管理提升计划

素养目标：

- □ 从社会主义核心价值观出发，通过学习物流成本的内容，树立民族自信心增强民族自豪感
- □ 树立合理分析与管理各类物流成本的能力，培养科学精神、科学态度和科学的学习方法

任务描述

现代物流企业管理中，物流成本控制是重要的环节，无论是从事与物流成本管理直接相关的工作如物流成本专员、物流成本分析师、物流费用核算员和控制员，还是从事与物流成本管理间接相关的工作，如仓管员、调度员、配送员等，成本管理都是重要的学习内容。通过本任务实训，使学生能将所学知识与技能直接或间接转化到物流成本管理中。

任务准备

1. 学生5人一组，教室配电脑、投影仪。
2. 分组上网调查有关物流企业的资料。
3. 实训时间：4课时。

形成同心共圆中国梦的强大合力

相关知识

一、物流成本

物流成本，是物流活动中所消耗的物化劳动和活劳动的货币表现，包括货物在运输、储存、包装、装卸搬运、流通加工、物流信息、物流管理等过程中所消耗的人力、物力和财力的总和以及与存货相关的流动资金占用成本、存货风险成本和存货保险成本。狭义的物流成本是指由于物品实体位移而引起的有关运输、包装、装卸搬运等成本；广义的物流成本是指包括生产、流通、消费全过程的物品实体与价值变换而发生的全部成本。

小知识

据中国物流与采购联合会《2021年全国物流运行情况通报》，我国物流业运行稳中有进，社会物流总额保持良好增势，社会物流总费用与GDP的比率稳中有降，“十四五”实现良好开局。

1. 社会物流总额保持良好增势。2021年全国社会物流总额335.2万亿元，按可比价格计算，同比增长9.2%，两年年均增长6.2%，增速恢复至正常年份平均水平。从构成看，工业品物流总额299.6万亿元，按可比价格计算，同比增长9.6%；农产品物流总额5.0万亿元，增长7.1%；再生资源物流总额2.5万亿元，增长40.2%；单位与居民物品物流总额10.8万亿元，增长10.2%；进口货物物流总额17.4万亿元，下降1.0%。

2. 社会物流总费用与GDP的比率小幅回落。2021年社会物流总费用16.7万亿元，同比增长12.5%。社会物流总费用与GDP的比率为14.6%，比上年下降0.1个百分点。从结构看，运输费用9.0万亿元，增长15.8%；保管费用5.6万亿元，增长8.8%；管理费用2.2万亿元，增长9.2%。

3. 物流业总收入实现较快增长。2021年物流业总收入11.9万亿元，同比增长15.1%。

二、物流成本的构成和分类

相关链接

生产型企业和流通型企业

从狭义来讲，有实物产品产出的企业应该为生产型企业。从广义来讲，一切具有将输入转化为输出的过程的企业就为生产型企业。

在商品流通过程中，从事商品批发、商品零售或者批发零售兼营的企业，称为商品流通企业。

物流成本计算

（一）流通企业物流成本的构成和分类

1. 流通企业物流费用的构成。在我国物质资料的经营主要是由物资企业和商业企业共同承担的。流通企业物流费用是指在组织物品的购进、运输、保管、销售等一系列活动中所耗费的人力、物力和财力的货币表现，其基本构成见表 2－1 所示。

表 2－1

流通企业物流费用	具体内容
工资及福利费	如采购、运输人员的工资及福利费
支付给有关部门的服务费	如运杂费、邮电费等
经营过程中的合理消耗	如商品损耗、固定资产折旧等
支付的贷款利息	如支付的贷款利息
经营过程中的各项管理费用	如办公费、差旅费等

2. 流通企业物流费用的分类。

（1）按照费用的经济性质划分。

生产性流通费用，又称追加费用，是生产性费用在流通领域的继续，是为了使物品最终完成生产过程，便于消费而发生的费用。

纯粹性流通费用，也称销售费用，是流通企业在经营管理过程中，因组织产品交换而发生的费用。

（2）按费用与商品流转额的不同划分。

可变费用（或称直接费用），指物流费用中随商品流转额变动而变动的那一部分费用，如搬运费、仓储管理费等。

相对不变费用（或称间接费用），指物流费用中不随商品流转额的变动而变动的那一部分费用，如职工工资、福利费、折旧费等。

（3）按费用发生的流转环节划分。

进货费用，是指商品由供货单位到流通企业仓库所发生的运输费、装卸搬运费以及损耗费、包装费、入库验收费和中转单位收取的费用。

商品储存费用，是指物流企业在商品保管过程中所开支的转库搬运、检验、挑选整理、维护保养、管理包装等方面的费用及商品的损耗费。

销售费用，是指流通企业从商品出库到销售过程中所发生的包装费、手续费、管理费等。

（二）生产企业物流费用的构成和分类

1. 生产企业物流费用的构成。生产企业的物流费用如表 2－2 所示。

表 2－2

生产企业的物流费用	具体项目
工资及福利费	供应、销售人员的工资及福利费等
生产要素的采购费	包括运输费、邮电费、采购人员的差旅费等
产品的推销费	如广告宣传费
企业内部仓库保管费	如维护费、搬运费
折旧费	有关设备、仓库的折旧费等
其他费用	物流信息费；贷款的利息；回收废弃物发生的物流费

2. 生产企业物流费用的分类。

（1）按物流费用支出的形式不同可分为本企业支付的物流费用和他企业支付的物流费用两项。

（2）按物流活动构成可分为物流环节费、信息流通费和物流管理费。

（3）按物流过程可分为供应物流费、生产物流费、销售物流费、退货物流费、废品物流费。

（三）物流成本的效益背反理论

效益背反是物流领域中的普遍现象。物流成本效益背反规律（Trade－off）又称为物流成本交替损益、二律背反效应。效益背反，指的是物流的若干功能要素之间存在着损益的矛盾，即某一个功能要素的优化和利益发生的同时，必然会存在另一个或另几个功能要素的利益损失。这是一种此涨彼消、此盈彼亏的现象，虽然在许多领域中这种现象都是存在着的，但物流领域的这个问题似乎尤其严重。

小贴士

包装问题

在产品销售市场和销售价格皆不变的前提下，假定其他成本因素也不变，那么包装方面每少花一分钱，这一分钱就必然转到收益上来，包装越省，利润则越高。但是，一旦商品进入流通之后，如果包装不善降低了产品的防护效果，造成了大量损失，就会造成储存、装卸、运输功能要素的工作劣化和效益大减，显然，包装活动的效益是以其他方面的损失为代价的。这一点从我国流通领域每年因包装不善造成的上百亿元损失就可看出。

1. 物流成本与服务水平的效益背反。高水平的物流服务是由高的物流成本投入作保证的。在没有较大技术进步的情况下，物流企业很难做到既提高物流服务水平，同时又降低物流成本。通常提高物流物流服务水平，物流成本即上升，两者之间存在效益背反的规律。

在物流成本管理中，成本一方面能真实地反映物流活动的实态，另一反面可以成为评价所有活动的共同尺度。物流成本与服务水平的效益背反，是指企业物流功能之间或物流与服务水平之间的二重矛盾，即追求一方的同时必须舍弃另一方的一种状态，是两者之间的对立状态。例如：追求保管的合理性，必然牺牲运输的合理性；追求包装费用的节省，会影响其在运输、保管过程中的保护功能和方便功能，从而造成经济损失。这样一方成本降低，另一方成本增大，即造成成本的“效益背反”状态。

2. 物流活动的效益背反。现代物流是由运输、包装、仓储、装卸搬运及配送等物流活动组成的集合。在构成物流系统的各个环节（即活动）之间也存在效益背反规律，要想在某个方面获得利益，必然会使另一方面受到一定的损失，也就是一方成本降低而另一方成本增大，这便是物流活动的效益背反。例如，要降低运输和配送成本，就可能要增加仓库和分拨中心的数量，从而相应地增加了仓储成本。物流系统是以成本为核心，按最低成本的要求，使整个物流系统化。因此，必须从总成本的角度出发，追求整个物流系统总成本的最低。

相关链接

“物流成本冰山”是说人们对物流成本的总体内容并不掌握，提起物流成本大家只看到露出海面的那部分冰山，而潜藏在海水里的大部分冰山却看不见。然而海水中的冰山才是物流成本的主体部分。

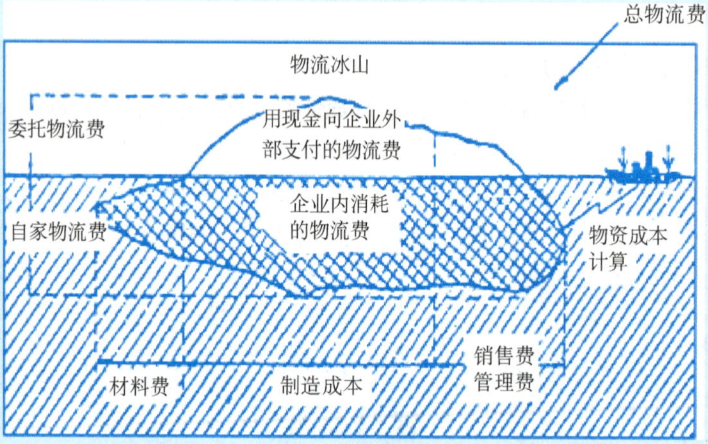

“黑暗大陆学说”这一理论是世界著名的管理学权威德鲁克提出的。他指出“流通是经济领域里的黑暗大陆”。德鲁克泛指的是流通，但由于流通领域中物流活动的模糊性特别突出，它是流通领域中人们认识不清的领域，所以“黑大陆”学说主要针对物流而言。

“第三个利润源”：人类历史上曾经有过两个大量提供利润的领域。第一个是资源领域，第二个是人力领域。在前两个利润源潜力越来越小、利润开拓越来越困难的情况下，物流领域的潜力被人所重视，按时间序列排为“第三个利润源”。

应用训练

一、活动内容

学生分成若干组，每组同学在互联网上或实际调查不同行业的物流企业，了解其物流成本项目的构成。

二、实践过程

1. 根据企业物流成本项目构成表2－3，核对调查企业的物流成本。

表2－3　企业物流成本项目构成表

成本项目		项目内容	
物流功能成本	物流运作成本	运输成本	包括从事货物运输业务的车辆的燃料费、折旧费、维修保养费、租赁费、养路费、过路费、保险费、年检费、相关税金、事故损失费、人工费、材料费等
		仓储成本	包括仓储业务人员费、仓储设施折旧费、维修保养费、水电费、燃料和动力消耗等
		包装成本	包括包装业务人员费、包装材料消耗费、包装设施折旧费、维修保养费、包装技术设计费、实施费用以及包装标记设计费、印刷费等辅助费用等
		装卸搬运成本	包括装卸搬运业务人员费用、装卸搬运设施折旧费、维修保养费、燃料与动力消耗等
		流通加工成本	包括流通加工业务人员费、流通加工材料消耗、加工设施折旧费、维修保养费、燃料与动力消耗等
	物流管理成本	包括管理人员费用、差旅费、办公费、会议费、办公设施租赁费	
	物流信息成本	包括物流信息人员费、软硬件设施折旧费、维护保养费和通信费、咨询费、洽谈费、物流信息系统开发摊销费	

2. 根据表2－3，将所调查企业一年中的各项成本金额列出，并计算各项成本占总成的比例，完成表2－4。

表2－4

成本项目		项目内容	金额（元）	占总成本比例（%）
物流功能成本	物流运作成本	运输成本		
		仓储成本		
		包装成本		
		装卸搬运成本		
		流通加工成本		
	物流管理成本			
	物流信息成本			
合计	总成本（元）			

三、成果展示

1. 学生根据查询资料，分组讨论，完成表格。
2. 制作案例陈述分析 PPT，了解不同行业企业物流成本的构成状况。
3. 每小组派一名代表进行交流介绍。

任务评价

认知物流成本任务评分表

考评内容	物流成本案例分析论证				
考评标准	内容	分值	自评	互评	师评
	案例内容的典型性	30 分			
	内容归纳的准确性	30 分			
	演讲与表达的明确性	20 分			
	论证 PPT 示范性	20 分			
合计		100 分			
小组活动评价（团队合作情况）		教师文字点评			

拓展提升

案例一　京东商城物流成本控制案例分析

京东商城是中国电子商务领域最受消费者欢迎和最具影响力的电子商务网站之一。其经营范围涉及数码产品、大小家电等十多个领域。

一、京东商城基本情况介绍

京东商城成立于2004 年，是中国电子商务领域最大、认可度最高、最具有影响力的电子商务网站之一。目前在全国范围内有6000 多万客户注册了其网站，而且每天以新注册 1 万名的速度增加，每日有50 多万订单需要处理，网站日均页面浏览量超过 1 亿；京东商城是中国最大的自营式电商，近几年来，其在自主销售为主的电商购物网站市场中，一枝独秀，占据该市场 50% 左右的份额，在电商购物网站交易规模市场格局中，也仅次于天猫。

目前，京东的经营范围涉及13个领域，拥有3000多万种产品，种类齐全，除了最开始的数码产品、大小家电以外，还包括服装鞋帽、家居摆设、化妆护肤品、书籍娱乐等，更有一系列的虚拟商品（如：机票预订、话费充值等），京东已经建立了7大物流中心，覆盖全国30多座城市，拥有80多个仓库，使其物流配送网络几乎覆盖全国各地，成为拥有最大规模物流基础设施的企业。

二、京东商城物流体系介绍

京东将信息部门、物流部门和销售部门垂直整合。在物流配送方面，能够使用京东自营快递的，则使用京东自营快递。京东的自营快递已经可以覆盖中国大多数地区，如自营物流无法抵达的地区，则转发第三方快递。京东在全国的几个地方成立了物流集散中心和仓库。在京东购买的物品都会在接受地附近的仓库发货，且大型物流中心都是建立在人口密集的大城市。

京东的主要物流配送模式主要有三种：

1、自营物流模式。京东自营物流目前只为京东商城提供服务，是一种单一的配送模式。京东商城建立了北京、上海、广州、成都、武汉、沈阳、重庆7个物流配送中心，京东总体仓储面积已经超过100万平米，建立了以北京、上海、广州和成都为中心的四大物流平台，目前京东商城的自主配送已达90%。

2、自营与第三方物流相结合模式。目前，京东的业务范围已覆盖一线城市，并快速向二、三线城市渗透，在这些城市，订单的密集程度小，如果自建配送中心投资较大，风险高。因此，京东商城在二、三线城市采取与当地的物流企业相互合作，一起来完成配送任务。

其次，京东商城在自营配送到达不了的区域内，选择与当地的快递公司合作，来完成货物的配送任务，偏远地区基本都是和邮政合作。另外在配送大件时，京东还选择与厂商进行合作。

3、高校代理模式。高校学生是网络购物点的主要消费人群之一，但学生上课时间与货物的配送时间往往冲突，使得很多老师、同学无法及时收到快递。为了缓解这一情况带来的不利影响，同时也节约配送成本和提高配送效率，京东商城在全国各大院校内招募了“高校代理人”，建立校园自取点的模式，让高校教职工及学生能够享受到京东快捷的服务。

三、京东商城物流成本分析

建立自营物流体系不是一蹴而就的，无论是物流信息系统，物流硬件的设施、设备，还是物流人力资本都需要大量、长期的投入。下面是与物流有关的几组数据及事实：建成规模、处理能力、投资金额等。

1、建成规模。京东在北京、上海、广州设立物流配送中心，货物从供应商到顾客的全过程都由京东经手，都在IT系统的监控和支持之下，都能与供应商实现库存数据共享。随着业务量的增加，京东不得不招募更多的员工才能完成顾客的订单，满足客户需求。目前，京东三分之二的员工为新员工，并且还在源源不断地招新，而京东对这些新员工缺乏基本的入职培训，造成很多新员工对京东的整体认识不够，对自己的工作性质、工作流程、责任分工等也缺乏了解。

2、处理能力。借助京东的物流系统，其可以在43个城市实现“下单当日投递”，在265个城市实现“下单次日投递”，两者合计占定单总量的70%。京东的运营数据与强大物流处理能力呈正相关。

3、投资金额。京东融资的70%用于物流体系建设，这里所说的物流投资包括购买土地、建造库房、购置设施、设备及系统软件研发等，这些投资形成的都是固定资产。

4、折旧摊销。对于土地使用权（无形资产）按40年至50年平均摊销。

5、产权情况。京东150万平米与物流相关的建筑大部分为租赁模式。

6、存货情况。京东庞大的物流体中沉淀着海量存货，近年来存货周转天数有小幅下降，但金额却直线上升。

提到京东，人们首先想到的就是其自建自营的物流体系。强大的物流能力带来良好的购物体验，一直是京东吸引并抓住用户的招牌。对于电商行业来说，改进现有物流系统，实现物流成本的降低，增加企业利润都是需要重点关注的问题。

任务2
识别物流系统

任务目标

知识目标：

- ☐ 理解系统的基本内容，掌握物流系统的基本内容
- ☐ 掌握物流系统的特征
- ☐ 理解物流管理的方法

能力目标：

- ☐ 能识别系统的模式
- ☐ 能绘制物流系统基本框架图

素养目标：

- ☐ 从社会主义核心价值观出发，通过学习物流系统的内容，对相关因素进行优化组合，培养整体意识和全局观念
- ☐ 培养综合与系统分析能力，理解物流系统体系基本内容

任务描述

物流系统是经济的一个子系统，是物流的各要素之和，只有掌握相关知识才能了解物流系统的组成及运行。通过本任务实训能使学生在认知物流系统的情况下绘制系统基本框架图。

任务准备

1. 学生5人一组，教室配备电脑、投影仪。
2. 实训时间：2课时。

相关知识

一、物流系统

（一）物流系统概述

物流系统是由运输、仓储、包装、装卸搬运、流通加工、信息处理等要素构成的具有特定功能的有机整体。

构成物流系统的目的是为了用最小的代价完成某种特定功能或目标。因此，在构筑物流系统时，不仅要考虑需要哪些要素才能完成预定的功能或目标，而且要考虑这些要素怎样组合才能有效地实现物流系统的功能或目标——以最小的代价完成物流服务特定功能或目标。

现代物流的精髓就在于运用系统的观点和方法组织、管理、设计物流活动的各个环节，将组成物流活动的各要素整合起来形成有机整体，以促进物流潜力的发挥。

> **相关知识**
>
> 物流系统优化是指确定物流系统发展目标，并设计达到该目标的策略以及行动的过程，它依据一定的方法、程度和原则，对与物流系统相关的因素，进行优化组合，从而更好实现物流系统发展的目标。

（二）物流系统的构成原则

物流系统的构成原则、组成要素和设计的影响因素系统具有整体性、综合性、最优性。

1. 物流系统各组成要素间具有良好的协调性，这种协调性包括：（1）各物流要素按一定比例合理组合。因为任何物流功能的缺陷都可能使整个系统功能下降；（2）组织结构合理。因为传统的组织结构往往按职能工作划分权力结构和责任结构，组成的职能部门都把注意力集中在如何取得自己职能的优势上，而不重视物流系统的整体功效。

2. 各要素之间的交换价值可以促进系统整体的工作绩效。完整物流活动往往需要由不同物流要素在各自独立的基础上完成特定的功能。物流的若干功能要素之间存在着效益背反的矛盾，即一个功能要素的优化和利益发生的同时，必然存在另一个或几个功能要素的利益损失。因此，在分析选择物流功能要素时，应分析各功能要素的有机联系，从整体上分析物流系统的结构，使各要素间的损益能够保证物流系统总体最优。

3. 要素并不要求个体上达到最佳或最优设计，而关键在于组成物流系统的各要素之间的综合关系。

小知识

物流系统的基本特征

1. 物流系统是一个“人机系统”。
2. 物流系统是客观存在的系统。
3. 物流系统是复杂的系统。
4. 物流系统是大跨度的系统。
5. 物流系统是动态系统。
6. 物流系统的效益背反性。

（三）物流系统的组成要素

1. 人力资源：系统的核心要素。提高物流从业人员的素质，是建立一个合理化的物流系统并使其有效运转的根本。

2. 资金要素：物流系统建设是一个资本投入较大的领域，离开资金要素，物流系统就不可能建成。

3. 功能要素：物流系统的功能要素指物流系统所具有的基本能力，这些基本能力有效地组合、联系在一起，形成了物流系统应具有的总功能，便能有效、合理地实现物流系统的总目标。功能要素包括：运输功能要素；配送功能要素；装卸搬运功能要素；包装功能要素；仓储保管功能要素；加工功能要素；信息功能要素。

4. 物流设施：组织物流系统运行的基础和物质条件，包括：物流节点、物流线路。

5. 物流设备：包括：运输设备、仓储设备、加工设备等。

6. 组织与管理：组织、管理物流活动的各个环节，保证各要素间的协调配合，保障物流系统目标的实现。

7. 物流信息系统：物流系统的核心，是物流功能内涵延伸扩张、各环节衔接集成协调的基础，是物流系统化、高效率的基础，是改善供应链管理过程的重要工具。

正是由于信息处理技术和网络技术在物流系统中的应用发展，给予物流发展以强大的支撑，才有综合物流时代、供应链管理时代的出现，因此，物流信息系统是物流发展进步的基础。

物流系统的组成如图 2 – 1 所示。

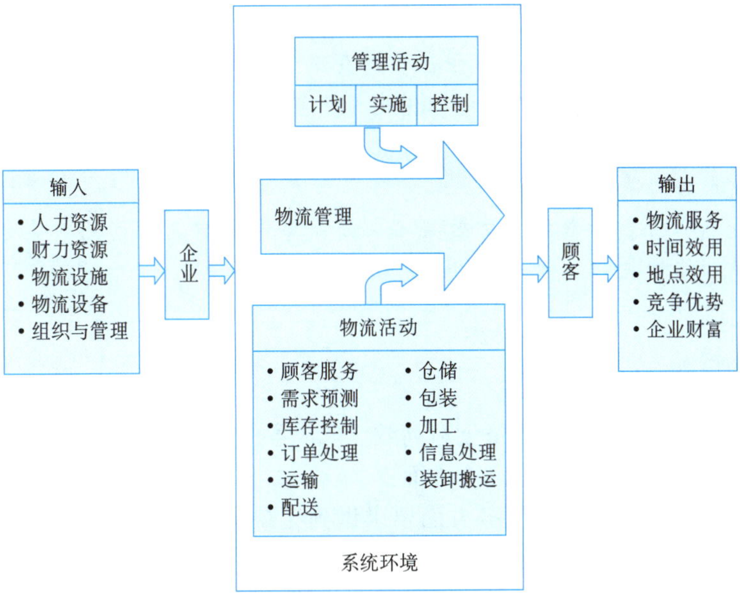

图 2－1　物流系统示意图

相关知识

认知系统

1. 系统是指为了达到某种共同的目标，由若干相互作用的要素有机结合构成的整体，系统具有整体性、综合性和最优性。

2. 系统应具备的条件：

(1) 系统是由两个或两个以上的单元元素组成的；

(2) 单元元素之间互相影响、相互作用，使系统保持相对稳定；

(3) 系统具有一定的结构性和有序性从而使系统具有特点功能。

3. 系统的特征：

(1) 目的性：系统的整体目的就是要创造价值和提供服务，以达到一定的经济效益与社会效益。

(2) 层次性：系统作为一个相互作用的诸要素的总体，可以分解为一系列的子系统，并存在一定的层次结构。在不同的层次结构中存在着不同的运动形式，构成了系统的整体运动特性，为深入研究复杂系统的结构、功能和有效地进行控制与调节提供了条件。

(3) 相关性：组成系统的要素是相互联系、相互作用的。相关性说明这些联系之间的特定关系和演变规律。

(4) 控制性：有效的系统必须具有畅通的信息与反馈机制，使各项工作能够及时、有效地得到控制。

(5) 开放性：任何一个系统，无论大小都是社会系统的一个组成部分。因此，它必须不断地与外部环境交换能量与信息。

（6）适应性：任何一个系统都存在于一定的物质环境中。因此，它必然要与外界产生物质、能量和信息交换，外界环境变化必然会引起系统内如各要素的变化。不能适应环境变化的系统是没有生命力的，只有能够经常与外界保持最优适应状态的系统，才是具有不断发展趋势的理想系统。

（7）整体性：系统运动的整体效果不一定是系统各要素活动的效果之和，有效系统各要素的总和能带来“整体大于部分之和”的效果。

二、物流系统的目标

物流系统的总目标即为社会经济创造高效、低成本的物流条件。

物流系统的具体目标包括以下六个方面：

物流系统功能和评价指标

1. 服务目标：在为用户提供服务方面要求做到无缺货、无货物损伤和丢失等现象，费用便宜。

2. 库存调节目标：库存过多则需要更多的保管场所，而且会产生库存资金积压，造成浪费。因此，必须按照生产与流通的需求变化对库存进行控制。

3. 有效地利用面积和空间目标：应逐步发展立体化设施和有关物流机械，以求得空间的有效利用，节约使用物流企业的生产面积。

4. 快速、及时、准时目标：要求把货物按照顾客指定的地点和时间迅速送达。为此可以把物流设施建在供给地区附近，或者利用有效的运输工具和合理的配送计划等手段。

5. 规模适当（优化）目标：应当考虑物流设施集中与分散的问题是否适当，机械化与自动化程度如何合理使用，情报系统的集中化所要求的电子计算机等设备的利用等。

6. 绿色物流目标：物流活动对环境的影响越来越大。为了保护环境、节约资源，在物流活动中应采用先进的物流技术、物流设施，最大限度地降低对环境的污染，提高资源利用率。

小贴士

物流系统“5S”目标：优质服务（service）；迅速及时（speed）；节约空间（space saving）；规模适当（scale optimization）；合理库存（stock control）。

相关链接

青岛啤酒企业集团最初啤酒的年产量不过30多万吨，但是库存就高达3万吨左右。这么高的库存，引发了几个问题：占压了相当大的流动资金，资金运作的效率低；需要有相当数量的仓库来储存这么多的库存。当时的仓库面积有7万多平方米；库存数量大，库存分散。经常出现有些仓库爆满、有些仓库空闲的问题，同时没有办法完全实现先进先出，使一部分啤酒储存期过长，新鲜度下降甚至变质。该啤酒集团经过调研，决定把“新鲜度管理”作为物流系统的直接目标。

这个目标的提出，不但能够实现库存降低、流动资金降低、损耗降低的目的，更重要的是面向消费者的实际需要，在实现消费者满意的新鲜度目标的同时，达到解决库存问题的目的。

实施方法是：以提高供应链运行效率为目标的物流管理改革，建立集团与各销售点物流、信息流和资金流全部由计算机网络管理的快速信息通道和智能化配送系统。他们首先成立了仓储调度中心，重新规划全国的分销系统和仓储活动，实现统一管理和控制。由提供单一的仓储服务，到进行市场区域分布，流通时间等全面的调整、平衡和控制，成立独立的法人资格的物流有限公司，以保证按规定的要求，以最短时间、最少环节和最经济的运行方式将产品送至目的地。

应用训练

一、活动内容

根据以下物流系统案例，分小组完成相关内容。

深圳福田保税区案例：深圳福田保税区是华南地区重要的跨国物流系统的实验基地，许多在这一带投资设厂的跨国公司都借助深圳福田保税区开展物料配送和产品分拨业务，其中世界500强企业就有三四十家，包括IBM、索尼、三星、松下、欧姆龙、美能达等。

自1993年深圳深九国际物流有限公司在福田保税区设立首家以“物流”命名的企业以来，目前该保税区已引进仓储物流企业近90家，包括日本通运、美国伯灵顿等著名跨国物流企业。在深圳福田保税区，物流不再是简单的仓储、运输，而是以系统的形式出现，呈现出物流系统的整体优势。20世纪90年代后期，IBM把美国戴尔电脑的现代物流概念“配送”引入深圳福田保税区，IBM合资企业长城国际与福田保税区内的海福公司合作，开展工厂“零库存”配送业务，长城国际在深圳的两间工厂不再设备料仓库，其分布在东南亚和欧美的70多家供应商把7600多种不同品种规格的电子料件集中到海福仓库，海福公司借助联网电脑，根据生产厂当日流水线需求实现配送中心与生产线的“门到门”服务。这种模式使长城国际节省物流成本达12%，同时降低了大量库存带来的费用和风险。如今，深圳福田保税区的物流企业已成为华南地区产品生产、出口的重要环节。

二、操作步骤

1. 阅读以上案例完成下列现代物流系统的基本框架图（见图2-2）。

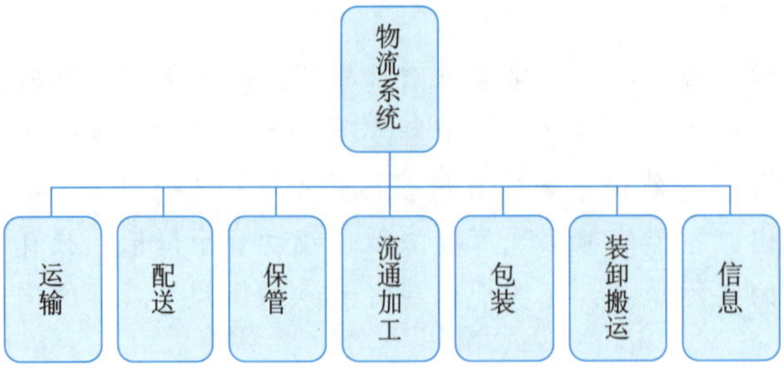

图 2-2　现代物流系统的框架图

运输系统——相距较远地域的物品载运及输送。
配送系统——按客户的订货要求进行集货、分货、配货后送达客户。
保管系统——基于商品出入库信息的基础上进行在库管理。
流通加工系统——为了有利流通所进行的一些附带加工作业。
包装系统——为保证商品的价值和形态而从事的物流活动。
装卸搬运系统——物资的装载、卸货、上架、取货、备货、分拣等作业活动。
信息系统——搜集与物流活动有关的信息，使物流活动能有效、顺利地进行。

2. 深圳福田保税区物流系统的目标是如何实现的？根据案例提供资料填写表 2-5。

表 2-5

系统目标	具体内容	实现方法
服务目标	能否做到无缺货、无货物损伤和无丢失等现象	
库存调节目标	能否按照生产与流通的需求变化对库存进行控制	
有效地利用面积和空间目标	能否使空间有效利用，节约使用物流企业的生产面积	
快速、及时、准时目标	能否把货物按照顾客指定的地点和时间送达	
规模适当（优化）目标	物流设施集中与分散是否适当；机械化与自动化程度是否合理使用	
总目标	是否创造顺畅、有效、低成本的物流条件	

三、成果展示

1. 学生根据查询资料，分组讨论，完成相关内容。
2. 每小组派一名代表进行交流介绍。

任务评价

物流系统与要素任务评分表

考评内容	物流系统展示		
考评标准	内容	分值	实际得分
	物流系统的框架	30 分	
	物流系统目标的实现	40 分	
	团队合作	30 分	
合计		100 分	
小组活动评价		教师点评	

拓展提升

国轩高科动力能源有限公司物流系统建设

国轩高科动力能源有限公司是国家高新技术企业，国内新能源电池领域的龙头之一。在动力电池行业这两年飞速发展时，国轩公司意识到，除核心技术的研发外，更要从生产运营的各个细节着手，降低生产成本。

国轩公司携手深圳雷柏公司，作为其 3GWh 圆柱电芯项目物流系统改造的供应商。整个智能物流系统投资 2000 多万元，涉及到生产过程的 26 道工序，全部采用定制方案，紧密贴合到各道工艺流程中，全面改进了国轩公司的仓储物流系统。

在整个过程中，雷柏公司提供了前期咨询、方案设计、数据仿真、研发设计、设备制造、安装调试和售后等服务，并专门研发了一套针对锂电池电池行业的 WES 软件系统，可以更加精准、高效地管理仓储，以及零件、半成品和成品的流通；有效降低物流成本，缩短生产周期，在同行竞争中保持领先地位。

智能物流系统是工业 4.0 的核心组成部分，是连接制造端和客户端的核心环节，即通过先进的物联网、互联网技术，通过信息处理和网络通信技术平台，广泛用于物品的运输、仓储、配送、包装、装卸等基本活动环节，实现货物出入库、运输过程的自动化运作和高效化的管理。相对于传统的物流仓储设施，自动化智能物流仓储在保证同等储存能力的条件下，可至少节约 70% 以上的土地和 80% 以上的劳动力。在经济新常态和产业升级背景下，人工、土地、仓储租金成本不断上涨；而随着行业发展越来越成熟，行业方案的逐渐透明公开，在设备更新及人力资源利用等对制造成本降低空间也十分有限。因此建设工业 4.0 时代的智能物流系统促进仓储物流成本的下降，已成为现代企业的“第三利润源”。

任务 3
识别物流系统的功能要素

任务目标

知识目标：

- □ 了解物流系统的功能要素的构成
- □ 掌握物流中运输、仓储、装卸搬运与搬运、包装、流通加工、配送和物流信息等要素的内容

能力目标：

- □ 能识别物流企业业务流程中的功能要素
- □ 能判断物流系统中功能要素的组合的合理性

素养目标：

- □ 从社会主义核心价值观出发，能对相关功能要素进行合理性分析，实现物流目标
- □ 培养综合与系统分析能力，识别物流系统，能对现行物流系统要素进行合理化分析

任务描述

物流系统的功能要素指的是物流系统所具有的基本能力，这些基本能力有效地组合、联结在一起，便成了物流的总功能，就能合理、有效地实现物流系统的总目的。

任务准备

1. 学生5人一组，教师配备电脑、投影仪。
2. 上网初步了解知名的物流企业。
3. 分组访查有关物流企业。
4. 实训时间：4课时。

相关知识

物流系统功能要素

物流系统的组成要素分析

从物流活动的实际工作环节考查，物流系统的功能要素有运输、仓储、装卸与搬运、包装、流通加工、配送、物流信息等。物流活动的实际工作就是由以上七项具体工作构成的。

（一）运输功能要素

运输是人和物的载运及输送。包括供应及销售物流中的车、船、飞机等方式的运输，生产物流中的管道、传送带等方式的运输。对运输活动的管理，要求选择技术经济效果最好的运输方式及联运方式，合理确定运输路线，以实现安全、迅速、准时、价廉的要求。

小知识

运输管理的原则

1. 及时。即按照产、供、销情况，及时将货物从产地运送到销售地，尽量缩短货物在途时间，及时供应生产和生活的需要。

2. 准确。即在货物运输过程中，切实防止各种差错事故，做到不错不乱，准确无误地完成运输任务。

3. 经济。即采取最经济、合理的运输方案，有效利用各种运输工具和方式，以节约人力、物力和财力为前提，提高运输经济效益，降低货物运输费用。

4. 安全。即货物在运输过程中，不发生霉烂、残损、丢失、燃烧和爆炸等事故，保证货物安全地运达目的地。

（二）仓储功能要素

仓储包括堆存、保管、保养、维护等活动。对仓储活动的管理，要求正确确定库存数量，明确仓库以流通为主还是以储备为主，合理确定保管制度和流程，对库存物品采取有区别的管理方式，力求提高保管效率，降低损耗，加速物资和资金的周转。

小知识

仓库：是保管、储存物品的建筑物和场所的总称。也是从事包装、分拣、流通加工等物流作业活动的物流节点设施。

库存：是指处于储存状态的物品。广义的库存还包括处于制造加工状态和运输状态的物品。或者说库存是企业在生产经营中为现在和将来的生产或者销售而储备的资源。

储存：即保护、管理、贮藏物品。储存是包含库存和储备在内的一种广泛的经济现象。

（三）包装功能要素

包装是包装物和包装操作的总称。对包装活动的管理，根据物流方式和销售要求来确定。以商业包装为主，还是以工业包装为主，要全面考虑包装对产品的保护作用、促进销售作用、提高装运率的作用、包拆装的便利性以及废包装的回收及处理等因素。包装管理还要根据全物流过程的经济效果，具体决定包装材料、强度、尺寸及包装方式。

小知识

1. 包装的功能。保护功能（质量和数量的保护，对外界环境的保护）；方便与提高效率功能（物流中的便利）；销售功能；信息传递功能。

2. 包装合理化。即广泛采用先进的包装技术和包装机械；由一次包装向反复使用的周转包装发展；采用单元装载技术；采用无包装的物流形态；防止包装不足或包装过剩；包装绿色化。

3. 包装标准化。统一材料；统一规格；统一容量；统一标记；统一装封；包装模式化。

（四）装卸搬运功能要素

装卸搬运指在同一地域范围内进行的，以改变物品的存放状态和空间位置为主要内容和目的的活动。包括对输送、保管、包装、流通加工等物流活动进行衔接，以及在保管等活动中为进行检验、维护、保养所进行的装卸活动。对装卸活动的管理，主要是确定最恰当的装卸方式。力求减少装卸次数，合理配置及使用装卸机具，以做到节能、省力、减少损失、加快速度，获得较好的经济效果。

小知识

装卸搬运的“活性”

装卸搬运的活性是指货物的存放状态对装卸搬运作业的方便难易程度，亦称货物的“活性”。对货物“活性”的度量，常用“活性指数”表示。

（五）流通加工功能要素

流通加工又称流通过程的辅助加工活动。这种加工活动不仅存在于社会流通过程，也存在于企业内部的流通过程中。企业、物资部门、商业部门为了弥补生产过程中加工程度的不足，更有效地满足用户或本企业的需求，往往需要进行这种加工活动。

小知识

流通加工的功能：(1) 提高原材料的利用率；(2) 方便用户使用和消费；(3) 提高加工效率和设备利用率；(4) 使物流更加合理。铁路、港口、飞机场、仓库及场站装卸。

（六）配送功能要素

配送是在经济合理区域内，根据用户的要求，对物品进行拣选、加工、包装、分割、组配等作业，并按时送达指定地点的物流活动。是物流进入最终阶段，以配货、送货形式最终完成社会物流并最终实现资源配置的活动。

配送的分类：

按配送组织者不同分类：商店配送；配送中心配送；仓库配送；生产企业配送。

按配送商品种类及数量不同分类：单（少）品种大批量配送；多品种少批量配送；配套成套配送。

按配送时间及数量不同分类：定时配送；定量配送；定时定量配送；定时、定线路配送；即时配送。

按加工程度不同分类：加工配送；集疏配送。

按经营形式不同分类：销售配送；供应配送；销售—供应一体化配送；代存代供配送。

小知识

配送中心

配送中心是位于物流节点上，专门从事货物配送工作的经营组织和经营实体。配送中心是配送活动的集散地和发源地，属于物流运动的枢纽。配送中心集集货、分货和流通加工为一体，是现代化、多功能的物流组织。

（七）物流信息功能要素

狭义的物流信息是指与物流活动（如运输、储存、包装、装卸搬运、流通加工等）有关的信息。它主要是支持物流配送活动的管理和决策。广义的物流信息不仅包括与物流有关的信息，还包括与其他流通活动有关的信息，如商品交易信息和市场信息等。

小知识

物流信息系统（LIS）

作为企业信息系统（MIS）的一部分，是通过对与物流相关信息的处理加工来达到对物流、资金流的有效控制和管理，并为企业提供信息分析和决策支持的人机系统。

综上所述，各系统要素间的关系如表 2 –6 所示。

表 2 –6　物流系统要素目标之间的典型冲突一览表

要素	主要目标	采取的方法	可能导致的结果	可能造成的对其他要素的影响
运输	运费最小	批量运输、集装整车运输、铁路干线运输	交货期集中、交货批量大、待运期长、运费降低	在途库存增加、平均库存增加、末端加工费用高、包装费用高
储存	储存费最小	缩短进货周期、降低每次进货量、增加进货次数、在接近消费者的地方建仓库、增加信息沟通	紧急进货增加、送货更加灵活、储存地点分散、库存量降低甚至达到零库存、库存费用降低	无计划配送增加、配送规模更小、配送地点更分散、配送、装卸搬运、流通加工、物流信息成本增加
包装	破损最少、包装成本最小	物流包装材料强度高、扩大内装容量、按照特定商品需要确定包装材料和方式、物流包装容器功能更多	包装容器占用过多空间和重量、包装材料费增加、包装容器的回收费用增加、包装容器不通用、商品破损降低但包装费增加	包装容器耗用的运费和仓储费用增加、运输车辆和仓库的利用率会下降、装卸搬运费用增加
装卸	降低装卸费、降低搬运费、加快装卸速度	使用人力节约装卸搬运成本、招聘农民工进行装卸搬运、提高装卸搬运速度，“抢装抢卸”	装卸搬运效率低、商品破损率高、不按要求堆放、节省装卸搬运费用	待运期延长、运输工具和仓库的利用率降低、商品在途和在库损耗增加、包装费用增加、重新加工增加流通加工成本
流通加工	满足销售要求、降低流通加工费用	流通加工作业越来越多、为节约加工成本，采用简陋设备	在途储存和在库储存增加、增加装卸环节、商品重复包装	商品库存费增加、装卸搬运费增加、商品包装费增加
物流信息	简化业务、提高透明度	建立计算机网络、增加信息处理设备，如手持终端、采用条形码、增加信息采集点	增加信息处理费、方便业务运作、提高客户服务、信息安全性和可靠性影响到系统运作安全	（与其他要素的目标没有冲突）

应用训练

一、活动内容

认识物流系统的运输与仓储要素。学生 5 人为小组，通过实训室实训、相关资料的收集，或者上门调查相关物流企业，初步掌握物流系统主要功能要素。

二、操作步骤

（一）认识运输要素

小组每位成员通过查询相关资料，或者上门调查各种类型的运输企业，了解运输企业的主要运输方式，比较各个运输方式的优缺点并完成表格 2 –7。

表 2 – 7　　运输企业调查表

企业名称	主要运输类型	运输方式的特点		
		优点	缺点	适用的货物类型
	公路运输			
	铁路运输			
	水上运输			
	航空运输			
	管道运输			

时间：　　　　调查人：

（二）认识仓储要素

学生分成小组，上门参观、在物流实训室或上网查询仓储企业的有关资料，初步掌握仓储的基本特点和仓库的相关知识完成表 2 – 8。

表 2 – 8

业务阶段	业务活动	作业内容	所调查情况
入库阶段	接运	• 车站、机场提货 • 短途运输 • 货场交货	
	验收	• 验收准备 • 实物验收、质量数量验收记录 • 登账建卡	
仓储保管阶段	储存保管	• 分类整理 • 上垛、堆垛 • 倒垛 • 储存经济管理 • 安全管理	
	维护保护	• 温度控制 • 维护保养 • 检查、盘点	
出库阶段	出库	• 核对凭证 • 审核、划价 • 备料、包装 • 建卡、记账	
	发运代运	• 领料或送料 • 代办托运	

三、成果展示

1. 学生根据查询资料，分组讨论，完成相关表格。
2. 制作案例陈述分析 PPT，讲述物流系统的运输与仓储功能要素。
3. 每小组派一名代表进行交流介绍。

任务评价

物流系统与功能要素任务评分表

考评内容	物流系统与功能要素案例分析论证		
考评标准	内容	分值	实际得分
	运输功能要素调查	20 分	
	仓储功能要素调查	20 分	
	PPT 内容展示	20 分	
	小组成员的协作程度	20 分	
	语言表达能力	20 分	
合计		100 分	
小组活动评价		教师点评	

拓展提升

海尔现代物流系统建设案例

海尔在连续 16 年保持 80% 的增长速度之后，近年来又悄然进行着一场重大的管理革命。这就是在对企业进行全方位流程再造的基础之上，建立了具有国际水平的自动化、智能化的现代物流体系，使企业的运营效益发生了奇迹般的变化，资金周转达到一年 15 次，实现了零库存、零运营成本和与顾客的零距离，突破了构筑现代企业核心竞争力的瓶颈。

1. 海尔现代物流从根本上重塑了企业的业务流程，真正实现了市场化程度最高的定单经济。

海尔现代物流的起点是定单。企业把定单作为企业运行的驱动力，作为业务流程的源头，完全按定单组织采购、生产、销售等全部经营活动。从接到定单时起，就开始了采购、配送和分拨物流的同步流程，现代物流过程也就同时开始。由于物流技术和计算机管理的支持，海尔物流通过 3 个 JIT，即 JIT 采购、JIT 配送、JIT 分拨物流来实现同步流程。这样的运行速度为海尔赢得了源源不断的定单。目前，海尔集团平均每天接到销售定单 200 多个，每个月平均接到 6000 多个销售定单，定制产品 7000 多个规格品种，需要采购的物料品种达

15 万种。由于所有的采购基于定单，采购周期减到 3 天；所有的生产基于定单，生产过程降到一周之内；所有的配送基于定单，产品一下线，中心城市在 8 小时内、辐射区域在 24 小时内、全国在 4 天之内即能送达。总体来说，海尔完成客户定单的全过程仅为 10 天时间，资金回笼一年 15 次，呆滞物资降低 73.8%。张瑞敏认为，定单是企业建立现代物流的基础。如果没有定单，现代物流就无物可流，现代企业就不可能运作。没有定单的采购，意味着采购回来就是库存；没有定单的生产，就等于制造库存；没有定单的销售，就不外乎是处理库存。抓住了定单，就抓住了满足即期消费需求、开发潜在消费需求、创造崭新消费需求这个牛鼻子。但如果没有现代物流保障流通的速度，有了定单也会失去。

2. 海尔现代物流从根本上改变了物在企业的流通方式，基本实现了资本效率最大化的零库存。

海尔改变了传统仓库的“蓄水池”功能，使之成为一条流动的“河”。海尔认为，提高物流效率的最大目的就是实现零库存，现在海尔的仓库已经不是传统意义上的仓库，它只是企业的一个配送中心，成了为下道工序配送而暂时存放物资的地方。

建立现代物流系统之前，海尔占用 50 多万平方米仓库，费用开支很大。目前，海尔建立了 2 座我国规模最大、自动化水平最高的现代化、智能化立体仓库，仓库使用面积降为仅有 2.54 万平方米。其中一座坐落在海尔开发区工业园中的仓库，面积 1.92 万平方米，设置了 1.8 万个货位，满足了企业全部原材料和制成品配送的需求，其仓储功能相当于一个 30 万平方米的仓库。这个立体仓库与海尔的商流、信息流、资金流、工作流联网，进行同步数据传输，采用世界上最先进的激光导引无人运输车系统、机器人技术、巷道堆垛机、通信传感技术等，整个仓库空无一人。自动堆垛机把原材料和制成品举上 7 层楼高的货位，自动穿梭车则把货位上的货物搬下来，一一放在激光导引无人驾驶运输车上，运输车井然有序地按照指令再把货送到机器人面前，机器人叉起托盘，把货物装上外运的载重运输车上，运输车开向出库大门，仓库中物的流动过程结束。整个仓库实现了对物料的统一编码，使用了条形码技术、自动扫描技术和标准化的包装，没有一道环节会使流动的过程梗塞。

海尔的流程再造使原来表现为固态的、静止的、僵硬的业务过程变成了动态的、活跃的和柔性的业务流程。未进行流程再造前的 1999 年，海尔实现销售收入 268 亿，库存资金 15 亿元，销售资金占用率为 5.6%。2000 年实现销售收入 406 亿元，比上年超了 138 亿元；库存资金降为 7 亿元，销售资金占用率为 1.72%。今年海尔的目标是把库存资金降为 3 个亿，销售资金占用率将降到 0.5% 左右，届时海尔将基本实现零库存。在海尔所谓的库存物品，实际上成了在物流中流动著的、被不断配送到下一个环节的“物”。

3. 海尔现代物流从根本上打破了企业自循环的封闭体系，建立了市场快速响应体系。

面对日趋激烈的市场竞争，现代企业要占领市场份额，就必须以最快的速度满足终端消费者多样化的个性需求。因此，海尔建立了一整套对市场的快速响应系统。一是建立网上定单管理平台。全部采购定单均由网上发出，供货商在网上查询库存，根据定单和库存情况及时补货。二是建立网上支付系统。目前网上支付已达到总支付额的 20%，支付准确率和及时率达 100%，并节约近 1000 万元的差旅费。三是建立网上招标竞价平台。供应商与海尔一道共同面对终端消费者，以最快的速度、最好的质量、最低的价格供应原材料，提高了产品的竞争力。四是建立信息交流平台，供应商、销售商共享网上信息，保证了商流、物流、资金流的顺畅。集成化的信息平台，形成了企业内部的信息“高速公路”，架起了海尔与全球用户资源网、全球供应链资源网和计算机网络的桥梁，将用户信息同步转化为企业内部信息，以信息替代库存，强化了整个系统执行定单的能力，海尔物流成功地运用电子商务体系，大大缩短了海尔与终端消费者的距离，为海尔赢得了响应市场的速度，扩大了海尔产品的市场份额。在国内市场份额中，海尔彩电占10.4%，冰箱占33.4%，洗衣机占30.5%，空调占30.6%，冷柜占41.8%。在国际市场，海尔产品占领了美国冷柜市场的12%、200升以下冰箱市场的30%、小型酒柜市场50%的市场份额，占领了欧洲空调市场的10%，中东洗衣机市场的10%。目前海尔的出口量已经占到销售总量的30%。

4. 海尔现代物流从根本上扭转了企业以单体参与市场竞争的局面，使通过全球供应链参与国际竞争成为可能。

海尔的发展经历了三个战略阶段。第一阶段是品牌战略，第二阶段是多元化战略，第三阶段是国际化战略。在第三阶段，其战略创新的核心是从海尔的国际化到国际化的海尔，是建立全球供应链网络，支撑这个网络体系的是海尔的现代物流体系。

海尔在进行流程再造时，围绕建立强有力的全球供应链网络体系，采取了一系列重大举措。一是优化供应商网络。将供应商由原有的2336家优化到978家，减少了1358家。二是扩大国际供应商的比重。目前国际供应商的比例已达67.5%，较流程再造前提高了20%。世界500强企业中已有44家成为海尔的供应商。三是就近发展供应商。海尔与已经进入和准备进入青岛海尔开发区工业园的19家国际供应商建立了供应链关系。四是请大型国际供应商以其高技术和新技术参与海尔产品的前端设计。目前参与海尔产品设计开发的供应商比例已高达32.5%。供应商与海尔共同面对终端消费者，通过创造顾客价值使定单增殖，形成了双赢的战略伙伴关系。

在抓上游供应商的同时，海尔还完善了面向消费者的配送体系，在全国建立了42个配送中心，每天按照定单向1550个专卖店、9000多个网点配送100多个品种、5万多台产品，形成了快速的产品分拨配送体系、备件配送体系和返回物流体系。与此同时，海尔与国家邮政总局、中远集团、和黄天百等企业合作，在国内调配车辆可达16000辆。

海尔认为，竞争将不是单个企业之间的竞争，而是供应链与供应链之间的竞争。谁所在的供应链总成本低、对市场响应速度快，谁就能赢得市场。一只手抓住用户的需求，一只手抓住可以满足用户需求的全球供应链，这就是海尔物流创造的核心竞争力。

综合练习

一、单选题

1. 物流管理的首要任务是（　　）。

A. 提高物流效率　　B. 降低物流成本

C. 满足顾客需求　　D. 服务的可靠性

2. “物流成本冰山说”是（ ）提出的。

A. 美国的彼得·德鲁克
B. 日本的西泽修
C. 美国的科特勒
D. 日本的阿保荣司

3. 第一个利润源挖掘对象是生产力中的（ ）。

A. 劳动对象
B. 劳动者
C. 劳动工具
D. 劳动产品

4. 第二个利润源挖掘对象是生产力中的（ ）。

A. 劳动对象
B. 劳动者
C. 劳动工具
D. 劳动产品

5. 第三个利润源挖掘对象是生产力中（ ）的潜力。

A. 劳动对象
B. 劳动者
C. 劳动工具
D. 劳动产品

二、多项选择题

1. 物流系统具有独特的（ ）系统性质。

A. 整体性
B. 智能性
C. 可分性
D. 目的性
E. 多目标性

2. 物流的作用可以认为是消除了商品生产地和消费地之间的（ ）。

A. 所有权间隔
B. 场所间隔
C. 时间间隔
D. 使用权间隔

3. 随着（ ）等先进管理方法的开发和在物流管理中的运用，使人们逐渐认识到需要从生产经营中的全过程来把握物流管理。

A. MRP
B. DRP
C. 看板制
D. JIT
E. GIS

4. 物流系统的边界是广阔的，其范围横跨（ ）等几大领域。

A. 采购
B. 生产
C. 流通
D. 消费

5. 物流系统的要素包括（ ）。

A. 运输
B. 储存
C. 装卸搬运
D. 包装
E. 流通加工

6. 一般而言，物流链各阶段的必备功能首先是（ ），然后是（ ）。

A. 运输
B. 储存
C. 装卸搬运
D. 包装
E. 流通加工

7. 生产企业的物流费用有（ ）。

A. 工资及福利费
B. 企业内部仓库保管费

C. 生产要素的采购　　D. 产品的推销费

E. 折旧费

8. 现代物流发展的总体趋势是（　　）。

A. 物流信息化　　B. 物流自动化

C. 物流网络化　　D. 物流社会化

9. 物流要素集成的结果可归纳为以下几种形式（　　）。

A. 要素一体化　　B. 建立战略联盟

C. 资源共享　　D. 市场化

E. 分散组合

10. 物流的作用可以认为是消除了商品生产地和消费地之间的（　　）。

A. 所有权间隔　　B. 场所间隔

C. 时间间隔　　D. 使用权间隔

11. 物流系统具有下列特性（　　）。

A. 整体性、层次性、相关性、目的性、适应性

B. 整体性、最优性、相关性、目的性、适应性

C. 整体性、最优性、集成性、目的性、适应性

D. 整体性、层次性、集成性、目的性、适应性

12. 物流活动产生于（　　）。

A. 古代　　B. 20 世纪初

C. 第二次世界大战期间　　D. 20 世纪 80 年代

13. 提出物流是"一块经济的黑大陆"，是企业重要利润源泉的学者是（　　）。

A. 迈克尔·波特　　B. 彼得·德鲁克

C. 迈克尔·哈默　　D. 平原直

14.（　　）可以定义为物流活动中所消耗的物化劳动和活劳动的货币表现。

A. 物流系统　　B. 物流活动

C. 物流成本　　D. 物流服务

15.（　　）是由运输、仓储、包装、装卸搬运、流通加工、信息处理等要素构成的具有特定功能的有机整体。

A. 物流系统　　B. 物流活动

C. 物流成本　　D. 物流服务

三、判断题

1. 人们对物流的关心首先应该从关心物流成本开始。（　　）

2. 货主企业的物流成本以及物流企业的物流成本是宏观意义上的物流成本。（　　）

3. 流通企业物流是物流业发展的源动力，制造企业和商业流通企业是物流服务的需求主体。（　　）

4. 流通企业的物流可以看成是制造企业物流的延伸，而物流企业主要是为流通企业和制造企业提供服务的，因此，物流企业的物流成本可以看成是货主企业物

流成本的组成部分。 （ ）

5. 社会宏观物流成本是流通企业物流成本的综合。 （ ）

6. 物流客户服务水平与物流成本是一种此消彼长的关系。 （ ）

7. 商流的功能是消除时间和空间间隔，物流的功能是消除社会问题。（ ）

8. 生产系统中的物流不改变“物”本身的形状、尺寸和性质，只改变时间和空间的状态。 （ ）

9. 物流系统的功能要素分为运输功能要素、包装功能要素、装卸搬运搬运功能要素、储存功能要素、流通加工功能要素、配送功能要素、物流设施设计功能要素。 （ ）

10. 物流是企业的第三利润源泉，开办物流企业一定会有利润。 （ ）

11. 流通活动就是物流活动，两者是同一问题的两种不同表述方法。 （ ）

12. 包装处于生产过程的末尾和物流过程的开头，既是生产的终点，又是物流的起点。 （ ）

13. 构成物流系统的各种要素达到最优，即可使得整个物流系统达到最优。 （ ）

14. 物流服务水平与成本具有“效益背反”（trade - off）的关系。 （ ）

15. 物流客户服务水平与物流成本是一种此消彼长的关系。 （ ）

16. 确定物流系统时，只需要考虑成本，不需要考虑服务水平。 （ ）

17. 物流成本是指产品空间位移（包括静止）过程中所耗费的各种资源的货币表现。 （ ）

18. 物流服务水平的高低比物流成本更易衡量。 （ ）

19. 物流实际上是企业运输作业和仓储作业活动的总称。 （ ）

20. 切断物流系统和其他系统之间的联系，只要物流系统本身功效完备，物流系统还是能发挥其应有的作用而得以生存。 （ ）

四、简答题

1. 什么是物流成本？在分析过程中，人们应该从哪些不同角度理解物流成本的含义？

2. 什么是“物流成本冰山说”？

3. 物流系统的构成原则是什么？

4. 物流系统的特征和功能要素有哪些？

5. 请列举物流系统中的物流成本交替损益规律？这些规律对物流成本的管理有何启示？

项目三 3 仓储技术与实务

任务1 仓库环境体验

任务目标

知识目标：

- □ 了解仓库及其分类
- □ 理解仓库选址的原则和影响因素

能力目标：

- □ 能考察影响仓库选址的各种因素
- □ 会使用评分法和重心法

素养目标：

- □ 通过学习仓储在物流作业中功能与作用，了解我国物流园区等基础设施建设的现状，提高建设国家的使命感与责任感
- □ 在学习仓库选址方法的过程中，培养多角度全面观察、思考问题的习惯以及尊重科学的态度

任务描述

现代仓库在物流作业中发挥着极其重要的作用，它不仅具有储存、保管等传统功能，而且包括拣选、配货、检验等作业，并具有配送功能以及贴标签、重新包装等流通加工功能。本任务要求学生能根据仓库有关的外部因素和内在因素等已知信息，运用评分法和重心法完成分析工作。

任务准备

1. 一个班级分组，学生 10 人左右一组。
2. 纸和笔。
3. 实训时间：2 课时。

推动绿色发展，
建设美丽中国

相关知识

一、仓库

自从人类社会生产有剩余产品以来，就产生了储存活动。随着社会生产水平的提高，无论生产领域还是流通领域都离不开仓库。仓库是储存和保管物品的建筑物和场所。

二、仓库的功能

无论是生产领域还是流通领域都离不开仓库。仓储是商品流通的重要环节之一，也是物流活动的重要支柱。仓库作为物流服务的据点，不仅具有储存、保管等传统功能，而且包括拣选、配货、检验等作业，并具有配送功能以及贴标签、重新包装等流通加工功能。一般来讲，仓库具有以下功能：

1. 储存和保管功能。这是仓库最基本的传统功能，仓库具有一定的空间，用于储存物品，保管过程中应保证物品不丢失、不损坏、不变质；仓库配有相应的设备与设施，以保持储存物品的完好性。例如，对水果、鱼肉类仓库要控制其温度，使之成为冷藏仓库或冷冻仓库。

2. 调节供需的功能。生产节奏和消费节奏不可能完全一致，由此产生生产供需不平衡，这就要有仓库的储存作为平衡环节加以调控，使生产和消费协调起来，这也体现出物流系统创造物资时间效用的基本职能。

3. 调节货物运输能力和运输整合功能。各种运输工具的运量相差很大，船舶的运量大，火车的运输能力较小，汽车的运输能力最小，它们之间进行转运时，运输能力是很不匹配的，这种运力的差异也是通过站（港）仓库调节的。另外，企业有时会遇上运输不足整车的原料或成品的情形，可以通过零担及拼箱货物运入或运出距离相对较近的仓库，让公司将较小的货载整合为较大的货载（装满一车），这样就大大减少了运输费用（见图 3－1、图 3－2）。

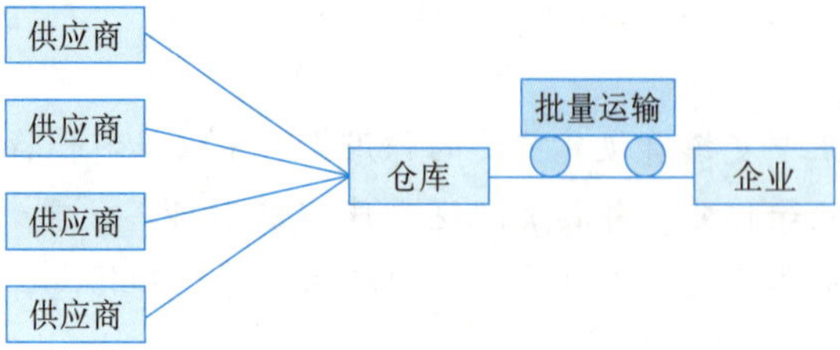

图 3－1　运入的整合运输

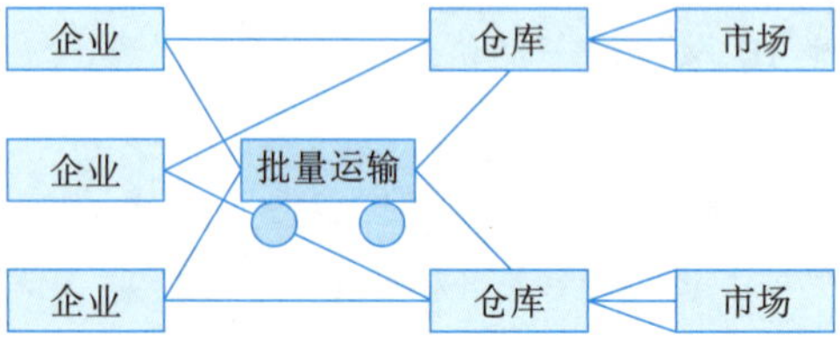

图 3－2　运出的整合运输

4. 配送和流通加工功能。现代仓库的功能已由保管型向流通型转变，即仓库由原来的储存、保管货物的中心向流通、销售的中心转变。仓库不仅具有仓储、保管货物的设备，而且还增加了分袋、捆包、分拣、组合、配送、流通加工等设施。这样，既扩大了仓库的经营范围，提高了物资的综合利用率，又方便了消费者，提高了服务质量。

三、仓库的种类

根据不同的分类标准，仓库有多种分类方式。主要有：

1. 按用途分类：（1）自用仓库；（2）营业仓库；（3）公共仓库；（4）保税仓库。

2. 按建筑结构封闭程度分类：（1）库房；（2）货棚；（3）货场。

3. 按建筑材料分类：（1）钢筋混凝土结构；（2）砖石、木结构；（3）钢结构；（4）新型材料。

4. 按保管物品种类分类：（1）综合库；（2）专业库。

5. 按仓库功能分类：（1）储备仓库；（2）周转仓库：包括加工中心、转运中心、集配中心、配送中心等。

6. 按建筑结构分类：（1）简易仓库；（2）平房仓库；（3）楼房仓库；（4）高层货架仓库；（5）自动化立体仓库。

其中自动化立体仓库将是一个主流的发展趋势。它的主要优点是：库房占地面积小，空间利用率高，采用机械化作业，能够大幅度提高货物进出库的作业效率。自动化立体仓库可以从物流成本、物流服务质量和物流效率等方面增强第三方物流企业的竞争力。建设一个高效、高品质的自动化仓库系统已成为众多第三方物流企业提高核心竞争力的重要需求。

小贴士

自动化立体仓库

自动化立体仓库系统是一种用高层立体货架储存物资，用电子计算机控制管理和用自动控制巷道堆垛机进行存取作业的仓库系统。立体仓库一般指单层的，但库房高度在五米以上的仓库，可以设置较高的多层货架来存放货物。目前世界上最高的立体仓库高度已达50m，货架的高度是仓库节约用地的关键。增加高度可以显著提高空间利用率。但据分析，当高度大于20m时，高度的提高又会增加一系列技术难度，如地基承载能力、货架安装精度等，从而将增加建设投资和周期，单位造价也会提高。我国目前高层货架立体仓库的高度都在15m左右。

四、仓库选址

仓储作为物流最重要的环节之一，仓库必须慎重选址。方便的交通以及配套设施、方便获得劳动力、成本的投入、安全性、周边扩展空间等，这些都要全方面地综合考虑。适宜的仓库地址，可以让企业得到更好的资源，使企业能富有竞争力，获得更大的发展空间。

（一）影响仓库选址的因素

1. 地质因素。仓库地点的选择，应选择地质坚实、平坦、干燥的地点，用地选用承载力较高的地基。

2. 水文电力因素。仓库应选择靠近水源、电源的地方，保证方便和可靠的水电供应。水是消防所必须的用料之一，给水要充足，但是又不能存在水淹的危险，最好不要处于当地最高水位之下。

3. 交通因素。交通方便，利于吞吐。例如靠近码头、车站等。现代化的大型仓库还需考虑铺设铁路专用线或建设专用水运码头，以利于加快商品流通的速度。

4. 环境因素。仓库地点的选择要注意所处的环境条件，特别要对安全条件进行详细的分析。仓库地点应与周围的其他建筑物，特别是工厂、居民区保持一定的安全距离，为了方便消防灭火，仓库周围建筑和道路必须保证交通畅通。还要考虑仓库周围不存在产生腐蚀气体、粉尘、辐射的工厂或车间，至少要处于这些单位的上风处。

5. 成本因素。仓库建设的成本是企业仓库选址的一个重要因素，服务成本是指为满足客户需求，从事仓储业务必须付出的成本和费用。例如从运费上考虑，在几个生产基地和几个消费地之间建立仓库，可以用线性规划模型使运费达到最小。

此外，还应考虑政府经济发展规划、物流服务配套商分布以及物流目标用户分布情况，尽可能靠近目标市场，方便运输，节省费用。

（二）仓库选址的方法

1. 模拟法。模拟法是通过建立物理模型或数学模型来形成网点布局方案，寻找仓库设置点的方法。由于所用的模拟模型不同，模拟法也有很多方法。经常采用的是物流位图法和重心法。

重心法是一种设置单个厂房或仓库的方法，这种方法主要考虑的因素是现有设施之间的距离和要运输的货物量，经常用于中间仓库或分销仓库的选择。商品运输量是影响商品运输费用的主要因素，仓库尽可能接近运量较大的网点，从而使较大的商品运量走相对较短的路程，就是求出本地区实际商品运量的重心所在的位置。

重心法进行仓库选址简单实例：已知，某区域内有五个需求点，每个需求点的平面坐标和货运信息如表 3－1 所示。

表 3－1

需求点	坐标 X	坐标 Y	平均货运量（吨）
A	3	8	100
B	8	8	150
C	2	5	200
D	6	4	50
E	8	2	250

现要在该区域内建造一个中央仓库，请用重心法求出该仓库的坐标。

解：中央仓库的坐标：

$$\bar{x}=\frac{3\times100+8\times150+2\times200+6\times50+8\times250}{100+150+200+50+250}=5.6$$

$$\bar{y}=\frac{8\times100+8\times150+5\times200+4\times50+2\times250}{100+150+200+50+250}=4.9$$

所以，新的中央仓库坐标为（5.6，4.9）。

重心法求出的不是最合理的选址原因是在实际情况中，我们往往还有其他因素需要考虑，如还要考虑投资环境、设施配套、人力的扩充等因素。

2. 评分法。选址中要考虑的因素很多，但是总是有一些因素比另一些因素相对重要；决策者要判断各种因素孰轻孰重，从而使评估更接近现实。因此产生了评分法。

所谓评分法，就是通过专家评分来决定物流网点选址方案的方法。评分法带有较重的主观色彩，是靠专家的主观意识来决定选址方案的。

加权评分法进行仓库选址简单实例：加权评分法是进行仓库选址决策时常用的一种方法。这种方法的具体做法是：首先列举进行仓库选址决策时应该考虑的重要因素，按其重要程度分别给予权重，每一因素再分成几级，分别打分，其分值和权重值相乘得出该因素的积分，最后将全部因素的积分加起来则得出一个方案的总分。对候选的每个方案都采用同样的方法来打分，最后可通过每个方案得分的高低来评价其好坏。

下面我们以表格形式来进行了解（表 3 –2）。

表 3 –2

评估因素	权数	候选地址		
		地点 A	地点 B	地点 C
到主厂的距离	9	5 45	7 63	2 18
周边配套	3	3 9	4 12	8 24
基础设施	3	5 15	8 24	6 18
人力资源获取	5	6 30	7 35	2 10
投资成本	5	7 35	9 45	3 15
业务充满度	9	4 36	6 54	6 54
可扩充性	4	9 36	6 24	9 36
合计		206	257	175

经上表，通过采用加权评分法来对地点 A、地点 B 和地点 C 进行比较可知，物流仓库选址在地点 B 相对于选在其他两个地点更为合适，也使得公司更好的节约成本，获得最大利润。

3. 解析法。解析法主要通过建立数学模型并进行计算以求得最优方案。一般可以分为基于成本的模型和基于效益的模型。基于成本的模型主要考虑总成本最小；基于效益的模型，主要考虑总效益最大。

（三）仓库选址的注意事项

1. 不同类型仓库在选址时的注意事项。仓库可以分为转运型、储备型和综合型三种，不同类型仓库选址时的注意事项有所不同。

（1）转运型仓库。转运型仓库大多经营倒装、转运或短期存储的周转类商品，大都使用次数多，因此一般应设置在城市边缘地区的交通便利地段，以方便转运和减少短途运输。

（2）储备型仓库。储备型仓库主要经营国家或所在地区的中、长期储备物品，一般应设置在城镇边缘或城市的独立地段，且具备直接而方便的水陆运输条件。

（3）综合型仓库。这类仓库经营的商品种类繁多，根据商品类别和物流量选择在不同的地段。如与居民生活关系密切的生活型仓库，若物流量不大又没有环境污染问题，可以选择接近服务对象的地段，但应具备方便的交通运输条件。

2. 经营不同商品的仓库选址注意事项。

（1）果蔬食品仓库。果蔬食品仓库应该选择入城干道处，以免运输距离拉的过长，商品损耗过大。

（2）冷藏品仓库。冷藏品仓库往往选择在屠宰场、加工厂等附近；有些冷藏品仓库会产生特殊气味、污水、污物，而且噪音较大，可能对所在地环境造成一定影响，故应选择在城郊地带。

（3）建筑材料仓库。通常建筑材料仓库的物流量大、占地多，可能产生某些环境污染问题，有严格的防火等安全要求，因此应选择在城市边缘，对外交通运输干线附近。

（4）燃料及易燃材料仓库。石油、煤炭及其他易燃物品仓库应满足防火要求，选择城郊的独立地段。在气候干燥、风速较大的城镇，还必须选择远离居民区和其他重要设施，最好选在城镇外围的地形低洼处。

拓展提升

家乐福选址问题

根据经典的零售学理论，一个大卖场的选址需要经过几个方面的测算：第一，商圈里的人口消费能力。需要对这些地区进行进一步的细化，计算这片区域内各个小区的详尽的人口规模和特征，计算不同区域内人口的数量和密度、年龄分布、文化水平、职业分布、人均可支配收入等指标。家乐福的做法还会更细致一些，根据这些小区的远近程度和居民可支配的收入，再划定重要的销售区域和普通的销售区域。第二，需要研究这片区域内的城市交通和周边商圈的竞争情况。例如，家乐福古北店周围的公交线路不多，家乐福就干脆自己租用公交车定点在一些固定的小区穿行，方便这些离的较远的小区居民上门一次性购齐一周的生活用品。

当然未来潜在的销售区域会受到很多竞争对手的挤压，所以家乐福也会将未来所有的竞争对手计算进去。

家乐福自己的一份资料指出，有60%的顾客在34岁以下，70%是女性，有28%的人步行，45%通过公共汽车而来。所以很明显，大卖场可以依据这些目标顾客的信息来微调自己的商品线。能体现家乐福用心的是，家乐福在上海的每家店都有小小的不同。在虹桥店，因为周围的高收入群体和外国侨民比较多，其中外国侨民占到了家乐福消费群体的40%，所以虹桥店里的外国商品特别多。南方商场的家乐福因为周围的居住小区比较分散，因此其在商场里开了一家电影院和麦当劳，增加自己吸引较远人群的力度。青岛的家乐福做得更到位，因为有15%的顾客是韩国人，所以干脆做了许多的韩文招牌。

从本案可以看出，选址工作是一个复杂而意义重大的工作。仓库的选址是物流中心运作的开始，如果仓库位置选择错误，后续的运输、采购等多环节将发生变化。选址所应用的知识也很广泛，涉及到人类行为学、心理学、营销学等多个领域。店面选址和仓库选址有一定的差别，但其原理是相通的，必须多角度立体地去考虑问题。我们也可以借助于物流相对论的方式进行思考。在店面选址时最重要的是考虑商圈，在物流中心仓库选址时最重要的是交通和设施，当然还有综合成本、客户群等多因素。

小贴士

党的十九大报告首次将物流与公路、铁路等国家重大基础设施并列，确立了物流基础性和准公益性的地位。党的十八大以来，我国加大物流基础设施建设，搭建了以国家物流枢纽为核心，多种运输方式为通道，骨干冷链物流基地、示范物流园区、多式联运场站、城市配送中心、物流末端网点等为支撑的物流基础设施网络，初步形成了“通道＋枢纽＋网络”的物流运行体系。国家物流枢纽是物流体系的核心基础设施。按照《国家物流枢纽布局和建设规划》，要在127个承载城市规划布局212个国家物流枢纽。国家“十四五”规划《纲要》再次明确，推进120个左右国家物流枢纽建设。截止到2021年底，国家发展改革委等部门已牵头确认布局建设70个国家物流枢纽。根据中国物流与采购联合会调查显示，规模以上物流园区超过2000个。按照国务院工作部署，国家发展改革委会同国土资源部（现自然资源部）、住房城乡建设部开展国家级示范物流预期建设工作，已先后遴选三批78家示范物流园区。为贯彻落实党中央、国务院关于城乡冷链物流设施补短板和建设国家骨干冷链物流基地的决策部署，国家发展改革委公布了首批17个国家骨干冷链物流基地建设名单。

应用训练

一、活动内容

对影响仓库选址的因素进行考察，合理地选择有利的地址。

二、操作步骤

到附近的仓库进行实地考察。

1. 了解仓库存储产品的性质。
2. 仓库所处地段。
3. 仓库周围交通情况的考察。
4. 仓库周边建筑物情况。
5. 仓库安全配套考察。

三、成果展示

通过分工，对各个因素进行考察、记录。每组写出一份简单的分析报告。分析此仓库选址是否合理。有没有可以改进的方面。

任务评价

仓库选址考察实训评分表

考评内容	仓库选址考察报告		
考评标准	内容	分值	实际得分
	考察记录是否详细	30 分	
	考虑是否全面	40 分	
	选址分析是否详细	30 分	
合计		100 分	
小组活动评价		教师点评	

拓展提升

德邦物流仓库选址

德邦物流在我国25个省、市、自治区下设营业网点282家，服务网络遍及国内400多个城市和地区。然而为什么德邦物流要把总部和最大的仓库、配送中心设在广州呢？原因有以下四点：

1. 便利的交通。任何一个仓库在规划建设初期都会将如何快速有效地运达货物作为考虑因素之一。货物的目的地大多是人口聚集地，因此仓库的选址相对于大都市的远近，在运输成本和操作效率上所反映出的相关性就十分显著。广州的水、陆、空交通都在我国处于领先地位。

2. 劳动力。拥有充足的技术型员工和劳动力是未来仓库建设运营不可或缺的一部分，广州市是我国物流服务最集中的地方，拥有第一大物流劳动力资源。

3. 仓储成本。德邦物流公司组织大量有关仓储业发展的实践调查，提供了一份关于50个顶级城市内仓储配送中心运营成本比较分析报告。报告显示，建设一所仓储或配送中心所花费用最低的前10个城市均集中在西北部地区，而成本高昂的地区是东部和东南部地区。其他的基本成本还包括能源、供热和空气条件，以及运输成本；建筑物比较包括分期贷款成本和财产所得税。

现在，大多数公司比较倾向于将仓库的位置选择在距离市场中心或者离市场较近的地方，以平衡成本和快捷之间的矛盾。而这在诸如西安和成都这样的低成本市场附近是不会因为设施而导致成本增加的，但是经过衡量上海、深圳和其他主要市场的交通拥挤所带来的附加影响的时候，德邦物流发现只能在广州、北京进行选择。

4. 安全性。安全性对于最终决定来说变得越来越重要，例如高速公路或者其他地下设施，会使一个仓库所处的环境有所改变。仓库原有的安全性、稳定性可能会丧失。所以选址的确定最好还是要等一些大型的项目工地完工后做出决定。

有一点仍需要指出的是，当我们确定一个仓库位置的时候，没有单一的工具可以给出完善的发展蓝图。除了负面的环境改变，仓库周围业务量会随着经济的发展而膨胀，带来更多的发展。业务量的增加就会使建筑物的规模、构造以及劳动力的需求产生相应的增长，所以在仓库选址中还需要考虑政策法规以及可扩充性等问题。

任务 2
仓库布局与储位编码

技能训练 1　仓库布局设计

任务目标

知识目标：

☐ 了解对仓库规划与布局相关知识
☐ 理解仓库平面安排与布置的要求

能力目标：

☐ 能够根据仓库场地条件与性质对仓库各组成部分进行合理安排和布置
☐ 会安排仓库各功能区，并对库存商品进行分类保管

素养目标：

☐ 通过仓库规划布局的学习，提高合理利用与支配各类资源的能力
☐ 培养认真仔细、团结协作的工作态度，树立专业理想与目标

任务描述

仓库布局是仓库的各个组成部门在规定范围内进行的平面和立体的全面合理安排。合理进行仓库布局有利于仓储业务的进行，适应仓储作业流程的要求；节省投资，降低成本，提

高仓库的经济效益；有利于保证安全和职工的健康。通过本任务可使学生掌握对仓库各组成部分进行合理安排与布置的技能。

任务准备

1. 学生5人一组，直尺、铅笔等自备。
2. 投影仪1台。
3. 实训时间：4课时。

相关知识

一、仓库总体布局要求

（一）要适应仓储企业生产流程，有利于仓储企业生产正常进行

1. 单一的物流方向。仓库内商品的卸车、验收、存放地点之间的安排，必须适应仓储生产流程，按一个方向流动。

2. 最短的运距。仓库布局应尽量减少迂回运输，专用线应设在库区中部，并根据作业方式、仓储商品品种、地理条件等，合理安排库房、专用线与主干道的相对位置。

3. 最少的装卸环节。仓库布局应减少在库商品的装卸搬运次数和环节，商品的卸车、验收、堆码作业最好一次完成。

4. 最大的利用空间。仓库总平面布置是立体设计，应有利于商品的合理储存和充分利用库容。

（二）有利于提高仓储经济效益

1. 要因地制宜，充分考虑地形、地址条件，满足商品运输和存放上的要求，并能保证仓库充分利用。

2. 布置应与竖向布置相适应。所谓竖向布置，是指建立场地平面布局中每个因素，如库房、货场、转运线、道路、排水、供电、站台等在地面上的标高界限。

3. 总平面布置应能充分、合理地使用机械化设备。我国目前普遍使用门式、桥式起重机一类的固定设备，合理配置这类设备的数量和位置，并注意与其他设备的配套，便于开展机械化作业。

（三）有利于保证安全生产和文明生产

1. 库内各区域间、各建筑间应根据“建筑设计防火规范”的有关规定，留有一定的防火间距，并有防火、防盗等安全设施。

2. 总平面布置应符合卫生和环境要求，既满足库房的通风、日照等，又要考虑环境绿化、文明生产，有利于职工身体健康。

仓库5S安全作业保障

上述布局包含的内容可反映在仓库总平面图上，如图3－3和图3－4所示。

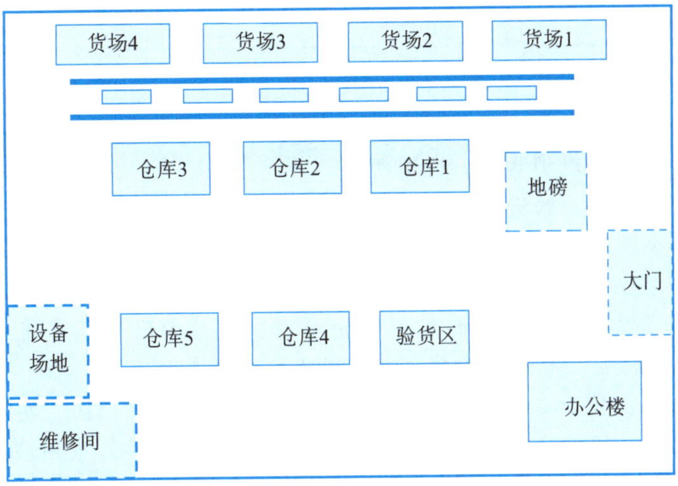

图 3－3 某仓库总体布局示意图

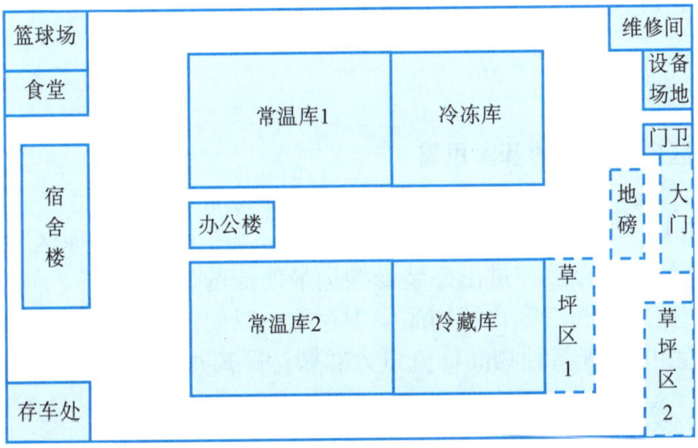

图 3－4 某超市仓库布局示意图

二、仓库总体构成

一个仓库通常由生产作业区、辅助生产区和行政生活区三大部分组成。

1. 生产作业区。它是仓库的主体部分，是商品储运活动的场所，主要包括储货区、铁路专用线、道路、装卸台等。

储货区是储存保管的场所，具体分为库房、货棚、货场。货场不仅可存放商品，同时还起着货位的周转和调剂作业作用。铁路专用线、道路是库内外的商品运输通道，商品的进出库、库内商品的搬运，都通过这些运输线路。装卸站台是供火车或汽车装卸商品的平台，有单独站台和库边站台两种，其高度和宽度应根据运输工具和作业方式而定。

2. 辅助生产区。辅助生产区是为商品储运保管工作服务的辅助车间或服务站，包括车库、变电室、油库、维修车间等。

3. 行政生活区。行政生活区是仓库行政管理机构和生活区域。一般设在仓库入库口附近，便于业务接洽和管理，行政生活区与生产作业区应分开，并保持一定的距离，以保证仓库的安全及行政办公的安静。

小贴士

仓库布局规划应注意的问题：

（1）仓库要与经营现场靠近，通道顺畅。

（2）每个货仓有相应的进仓门和出仓门，并有明确的标牌。

（3）货仓办公室尽可能设置在仓区附近，并有仓名标牌。

（4）测定安全存量、理想最低存量或定额存量，并有标示牌。

（5）按存储容器的规格、楼面载重承受能力和叠放的限制高度将仓区分为若干仓位，并用油漆或美纹胶在地面标明仓位名、通道和通道走向。

（6）仓区内要留有必要的废次品存放区、物料暂存区、待验区、发货区等。

（7）仓区设计必须将安全因素考虑在内，须明确规定消防器材所在位置，消防通道和消防门的位置及救生措施等。

（8）每个货仓的进门处，须张贴货仓平面图，表明该仓库所在的地理位置、周边环境、仓区仓位、仓门、各类通道、门、窗和电梯等。

三、仓库货区内部布置

（一）仓库货区内部布置的基本思路

1. 根据物品特性分区、分类储存，将特性相近的物品集中存放。
2. 将单位体积大、质量大的物品存放在货架底层，并且靠近出库区和通道。
3. 将周转率高的物品存放在进出库装卸搬运最便捷的位置。
4. 将同一供应商或者同一客户的物品集中存放，以便于进行分拣配货作业。

当仓库作业过程中出现某种物品物流量大、搬运距离远的情况时，则说明仓库的货位布局有错误。

（二）仓库货区内部布置功能区设定

货区内部功能区设定见表 3 – 3。

表 3 – 3

序号	功能区名称	具体功能
1	进货区	卸货、验收计量、入库、进货暂存
2	仓储区	仓储、保管
3	流通加工区	流通加工，包括零部件组装、产品分割、打印条码、销售包装等
4	理货区	拣选、补货、运输包装、分拣、组配货等
5	出货区	发货暂存、出库检验、装货等
6	逆向物流作业区	对退货、瑕疵品及废品等进行处理及存储
7	办公管理区	综合办公、管理、后勤保卫等
8	辅助作业区	提供能源动力、消防设施和设备停放等
9	业务服务区	展销、业务洽谈、车辆检修、提供金融、工商、海关、税务等配套服务

具体功能区视实际情况而定，图 3－5 为一配送中心内部布局示意图。

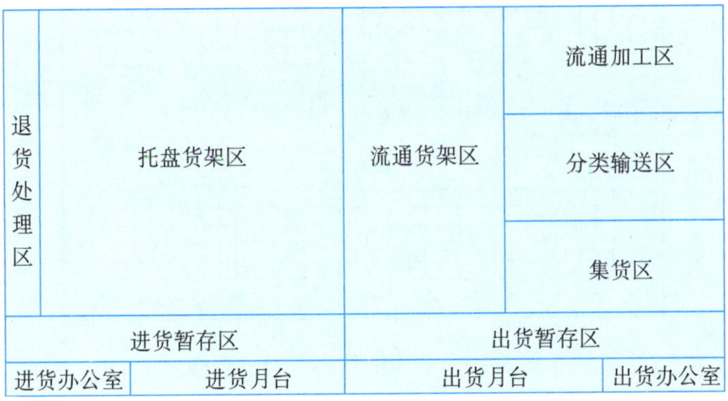

图 3－5　某配送中心仓库内部布局图

相关知识

收发货区面积大小的确定依据

（1）一次收发批量的大小，即收发货区应能够容纳一个最大批量的订单。

（2）物品规格品种的多少，即不同规格品种的物品应分开摆放。

（3）供货方和用户的数量。

（4）收发作业效率的高低。

（5）仓库的设备情况。包括装卸、验收等设备的情况。

（6）收发货的均衡性。

（7）发货方式。

（三）货区平面布置的形式

平面布置是指对货区内的货垛、通道、垛间距、收发货区等进行合理的规划，并正确处理它们的相对位置。平面布置的形式可以概括为垂直式和倾斜式。

1. 垂直式布局，是指货垛或货架的排列与仓库的侧墙互相垂直或平行，具体包括横列式布局、纵列式布局和纵横式布局。

（1）横列式布局，是指货垛或货架的长度方向与仓库的侧墙互相垂直。这种布局的主要优点是：主通道长且宽，副通道短，整齐美观，便于存取查点，如果用于库房布局，还有利于通风和采光，缺点是仓容利用率低。如图 3－6 所示。

（2）纵列式布局，是指货垛或货架的长度方向与仓库侧墙平行。这种布局的优点主要是可以根据库存物品在库时间的不同和进出频繁程度安排货位。在库时间短、进出频繁的物品置于主通道两侧；在库时间长、进库不频繁的物品放置在里侧。缺点是不利于通风采光及机械化作业，如图 3－7 所示。

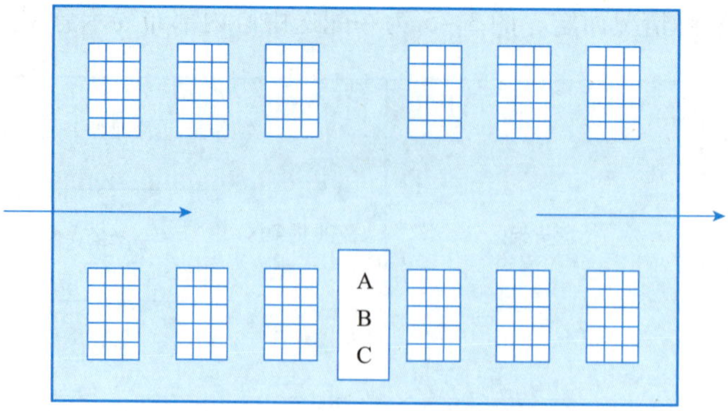

图 3－6　仓库横列式布局示意图

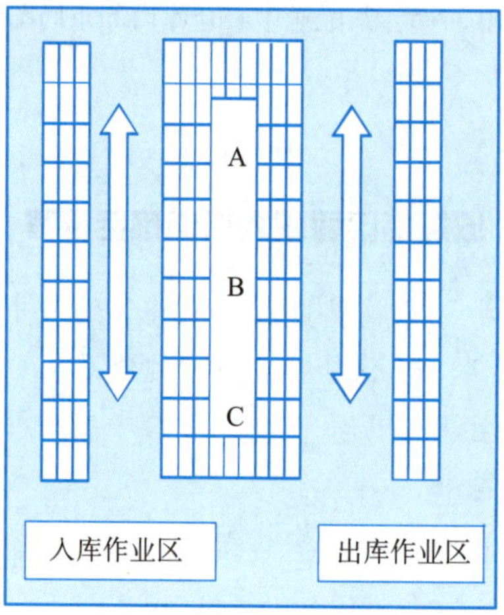

图 3－7　仓库纵列式布局示意图

（3）纵横式布局，是指在同一保管场所内，横列式布局和纵列式布局兼而有之，可以综合利用两种布局的优点，如图 3－8 所示。

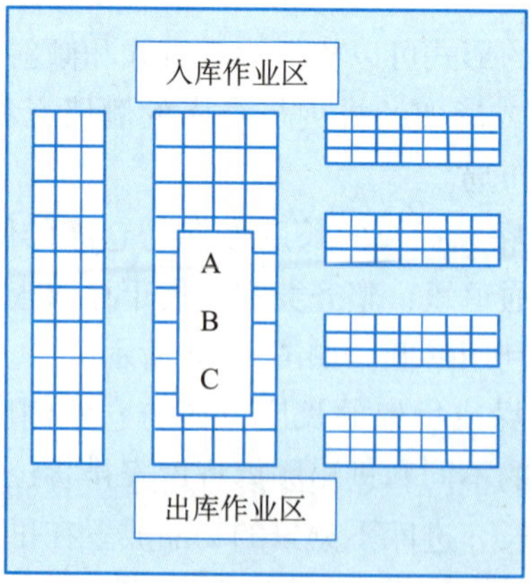

图 3－8　仓库纵横式布局示意图

2. 倾斜式布局，是指货垛或货架与仓库侧墙或主通道成60°、45°或30°夹角。具体包括货垛倾斜式布局和通道倾斜式布局。

（1）货垛倾斜式布局，是横列式布局的变形，它是为了便于叉车作业、缩小叉车的回转角度、提高作业效率而采用的布局方式，如图3－9所示。

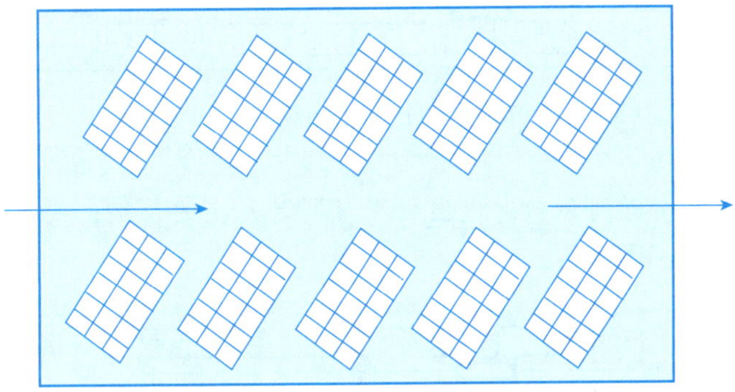

图3－9　货垛倾斜式布局示意图

（2）通道倾斜式布局，是指仓库的通道斜穿保管区，把仓库划分为具有不同作业特点，如大量存储和少量存储的保管区等，以便进行综合利用。这种布局形式的特点是：仓库内形式复杂，货位和进出库路径较多，如图3－10所示。

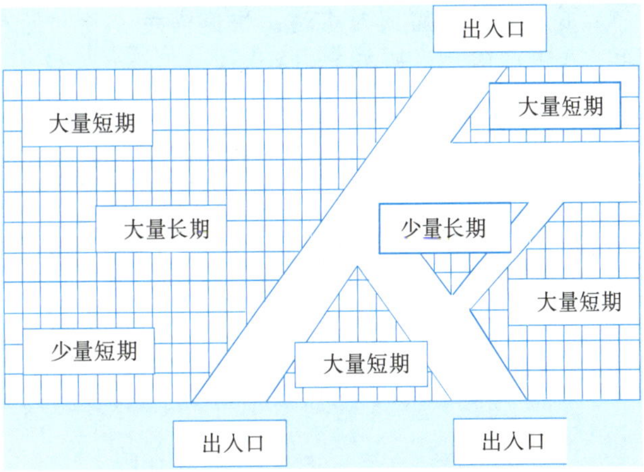

图3－10　通道倾斜式布局示意图

相关知识

自动化仓库的总体布置形式

货物在自动化仓库的流动形式有三种：同端出入式、贯通式、旁流式。

（1）同端出入式。特点是能缩短出入库周期，一入库马上就能进行出库操作；储区靠里布置，比较集中，好利用；易于控制和安全防范，如图3－11所示。

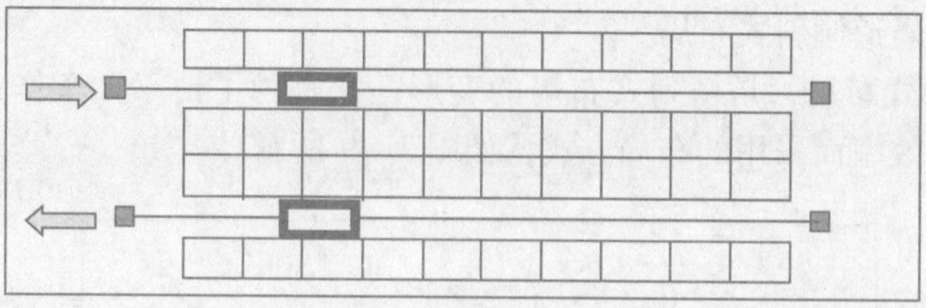

图 3－11　同端出入式

（2）贯通式。特点是可以应对进出货高峰同时发生的情况；便于管理和保养，但是效率稍降，如图 3－12 所示。

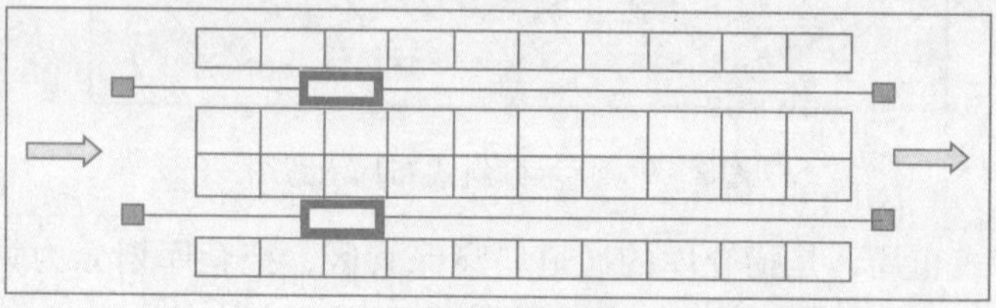

图 3－12　贯通式

（3）旁流式。特点是可两条线路同时搬运，快速满足流转和储存两大功能；可以根据要求加储存面积，适用范围广，如图 3－13 所示。

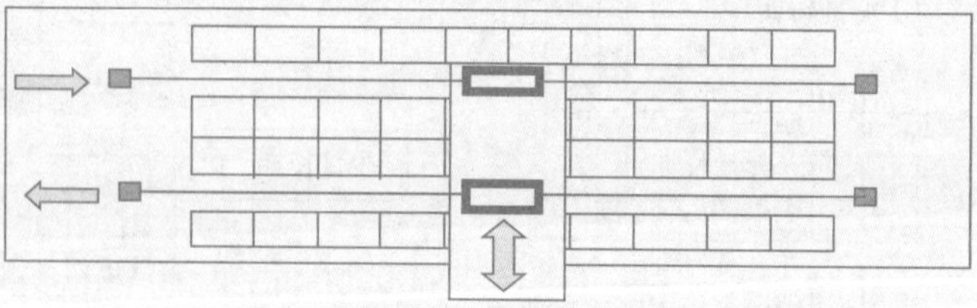

图 3－13　旁流式

应用训练

一、活动内容

新友谊物流公司是一家第三方物流企业，成立于 2003 年，主营仓储业务。随着企业的不断发展，新友谊的业务也由单一的成品仓储，拓展到了连锁零售业的配送、运输等领域，并同几家连锁零售企业建立了稳定的业务关系。由于原有的仓储面积已不能满足业务的需要。经过核算，该公司投资新建库房一间，用于连锁超市商品的仓储及配送。为了保证建成后的高效作业，仓库经理决定好好设计该库房的布局，并采购相应的仓储设备。为此，经理对外发布通告，征求设计方案。

该仓库的情况如下：面积1000平方米（长40米，宽25米），高10米，该仓库建筑的地面额定载荷为5吨，拟存储的主要货物包括生活电器、生活用纸张、日用化学品。试为该公司布置仓库平面货区，使得布置的货区既符合商品的储存要求，又方便作业、节约仓容。

二、操作步骤

1. 货区设置，货区划分。
2. 对仓库的物资进行分区分类。
3. 绘制仓库平面图。

三、成果展示

任务结果的展示方式：由各小组完成“应用训练”并推选一人到讲台前展示各小组的成果。仓库分区参考如图3－14所示。

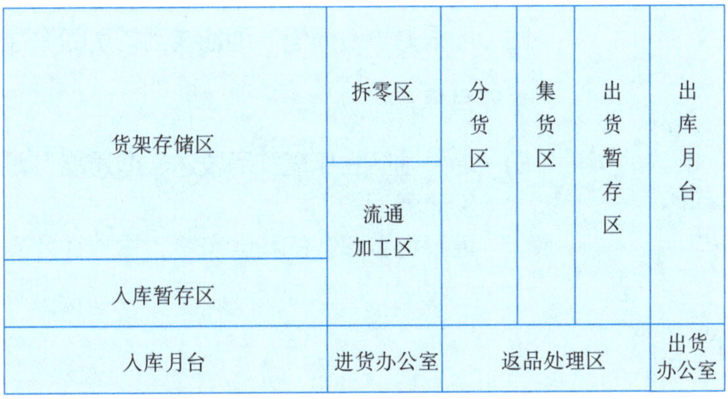

图3－14　L型动线

任务评价

仓库布局情景设计评分表

考评内容	仓库布局情景设计		
考评标准	内容	分值	实际得分
	货区平面布置形式选择合理	20分	
	功能区划分科学	30分	
	整个布局符合货区布置的基本思路	40分	
	平面图整洁、规范	10分	
合计		100	
小组活动评价		教师点评	

技能训练2　货位编码训练

任务目标

知识目标：

- □ 理解各种货位编码法则
- □ 了解货位编号在行业中的实际应用

能力目标：

- □ 能熟练地进行并制作货架货位编码
- □ 能根据货位编码准确地找到指定的库存物资

素养目标：

- □ 培养团队合作精神与表达、沟通能力，初步具备实际的物流管理能力
- □ 培养细致踏实的科学态度，提升社会实践能力

任务描述

货位编码是货物保管业务不可缺少的管理措施之一。它在货物分区分类储存的基础上，将仓库范围的库房、货棚、货场以及库房的楼层、仓间、货架、走支道等按地点、位置顺序编列号码，并做出明显标志，以便货物进出库可按号存取。实行货位编号的主要优点，在于能提高仓库收、发货效率，缩短收、发作业时间，减少差错现象；便于保管员之间合作互助，调剂忙闲；利于仓储商品的统计和检查监督，做到账货相符。通过本任务的实训操作，培养学生进行货位编号的基本操作技能。

任务准备

1. 学生5人一组，自备尺、笔、本等学习用具。
2. 空纸箱若干只，分别标注矿泉水、汽水、饼干、洗衣粉、卫生纸、塑料胶桶、毛巾、大米、酱油等商品。
3. 实训时间：2课时。

相关知识

一、货位编码

货位编码是用一组具有逻辑代表意义的数字、字母或特殊符号表示仓位的名称、属性和地理

位置状态特征。为了使商品存取工作顺利，必须对货位进行编号，货位编号好比商品的地址。

二、货位编码的目的

1. 确定储位资料的正确性。
2. 给计算机提供储位记录位置，以便识别。
3. 为收货、发货、拣货、补货人员提供存取货物位置，提高工作效率。
4. 提高转储与转仓的工作效率。
5. 便于计算机分析处理。
6. 便于盘点。
7. 便于存储空间管理、控制货量、降低成本。

三、货位编码方法

1. 地址法：利用保管区中的现成参考单位，如建筑物第几栋、区段、排、行、层、格等，按相关顺序编码，如同传统的邮寄信件一样，需要地址的区名、门牌号一样。这是物流配送中心使用比较普及的编码方法。如图 3－15 所示，标识货物在 B10 区域第三排第 12 列第一层仓位。

图 3－15

地址法通常采用的编号方法为“四号定位”法。“四号定位”是采用 4 个数字号码对应库房（货场）、货架（货区）、层次（排次）、货位（垛位）进行统一编号。例如：“5－3－2－11”即指 5 号库房（5 号货场）、3 号货架（3 号货区）、第 2 层（第 2 排）、11 号货位（11 号垛位）。编号时，为防止出现错觉，可在第一位数字后加上拼音字母“K”“C”或“P”来表示，这 3 个字母分别代表库房、货场、货棚。如 13K－15－2－26，即为 13 号库房、15 号货架、第 2 层、第 26 号货位。

2. 区段法：把保管区分成几个区段，并对每个区段编码。这种方式是以区段为单位，每个号码代表的储存区比较大。适用于单位化货品和大量货品且保管期短的货品。区域大小根据物流量大小而定，如图 3－16 所示。

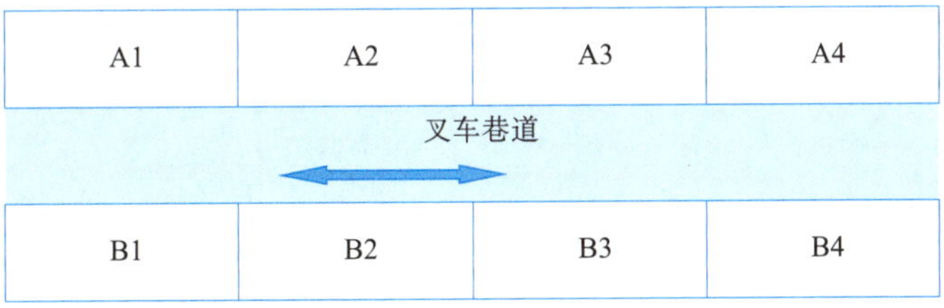

图 3－16

3. 品项群法：把一些相关性货品经过集合后，区分成几个品项群，再对每个品项群进行编码。这种方式适用于容易按照商品群保管的场合和品牌差距大的货品，如服饰群、五金群、食品群，如图 3－17 所示。

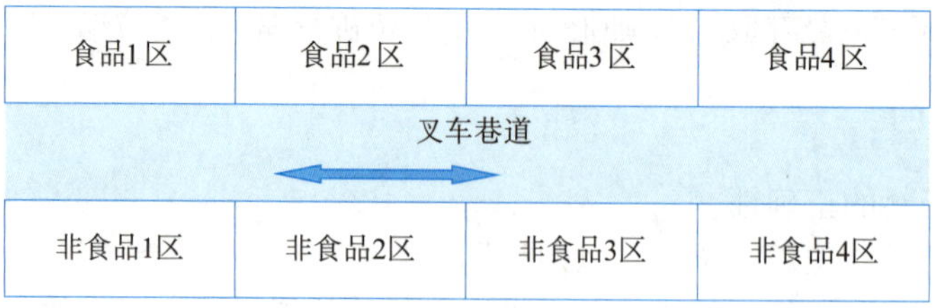

图 3－17

四、货位编号的应用

1. 商品入库后，应将商品所在货位的编号及时登记在保管账、卡的“货位号”栏中，采用计算机管理的要输入电脑。货位输入的准确与否，直接决定出库货物的准确性，应认真操作，避免差错。

2. 当物资所在的货位变动时，账、卡的货位应同时调整，做到“见账知物”和“见物知账”。

3. 为提高货位利用率，一般同一货位可以存放不同规格的物资，但必须采用具有明显区别的标识，以免造成差错。

4. 走道、支道不宜经常变动。否则不仅会打乱原来的货位编号，而且要调整库房照明设备。

五、绘制物资货位图

为便于管理及提高工作效率，仓库内储存区域与货架分布情况可绘制物资货位图表。常见表示方法有两种，分别如图 3－18 和表 3－4 所示。

物资货位图

A库：货架1、2、3、4、5——玩具类
　　　货架6、7、8、9、10——办公用品
　　　货架11、12、13、14——体育健身用品类
B库：洗涤用品
C库：货架1、2、3——女性服装类
　　　货架4、5、6——儿童用品类
D库：家用电器类

图 3－18

表 3－4

品名	编号	库区号	货架号	货架层、列号
玩具熊	0015	A	1	3－1
城堡积木	0021	A	2	1－1

应用训练

一、活动内容

某仓库接收了一批矿泉水、汽水、饼干、洗衣粉、卫生纸、塑料胶桶、毛巾、大米、酱油等商品，经检验后需上货架保管，但是所有的货架并没有编号，请根据给定的商品，按照“四号定位法”对货架进行编号处理。

二、操作步骤

1. 编码前准备。
2. 确定编码时间和编码方法。
3. 确定编码人员和相关培训工作。
4. 进行编码，按给定货架货位号，准确找到相应库存物资。
5. 制作仓库的“物资货位图”。

三、成果展示

任务结果的展示方式：由各小组完成“应用训练”并推选一人到讲台前展示各小组的成果。

任务评价

货位编码训练评分表

考评内容	货位编码训练		
考评标准	内容	分值	实际得分
	指定货架物资编号正确	40 分	
	按给定货架货位号，准确找到相应库存物资	40 分	
	绘制的仓库“物资货位图”正确	20 分	
合计		100 分	
小组活动评价		教师点评	

拓展提升

某服装电商库内布局规划案例

一、规划总体原则

1. 单一的物流方向。仓库内商品的卸车、验收、存放地点之间的安排必须适应仓库生产流程，按一个方向流动。

2. 最短的运距。应尽量减少迂回运输，根据作业方式、仓储商品品种、地理条件等合理安排库房、专运线与主干道的相对位置。

3. 最少的装卸环节。

4. 最大的利用空间。仓库总平面布置是立体设计，应有利于商品的合理储存和充分利用库容。

二、功能区布局要求

1. 入库区、验收区、残次品区、通道区、服装货品存放区、打单区、分拣区、出库区、退换货区以及行政生活区明确划分，平面化布局，严格管理。

2. 入库、出库区保证便利顺畅，残次品区域与货品区需用显著标识区分，以免发错货品。通道区严禁摆放物品，以免影响作业效率。

3. 各区域面积比例根据业务量划分，流通性仓库常见构成比例如下：合格品存储区60%+，通道占比10%-，待检区及出入库作业区占比10%~15%，待处理区和不合格品隔离区占比5%-，集结区占比10%-。

三、货品区域布局要求

服装货品种类繁杂，款式、颜色众多。货品区域划分尤其需要细致，大致可从商品属性和销售属性来分。

商品属性：

（1）按季节分类，春夏秋冬各为一区，同一季节服装质量、体积差异相似，存放简单规整。

（2）按种类来分，上装：外套、衬衣、T恤（长袖短袖）；下装：裤装（长裤短裤），裙装。同一种类的衣物在按照颜色划分，不同颜色放置不同区域，减少因商品混淆而增加的拣货成本。

（3）服装的放置顺序由上至下：内搭、外搭、T恤、外套、裤装、裙装、连衣裙、洋装顺序排列，原则遵循“由上至下，由短到长，颜色由浅到深的顺序”排列。

销售属性：

（1）当季货品：按照热销程度分一级商品、二级商品，不同级别在同一储货区域分开放置。货架贴好标签，可按服装货号的原则进行排号，推荐字母排列法A-Z，按服装货号对号入座。

(2) 反季货品（促销）：按照货号摆放，主要与应季商品区分开。如果是反季促销，货品存放位置稍微靠前，便于拿取。

(3) 其他过季货品：可把部分应季货品（往季热销但有存货或颜色、款式好搭配的）拿出用于搭配售卖，除此外的其他货品不建议占用此仓库空间，影响货品查找。

任务 3
入库与出库

技能训练活动 1　入库作业

任务目标

知识目标：

- □ 了解影响入库作业的因素
- □ 理解入库作业仓库保管员的主要工作职责

能力目标：

- □ 能根据入库操作流程画出入库作业流程图
- □ 能分析入库作业流程

素养目标：

- □ 培养和践行社会主义核心价值观，塑造学生不畏困难、努力学习、创新发展的自觉性和决心
- □ 培养细致谨慎、一丝不苟的工作理念，树立正确的劳动观念，有较强的工作能力和艰苦奋斗的思想作风

任务描述

商品入库业务是仓储业务的开始。商品入库管理，是根据商品入库凭证，在接受入库商品时所进行的卸货、查点、验收、办理入库手续等各项业务活动的计划和组织。因此，熟悉入库各步骤至关重要。通过本项目的实训操作，使学生熟悉入库工作的操作顺序及步骤。

任务准备

1. 实训地点：教室或物流实训室。
2. 实训时间：2 课时。

相关知识

一、数量验收

商品数量验收分为计件商品数量验收和计重商品数量验收。

国家储备棉库火灾近万吨进口棉花受损

1. 计件商品数量验收，应根据不同包装方式采用不同的验收方法。对散装或非定量包装的商品应采用点件法，清点全部件数。可以将商品按照每行、每层件数一致的原则，堆成固定的垛形，然后通过计算得出总数。对于批量大、定量包装的商品验收可采用抽验法，按一定的比例抽取样本，进行点数，若发现数量差异，应扩大验收比例，直至彻底查明数量情况。对于包装标准，且商品标准、重量一致的情况，验收可采用检斤换算法，通过称取商品的总重量和单件的重量，换算出总数量。

2. 计重商品数量验收，应根据不同包装方式采用不同的验收方法。对散装或无细码单的计重商品验收应采用检斤验收法，即对商品进行打捆、编号、过磅，并填制码单的验收方法。

仓库管理人员在确定重量验收是否合格时，可以根据验收的磅差率与允许磅差率的比较来判断。若验收的磅差率未超出允许磅差率范围，说明该批商品合格；若验收的磅差率超出允许帮差率范围，说明该批商品不合格。磅差是指由于不同地区的地心引力差异、磅秤精度差异及运输装卸损耗的因素造成商品过磅时重量数值的差异。不同的商品有不同的允许磅差率范围，总的来说，价格越昂贵的商品，其允许磅差率范围就越小。表 3－5 是常见金属的允许磅差率范围表，仓库管理人员在实际工作中可以参考。

表 3－5 常见金属的允许磅差率范围表

品种	有色金属	钢铁制品	钢材	生铁、废铁	贵金属
允许磅差率	±1‰	±2‰	±3‰	±5‰	±0‰

二、质量验收

质量验收方法，目前主要有仪器检验和感官检验两种。

1. 仪器检验，是利用各种试剂、仪器和机器设备，以货物的规格、成份、技术标准等进行物理、化学和生物的性能分析。如有必要，可由仓库抽样委托专门检验机构检验。

2. 感官检验，是用感觉器官——如视觉、听觉、触觉、嗅觉、味觉来检验商品质量。

- 视觉检验：主要是观察货物的外观质量，看外表有无异状。如针织品的变色、油污、竹制品、毛织品的生虫，金属制品的氧化、生锈药品水剂的混浊、沉淀、渗漏、破损等。
- 听觉检验。通过轻敲某些货物，细听发声，鉴别其质量有无缺陷。如对原箱的玻璃器皿，可晃动包装，细听有无玻璃碎片之声，从而辨别有无破损。

- 触觉检验。一般直接用手探测包装内货物有无受潮、变质等异常。例如，针织品、棉织品是否受潮，有无发脆；胶制品有无溶化、发黏。
- 嗅觉、味觉检验。工作人员用鼻和舌鉴别货物有无发生变质或串味等现象。例如，检验香水有无挥发失香，茶叶、香烟有无异味等。

感官检验可归纳为一看、二摇、三摸、四嗅。感官检验是现在较常用的主要外观质量检验法，其优点是简便易行，不需要专门设备，缺点是带有一定的主观性，容易受检验人员的经验、操作方法和环境等因素的影响，有一定的局限性。

三、包装验收

对商品包装的检验是对商品质量进行检验的一个重要环节。商品包装的完整程度及干湿状况与内装商品的质量有着直接的关系。通过观察商品包装的好坏可以有效地判断出商品在运送过程中可能出现的损伤，并据此制定对商品的进一步检验措施。因此，在验收商品时，仓库管理人员需要首先对包装进行严格地验收。

仓库主要是对商品的外包装进行检验，通常是在初验时进行的，检验包装有无被撬、开缝、污染、破损、水渍等不良情况。同时，还要检查包装是否符合有关标准要求，包括选用的材料、规格、制作工艺、标志、打包方式等。另外对包装材料的干湿度也要检查。包装的含水量是影响商品保管质量的重要指标，一些包装物含水量高表明商品已经受损害，需要进一步检验。常见包装物安全含水量如表 3 - 6 所示。

表 3 - 6　几种包装物安全含水量

包装材料	含水量	说明
木箱（外包装）	18% ~20%	内装易霉、易锈商品
	18% ~23%	内装一般商品
纸箱	12% ~14%	五层瓦楞纸的外包装及纸板衬垫
	10% ~12%	三层瓦楞纸的包装及纸板衬垫
胶合板箱	15% ~16%	
布包	9% ~10%	

1. 发现包装上有人为挖洞、开缝的现象时，说明商品在运输的过程中有被盗窃的可能，此时要对商品的数量进行仔细地核对。

2. 发现包装上有水渍、潮湿时，说明商品在运输的过程中有被雨淋、水浸或商品本身出现潮解、渗漏的现象，此时要对商品进行开箱检验。

3. 发现包装有被污染的痕迹，说明可能由于配装不当，引起商品的泄漏，并导致商品之间相互沾污，此时要将商品送交质量检验部门检验，以确定商品的质量是否发生了问题。

4. 发现包装破损时，说明包装结构不良、材质不当或装卸过程中有摔、碰、撞等情况，此时包装内的商品可能出现磕碰、挤压等情况，影响商品的质量。

小贴士

验收过程中问题的处理技巧

入库货物的数量溢缺在日常收货业务中是经常发生的，其原因出于多方面。例如，生产厂由于出厂数量的交接制度不健全；送货时的点数不准或分唛不清；运输过程中，特别是外地到货因周转环节较多而发生错装、漏装和丢失等。此外，货主单位开单工作也时有差错。因此，要求在进货验收过程中，要认真细致，区别不同的情况，及时进行处理。

1. 证件不齐。凡必要的证件不齐全时，到库货物应作为待检验货物处理，堆放在待验区，临时妥善保管，待证件到齐后进行验收。

2. 证单不符。供货单位提供的质量证明书与收货单位的进仓单、合同不相符时，应通知收货单位，按收货单位提出办法处理。

3. 当规格、质量、包装不合要求或错发时，先将合格品验收，不合格品或错发部分分开并进行查对，核实后将不合格品情况、残损降级、错发程度做好记录，由收货单位决定是否退货。

4. 数量不符，货物损益在规定磅差以内仓库可按实际验收数量验收入库，并填写入库单（或验收单）；超过规定磅差时应查对核实，做好验收记录，并提出意见，送货单位再行处理，该批货物在未作出处理结果前不得动用。

5. 证到货未到。凡在有关证件已到库，但在规定时间内进仓货物尚未到库，应及时向存货单位反映，以便查询处理。

6. 索赔。一般进口货物在订货合同上均规定有索赔期限，进口机械、电器仪表、车辆等，除索赔期外，还订有使用保证期，发现品质、规格、性能、质量、重量（除合理磅差外）等有问题，应在索赔期内对外提出索赔。合同订有保证期的物资，发现内在质量低，零件残损和性能等不符合合同规定，属于供货责任的，在保证期内也可以对外提出索赔。

应用训练

一、活动内容

上海东方仓储有限公司现要入库一批客户储存的商品，请按照操作步骤完成入库并为该批商品的入库绘制一份入库作业步骤图。

二、操作步骤

1. 货物入库准备。根据仓储合同或者入库单、入库计划，及时进行库场准备，以便货物能按时入库，保证入库过程顺利进行。（1）熟悉入库的货物；（2）掌握仓库库场的情况；（3）制定仓储计划；（4）妥善安排好货位；（5）做好货位准备；（6）准备苫垫材料，作业用具；（7）做好验收准备；（8）装卸搬运工艺设定；（9）文件单证准备。

2. 做好货物的接运。货物入库前的准备工作做好后，下一步就要进行货物的接运。接运的方式有两种：一是到车站码头、货主单位、托运单位、铁路专用线去接货；二是由存储单位送货上门，仓储公司负责收货。

3. 货物入库检验。接运工作完成后，就要对入库的货物进行验收。验收主要工作如下：（1）验收准备；（2）核对凭证；（3）检验货物。

4. 正式进行入库，办理货物入库交接和登记。

三、成果展示

任务结果的展示方式：由各小组推选一人到讲台前展示各小组的成果。根据上述入库操作流程画出入库作业流程图，参考如图 3－19 所示。

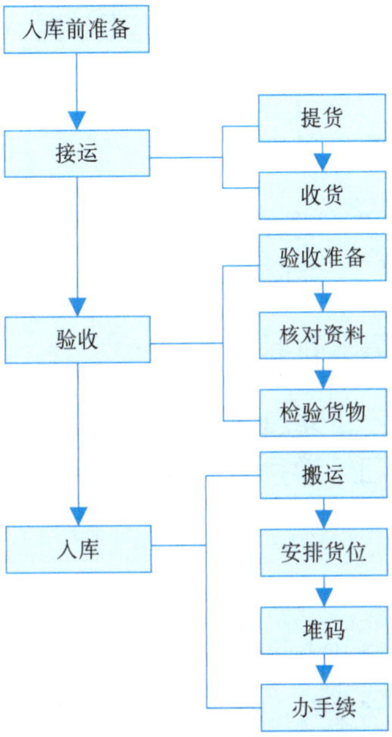

图 3－19

任务评价

入库作业流程图绘制实训考核评分表

考评内容	入库作业流程图绘制		
考评标准	内容	分值	实际得分
	绘制的流程图，内容全面、正确	40 分	
	工作流程的先后顺序正确	40 分	
	流程图布局合理，图面简洁	20 分	
合计		100 分	
小组活动评价		教师点评	

技能训练活动 2　出库作业

任务目标

知识目标：

- □ 理解和掌握出库作业的实际操作步骤和操作环节
- □ 了解货物的出库单据
- □ 了解出库管理员的主要工作职责

能力目标：

- □ 能够完成商品出库作业
- □ 能够完成出库单据填写

素养目标：

- □ 通过学习树立远大志向，努力承担国家发展的历史责任
- □ 学会与人合作，诚心为顾客服务并使之满意

任务描述

出库作业是指仓库按照货主的调拨出库凭证或发货凭证所注明的货物名称、型号、规格、数量、收货单位、接货方式等条件，进行的核对凭证、备料、复核、点交、发放等一系列作业和业务管理活动，是仓储作业过程当中的最后一个环节，本任务要求学生熟练掌握商品的一般出库程序，完成出库作业。

任务准备

1. 学生 5 人一组，每组配备小推车一辆。
2. 纸箱 60 只，分别标明联想、清华同方、三星、宏基电脑。
3. 塑料托盘若干。
4. 提货单、出库单、发货单、发货清单、货物资料卡、货物异常报告。
5. 实训时间：2 课时。

相关知识

一、出库准备工作

1. 对货物原件的包装整理。货物经多次装卸、堆码、翻仓和拆检会使部分包装受损，不适宜运输要求。因此，仓库必须视情况事先进行整理、加固或改换包装。

2. 对零星货物进行组配、分装。根据货主需要，有些货物需要拆零后出库，仓库应为

此事先做好准备，备足零散货物，以免因临时拆零而延误发货时间；有些货物需要进行拼箱，为此，应做好拣选、分类、整理和配套等准备工作。

3. 准备好包装材料、作业工具及相关用品。对从事装、拼箱或改装业务的仓库，在发货前应根据性质和运输部门的要求，准备各种包装材料及相应的衬垫物，以及刷写包装标志的用具、标签、颜料、钉箱、打包等工具。

4. 安排好待运货物的仓容，调配好装卸机具。货物出库时，应留出必要的理货场地，并准备必要的装卸搬运设备，以便运输人员的提货发运及时装载货物，加快发送速度。

5. 合理组织发货作业。发货作业是一项涉及人员多、处理时间紧、工作量大的工作，进行合理的人员组织和机械协调安排是完成发货的必要保证。

二、出库工作

1. 核对出库凭证。出库凭证，不论是领（发）料单还是调拨单，均应由主管分配的业务部门签章。出库凭证内容应包括：收货单位名称（用料单位名称）、发货方式（自提、送料、代运）、货物的名称、规格、数量、单价、总价、用途或调拨原因、调拨单编号、有关部门和人员签章、付款方式及银行账号。

仓库接到出库凭证后，由业务部门审核证件上的印签是否齐全相符，有无涂改。审核无误后，按照出库单证上所列的货物品名规格、数量与仓库料账再做全面核对。无误后，在料账上填写预拨数后，将出库凭证移交给仓库保管人员。保管员复核料卡无误后，即可做货物出库的准备工作，包括准备随货出库的物品技术证件、合格证、使用说明书、质量检验证书等资料。

凡在证件核对中，有货物名称、规格型号不对的，印签不齐全、数量有涂改、手续不符合要求的，均不能发货出库。

小贴士

出库凭证问题的处理

一、出库凭证假冒、复制、涂改

出库凭证发现有假冒、复制、涂改的，应及时与仓库保卫部门及领导联系，妥善处理。

凡出库凭证超过提货期限，用户前来提货，必须先办理手续，按规定缴足逾期仓储保管费，然后方可发货。跨年度的或超过一个月不来提货的，出库凭证作废。如需要可重新办理开票手续。

二、凭证有疑点或问题

凡发现出库凭证有疑点，或者情况不清楚时，应及时与制票员联系，及时查明或更正；商品虽然进库，但某些原因未检验完毕或期货未到库的，一般可暂缓发货，提货期顺延，保管员不能以发代验；任何白条子，都不能作为发货凭证，严禁无证、电话、口

小贴士

授发货，任何人都不能强制保管员将库存商品借用、试用；若规格开错或印签不符，保管员不得调换规格发货，必须通过制票员重新开票方可发货；凡出库凭证指定厂家的，保管员必须照发，未注明的，可按发货原则处理。同型号、同规格、不同颜色的商品，凭证上注明的按凭证要求发货，未注明的，由保管员安排。

三、凭证遗失

如客户因各种原因将出库凭证遗失时，客户单位必须出具证明，持证明到制票员处挂失，制票员签字作为旁证，然后到仓库找保管员报案挂失；如果报案不及时，货已提走，保管员不负责任，但要协助破案；如果货还没有提走，经保管员查实后，凭上述证明，做好挂失登记，将原凭证作废，缓期发货。保管员必须时刻提高警惕，如发现有人持作废凭证要求发货，应立即与保卫部门联系处理。

2. 备货。出库凭证核对无误后，要进行备货。

保管员对商品会计转来的货物出库凭证复核无误后，按其所列项目内容和凭证上的批注，与编号的货位对货，核实后进行配货。

对实行送货制的出库货物，还要进行理货，即将货物按地区代号搬运到备货区号，再进行核对、置唛、复核和待运装车等。

（1）核对。理货员根据货物场地的大小、车辆到库的班次，对到场货物按照车辆装载、地区到站编配分堆，然后对场地分堆的货物进行单货核对，核对工作必须逐车、逐批地进行，以确保单货数量、品唛、去向完全相符。

（2）置唛。搞好理货工作，必须准确置唛。实行送货制的出库货物，为方便收货方的收转，理货员必须在应发货物的外包装上刷置收货单位简称。置唛应在货物外包装两头，字迹清楚，不错不漏；复用旧包装，必须刷除原有标志；如需粘贴标签，必须粘贴牢固，便于收货方收转。

（3）待运装车。车辆到库装载待运货物时，理货员要亲自在现场监督装载全过程。要按地区到站逐批装车，防止错装、漏装，对于实际装车件数，必须与随车人员一起点交清楚，再将送货通知单和随货同行单证交付随车人员一起送达车站码头。

三、复核

货物备好后，为了避免和防止备货过程中可能出现的差错，工作人员应按照出库凭证上所列货物进行核查，核查的具体内容包括以下几方面：

1. 怕震怕潮货物，衬垫是否稳妥，密封是否严密。
2. 每件包装是否有装箱单，装箱单上所列项目是否和实物、凭证等相符。

3. 收货人、到站、箱号、危险品或防震防潮等标志是否正确、明显。

4. 是否便于装卸搬运作业。

5. 能否承受装载物的重量，能否保证在货物运输装卸中不致破损、保障货物的完整。

货物出库的复核查对可以由保管员自行复核，也可以由保管员相互复核，还可以设专职出库货物复核员进行复核或由其他人员复核等。

如经反复核对确实不符时，应立即调换，并将原错备物品上刷的标记除掉，退回原库房；复核结余物品数量或重量如与保管账目、物品保管货卡结余数不符，应立即查明原因，及时更正。

四、出库交接

备齐出库货物，经过全面复核查对无误后，即可办理清点交接手续。如果是用户自提方式，即将货物和证件向提货人当面点清，办理交接手续。如果是代运方式，则应办理内部交接手续，即由仓库保管人员向运输人员或包装部门人员点清交接，由接收人签章，以划清责任。

五、销账、存档

货物点交清楚，出库发运后，该货物的仓库保管业务即告结束，仓库保管员应及时将货物从仓储保管账上核销，以便货物的账、卡、物相符。将留存的提货凭证、货物单证、记录、文件等归入货物档案。将已空出的货位标注在货位图上，以便安排货物。

小贴士

商品出库后问题的处理

1. 商品品种混串。商品出库后，客户反映品种规格混串、数量不符等问题，如确属保管员发货差错，应予及时纠正致歉；如不属保管员差错，应耐心向用户解释清楚，请用户另行查找。

2. 商品型号、规格开错。凡属客户原因，型号、规格开错，制票员同意退货，保管员应按入库验收程序重新验收入库，如果包装破损，产品损坏，保管员不予退货。待修好后，按入库质量要求重新入库。

3. 商品内在质量问题。凡属商品内在质量问题，客户要求退货和换货，应由国家指定的质检部门出具检查证明、试验记录，经商品主管部门同意，可以退货或换货。

4. 易碎商品发货后，客户要求调换。凡属易碎商品，发货后客户要求调换的，应以礼相待，说明情况婉言谢绝。如果要求帮助解决易碎配件，要协助联系解决。

5. 保管员发现账实不符。商品出库后，保管员发现账实不符，要派专人及时查找追回，以减少损失，不可久拖不决。

小案例

联华超市股份有限公司仓库信息化进程

联华超市股份有限公司是当前国内连锁零售业的领军企业，总部设在上海，连锁门店已经扩张到全国各个区域。联华超市现有便利、标准门店、大卖场三种业态的门店1 000多家，多种资产结构（自营、加盟、合资合作）并存。建有2个常温配送中心和1个生鲜配送中心。

一、企业对信息化的需求

联华超市结合国际的先进实施经验，充分考虑集团的实际情况，因地制宜，为便利店“量体裁衣”，设计了一套完整的解决方案，即利用现有的建筑物改建成物流中心，采用仓库管理系统（Warehouse Management System，简称WMS）实现整个配送中心的全计算机控制和管理，而在具体操作中实现半自动化，以货架形式来保管，以上海先达条码技术有限公司提供的无线数据终端进行实时物流操作，以自动化流水线来输送，以数字拣选系统（Data k System）来拣选。另外，在设备的选择方面也采取进口货与国产货合理搭配。这个方案既导入了先进的物流理念，提升了物流管理水平，又兼顾了联华便利店配送商品价值低、物流中心投资额有限的实际情况。在整个方案设计里，不求一步到位，不求设备的先进性，而是力求使合理的投入得到较高的回报。

二、配送中心应用信息化项目的作业流程

1. 进货入库。进货后，立即由WMS进行登记处理，生成入库指示单，同时发出是否能入库的指示。如果仓库容量已满，无法入库时，系统将发出向附近仓库入库的指示。接到系统发出的入库指示后，工作人员将货物堆放在空托盘上，并用手持终端对该托盘的号码及进货品种、数量、保质期等数据进行进货登记输入。

在入库登记处理后，工作人员用手动叉车将货物搬运至入库品运载装置处。按下入库开始按钮，入库运载装置开始上升，将货物送上入库输送带。在货物传输过程中系统将对货物进行称重和检测，如不符合要求（例如超重、超长、超宽等），系统将指示其退出；符合要求的货物，方可输送至运载升降机。

根据输送带侧面安装的条码阅读器，对托盘条码确认，计算机将对托盘货物的保管和输送目的地发出指示，托盘升降机自动传输到所需楼层。当升降机到达指定楼层后，由各层的入库输送带自动搬运货物到入库区。

货物在下平台前，根据入库输送带侧面设置的条码阅读器，将托盘号码输入计算机，并根据该托盘情况，对照货位情况，发出入库指示，然后由叉车从输送带上取下托盘。叉车作业者根据手持终端指示的货位号将托盘入库，经确认后，在库货位数将进行更新。

2. 商品拣选。当根据订单进行配货时，仓库管理系统（WMS）会发出出库指示，各层平台上设置的激光打印机根据指示打印出货单。在出库单上，货物根据拣选路径依次打印。这时，系统中的商店号码显示器显示出需要配送的商店号码，数据显示器显示

小案例

出需要拣选的数量，同时工作人员在空笼车上的塑料袋里插好出库单，在黑板上写上楼层号和商店号，并将空笼车送到仓库。做好以上准备后，方可进行商品拣选工作。

工作人员在确认笼车在黑板上记载的商店号码与商店号码显示器显示的一致后，开始进行拣选工作。根据货位上数码显示器显示拣选的数量，依次进行拣选。数码显示器配备的指示灯可以显示三种不同颜色，分别对应箱、包、件三种不同的拣选单位，以满足各种拣选需求。当拣选作业结束后，按“完成”按钮。

各平台仓库分成17个拣选区域，区域内拣选结束后，区域拣选“完成”指示灯会自动闪亮，工作人员再按下区域拣选“完成”按钮，便可继续进行下一个区域的拣选工作。当各个区域内所有拣选处理结束后，系统将自动显示出下一个商店的拣选数据。

3. 笼车出库。当全部区域拣选结束后，装有商品的笼车由笼车升降机送至一层。工作人员将不同商店分散在多台笼车上的商品归总分类，附上交货单，依照送货平台上显示器显示的商店号码将笼车送到等待中对应的运输车辆上。计算机配车系统将根据门店远近，合理安排配车路线。

4. 托盘回收。出货完成后，工作人员将空托盘堆放在各层的空托盘平台返回输送带上，然后由垂直升降机将空托盘传送至第一层，并由第一层进货区域的空托盘自动收集机收集起来，随后送到进货区域的平台上堆放整齐。

三、信息化项目的实施提高了企业生产效率和经济效益

联华超市充分运用信息化技术在上海建成了第一个大型智能化物流配送中心，第一个现代化生鲜加工配送中心，一上就是两个，总面积达56713 m²，条码、扫描仪、铲车、计算机房、门店的计算机……组成了现代化信息物流系统，在具体的实际运作中收到了良好的经济效益和社会效益。例如，百货类配送，从门店发出要货指令到配货作业完毕，以前要4小时以上，现在只要40分钟。生鲜类配送更加讲究效率，门店从网上发出要货指令后，配送中心会根据每个门店的要货时间和地点远近，自动安排生产次序，自动加工，自动包装。以一盒肉糜为例，从原料投入到包装完毕，整个过程不超过20分钟。

原来为集团便利门店配送的配送中心，场地狭小，科技含量低，人力资源浪费。每天的折零商品在一万箱左右，单店商品折零配置时间约需4分钟，人工分拣的折零差错率达0.6%，而且每天只能配送200多家门店。

集团便利配送中心建成后，以其高效率、低差错率和人性化设计受到各界的好评。物流中心所有操作均由计算机中心的WMS管理，将库存信息与公司ERP系统连接，使采购、发货有据可依。新物流中心库存商品可达10万箱，每天折零商品可达成3万箱，商品周转期从原来的14天缩短到3.5天，库存积压资金大大降低；采用DPS方式取代人工拣选，使差错率减少到万分之一，配送时间从4 min/店压缩到1.5min/店，每天可配送400多家门店，配送准确率、门店满意度等有了大幅提升，同时降低了物流成本的整个销售额中所占的比例，从而为集团便利店业态的良好稳定发展奠定了坚实的基础。

应用训练

一、活动内容

某物流中心接到客户 A 的出库请求，要从该中心提取存储的 60 台电脑，具体品名及数量如表 3－7 所示，这些电脑分别要送往 5 个外地客户，客户的需求情况如表 3－8 所示，出库方式为送货上门，试完成该订单的货品出库作业。

表 3－7　出库商品信息表

序号	商品	规格	数量	包装
1	联想	M6600d	15	纸箱装
2	清华同方	X801P－B300	12	纸箱装
3	三星	NP370R4E－S01CN	20	纸箱装
4	宏基	AM1860	13	纸箱装

表 3－8　客户电脑需求情况一览表

客户名称	需求品种及数量			
	联想	清华同方	三星	宏基
甲	3	2	4	1
乙	2	3	3	4
丙	3	2	5	3
丁	4	2	4	2
戌	3	3	4	3

二、操作步骤

1. 分组，角色分配。将学生分成若干小组，每组 5 人，1 人充当出库业务受理员、1 人充当保管员、1 人充当复核员、1 人充当理货员、1 人充当司机，以小组为单位完成该项实训任务。

2. 出库前准备工作。出库受理员做好出库前的各项准备工作。

（1）检查包装。查一查这批货物经装卸、堆码等工作后，有没有包装受损不适宜运输的，如有，需进行整理、加固乃至更换包装。

（2）准备好相关作业用品。如需要更换的包装箱或加固材料、打包机、标签等。

（3）准备好装卸搬运设备。如托盘、小推车等。

（4）调配好作业人员。本项出库任务，由于量小，且每台电脑都是一个单独的包装，只需 3 ~4 名作业人员就够了。

3. 正式开始出库。

（1）备货。保管员对货物出库凭证复核无误后，按其所列项目内容和凭证上的批注，与编号的货位对货，核实后进行配货。备完货后要先销卡然后才能付货。

（2）理货。由于该批电脑是实行送货制，所以要将电脑按流向搬到备货区，再进行核对，主要核对 5 批电脑的流向是否和出库单上的流向一致。然后制唛，在电脑外包装箱的两头粘贴印有收货单位名称的标签。

（3）复核。复核员“以单对卡，以卡对货”，进行“单、卡、货”现场三核对，核对凭证号、实发数量、规格型号、储存货位、存货数量等，确保所出库的电脑名称、规格、数量等与出库凭证上所列的内容一致。确认无误后签字，将所有单证退交保管员。

保管员在复核后的发货单诸联上加盖“发货专用章”，将发货单的第二联（出门证）、发货清单第二联（随货同行）交送货人作为出库凭证；发货单第一联、发货清单第一联及档案转交业务受理员存档。

业务受理员对保管员和收费员返回的发货第一联和发货清单第一联（假定已交费结算）审核无误后，发货单第一联归档留存；根据实发数量填写仓单分割单，发货清单第一联经签字、盖章后返给送货人交存货人。

（4）清点交接和装车。出库电脑经复核及包装后（如有需要的话），理货员要向送货人当面点交，点交完之后，保管员要在出库凭证上签名和批注结存数。之后就可以装车发运了。

（5）出库过程异常情况的处理。如果出库过程中出现了诸如出库凭证超过提货期限、出库凭证有疑点、出库凭证规格开错了、提货数与结存数不符等异常情况时，还要填写异常情况处理报告。

三、成果展示

任务结果的展示方式：由各小组完成“应用训练”并推选一人到讲台前展示各小组的成果。

任务评价

出库作业实训操作考核评分表

考评内容	出库作业实训操作		
考评标准	内容	分值	实际得分
	出库前的准备工作充分	20 分	
	认真审核出库单证	20 分	
	包装、制唛正确	10 分	
	交接清楚	10 分	
	作业程序正确	20 分	
	操作规范、熟练	10 分	
	异常情况处理得当	10 分	
合计		100 分	
小组活动评价		教师点评	

附录

附录一：提货单

提货单位：　　　　　　　　　　　　　　　　　　　　　　　　提货时间：　年　月　日

名称	规格	单位	数量
合计			

负责人：（签字）　　　　　　制单：（签字）　　　　　　经办人：（签字）

附录二：出库单

客户名称：　　　　　　　　　　　　　　　　　　　　储存凭证号码：

发货仓库：　　　　　　　　　　　　　　　　　　　　出库方式：

发货日期：　　　　　　　　　　　　　　　　　　　　出库单号码：

货号	品名	规格及型号	包装及件数	数量
合计				

仓库主管：（签字）　　　　　　　　　　　　　　提货人：（签字）

本单证一式四联，第一联存根，第二联仓库留存，第三联财务核算，第四联提货人留存。

附录三：发货单

出库单号码：　　　　　　　　　　　　　　　　发货单号码：

提货单位：　　　　　　　　　　　　　　　　　　　　发货日期：　年　月　日

货号	品名	规格及型号	包装及件数	数量
合计				

业务主管：（签字）　　　　　　　　　　　　　　制单：（签字）

本单证一式二联，第一联仓库留存，第二联出门证。

附录四：发货清单

收货单位：　　　　　　　　　　　　　　年　月　日　　第　　号

编号	品名	规格及型号	包装及件数	数量
1				
2				
3				
4				
5				

续表

编号	品名	规格及型号	包装及件数	数量
6				
7				
8				
合计				

负责人：（签字）　　　　　　　　　　　　经办人：（签字）

本单证一式两联，第一联仓库留存，第二联随货同行。

附录五：货物资料卡

货物名称	
货物编号	
入库时间	
规格与等级	
单价	
收入数量	
出库数量	
结存余数	
存储位置	
备注	

附录六：货物异常报告

序号：　　　　　　　　　　日期：

货物编号	品名	规格	数量	异常情景

送货人：　　　　　　　　　　　　　　　检验人：

综合练习

一、单选题

1. 仓库最基本的传统功能是（　　）。

A. 调节供需的功能　　B. 配送和流通中加工的功能

C. 储存和保管的功能　　D. 调节货物运输能力的功能

2. 仓库也可以接收来自各不同供应商或厂家的整装货物，再将其分装为零担及拼箱货物运到不同的市场中去，这体现的是仓库在物流系统中的（　　）作用。

A. 运输整合　　B. 交叉收货

C. 防范偶发事件　　D. 服务

3. 仓库用地应选用（　　）的地基。

A. 无承载力要求　　B. 承载力较低

C. 承载力较高　　D. 承载力适中

4. 需要布置在远郊或山区，确保离城市、铁路、公路、港口、机场和高压输电线路等有一定距离的仓库是（　　）。

A. 储备性仓库　　B. 危险品仓库

C. 冷冻商品仓库　　D. 基层仓库

5. 为确保商品验收的高效、准确，验收应以合同和（　　）为依据。

A. 客户规定　　B. 国家法律规定

C. 仓库规定　　D. 仓库条件

6. 不属于复核目的的是（　　）。

A. 数量正确　　B. 质量完好

C. 包装完善　　D. 及时出库

7. 不属于商品出库准备内容的是（　　）。

A. 加强商品出库前的联系

B. 做好挑选整理工作

C. 做好出库的人力、机具设备及发运场地货位准备

D. 认真盘点存货，登账录实

8. 抽验法适合（　　）。

A. 定量包装的计重商品　　B. 定量包装的计件商品

C. 非定量包装的计件商品　　D. 定量、标码的计件商品

二、多选题

1. 从现代物流系统观点来看，仓库应当有（　　　　）等功能。

A. 配送和流通加工　　B. 储存和保管

C. 调节运输　　D. 调节供需

2. 以下描述中指库址选择基本条件中环境条件的有（　　　　）。

A. 地下水位过高的地方不影响作为工程的地基

B. 仓库地点的选择要注意所处的环境条件，特别是要对安全条件进行详细的调查分析

C. 仓库应设在上风向处，以避免灰尘和有害气体对储存物品的侵蚀和污染

D. 在沿江河地区建筑仓库时，首先要调查和掌握有关的水文资料

3. 检斤验收方法常用于（　　　　）的商品。

A. 单重一致　　B. 非定量包装

C. 无码单　　D. 单重不一

E. 定量包装

4. 磅差形成主要原因有（　　　　）

A. 两台不同磅秤之间的精度差异　　B. 运输方式与损耗

C. 地心引力的差异　　D. 验收差错

E. 仓单遗失

三、判断题

1. 随着消费的多样化和个性化，物流需求也朝着多品种、小批量方向发展。（　　）

2. 根据所储存货物的特性，仓库里应配有相应的设备与设施，以保持储存物品的完好性。（　　）

3. 为了降低物流成本，通过我们的努力可以使各领域的生产节奏和消费节奏之间保持基本一致。（　　）

4. 不同运输工具的运输能力差异可以通过仓库或货场进行调节。（　　）

5. 装卸搬运与运输产生的空间效用以及保管产生的时间效用不同，它本身不产生任何价值。（　　）

6. 在地震灾区建仓库的，应避开断裂破碎地带和易于滑塌地段。（　　）

7. 沿江河地区建筑仓库时，必须掌握其汛期洪水最高水位的情况，除了防止洪水隐患，还要考虑地下水位的情况。（　　）

8. 仓库地点应与周围的其他建筑物，特别是工厂、居民区保持一定的安全距离。（　　）

9. 仓库应选择靠近水源、电源，保证方便和可靠的水电供应。（　　）

10. 仓库选址问题中的关键是要求出到各用料单位总运输距离最短的中央材料库的坐标。（　　）

11. 检斤验收法是对商品进行打捆、编号和填制码单的验收方法。（　　）

12. 检斤换算法适合包装标准的非定量商品。（　　）

13. 点件法属于重量验收方法的一种。（　　）

14. 非定量包装的计件商品验收应选择抽验法。（　　）

15. 煤炭验收适用于整车复衡法。 （ ）

16. 复核后保管员和复核员应在单证上签章明确责任。 （ ）

17. “点交”是划清仓库和提货方责任的必要手段。 （ ）

四、简答题

1. 谈谈仓库选址需要考虑哪些因素和注意事项？
2. 使用网络收集仓库选址的实际案例。
3. 重量验收有几种方法？各适用于哪些情况？
4. 出库准备有哪些主要内容？

项目四 4 公路货物运输技术与实务

任务1 缮制公路货物运单

任务目标

知识目标：

- ☐ 了解公路货物运输受理方法和流程
- ☐ 理解各种运输单据的作用与内容

能力目标：

- ☐ 能填写发货卡，制作公路运单
- ☐ 能根据具体要求审批运单

素养目标：

- ☐ 爱岗敬业、实事求是，具有良好的职业道德，诚心为顾客服务并使之满意
- ☐ 对业务能力精益求精，具有足够的耐心和细心，准确处理相关信息；遇事不慌，灵活变通

任务描述

上海利通帐篷有限公司位于上海市浦东新区浦东大道附近，有一批防水布，采用纸皮包装，分别销售给湖北武汉市和孝感市，委托上海某物流公司采用公路运输，其中孝感市的需求为89千克，货物采用自送自提的方式，收货人姓名为熊明。作为物流企业门店员工，需要将这笔业务的相关内容按照客户要求制作相应单据，并安排运输。

任务准备

1. 将学生分为3人一组，分别模拟托运人、物流企业客服专员、物流企业财务人员，每组配备一台PC，网络打印机一台、空白运单若干。

2. 三人在完成一轮模拟业务之后进行角色互换，直至每人都体验过3种角色。

3. 实训时间：4课时。

相关知识

一、运输单据及其种类

运输单据通常是指代表运输中的货物或证明货物已经付运的单据。它们具体反映了同货物运输有关的当事人（如发货人、承运人、收货人等）的责任与权利，是货物运输业务中最重要的文件，也是结汇的主要单据。

运输单据包括海洋运输使用提单，铁路运输使用铁路运单，航空运输使用航空运单，邮包运输使用邮包收据，多式联合运输则使用联合运输提单或联合运输单据。运输方式不同，运输单据各异。较重要的有可以作为物权凭证和结汇单据的海运提单（B/L）、承运货物收据（C/R）和多式联运单据（MTD），空运中的主单（MAWB）和分单（HAWB），陆运中的国际铁路运单（Railway bill）和公路运单（Roadway bill），集装箱运输中的场站收据（D/R）、设备交接单（EIR）和交货记录联单（D/O）三大单证，订舱委托书（B/N）、装货单（S/O）以及收货单（M/R）等托运单据，还有EMS、DHL、UPS、OCS、FEDEX、TNT等快递收据……

1. 铁路运单（见图4－1）。铁路运输分为国际铁路联运和通往港澳的国内铁路运输，分别使用国际铁路货物联运单和承运货物收据。当通过国际铁路办理货物运输时，在发运站由承运人加盖日戳签发的运单叫“铁路运单”（Railway bill）。铁路运单是由铁路运输承运人签发的货运单据，是收、发货人同铁路之间的运输契约。

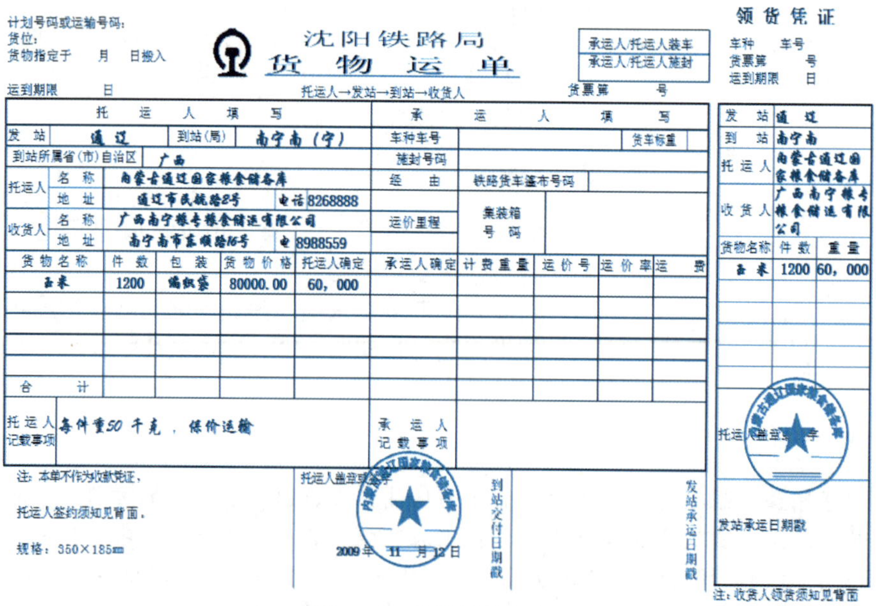

图4－1 铁路运单样本

2. 航空运单（见图4－2）。航空运单（airway bill）是承运人与托运人之间签订的运输契约，也是承运人或其代理人签发的货物收据。航空运单还可作为核收运费的依据和海关查验放行的基本单据。但航空运单不是代表航空公司的提货通知单。在航空运单的收货人栏内，必须详细填写收货人的全称和地址，而不能做成指示性抬头。

Shipper's Name and Address [shipper's Account Number] MATSUDA TELEVISION SYSTEMS CO. LOT5, PRESIAN TENKU APUAN SITE 400 SHA ALAM SELANG DE MALAYSIA	NOT NEGOTIABLE **Air Waybill** Issued by **beijing kinte world express co., ltd.**
Consignee's Name and Address[Consignee's Account Number] MATSUDA QINGDAO CO., LTD. NO. 128 WUHAN ROAD QINGDAO CHINA	It is agreed that the goods described herein are accepted in apparent good order and condition (except as noted) for carriage SUBJECT TO THE CONDITIONS OF CONTRACT ON THE REVERSE HEREOF, ALL GOODS MAY BE CARRIED BY ANY OTHER MEANS. INCLUDING ROAD OR ANY OTHER CARRIER UNLESS SPECIFIC CONTRARY INSTRUCTIONS ARE GIVEN HEREON BY THE SHIPPER. THE SHIPPER'S ATTENTION IS DRAWN TO THE NOTICE CONCERNING CARIER'S LIMITATION OF LIABILITY. Shipper may increase such limitation of liability by declaring a higher value of carriage and paying a supplemental charge if required.
Issuing Carrier's Agent Name and City **beijing kinte world express co., ltd.**	
Agents IATA Code　　Account No.	
Airport of Departure(Add. of First Carrier) and Requested Routing K. LUMPUR, MALAYSIA	Accounting Information FREIGHT COLLECT

to	By first carrier	to	by	to	by	Currency	Declared Value for Carriage	Declared Value for Customs
QD	KE					USD	NVD	NVD

Airport of Destination	Flight/Date	Amount of Insurance	INSURANCE-If carrier offers insurance and such insurance is requested in accordance with the conditions thereof indicate amount to be insured in figures in box marked"amount of Insurance"
QINGDAO, CHINA	KE855/17JUN		

Handling Information

"NOTIFY PARTY-SAME AS CONSIGNEE"

No. of Pieces	Gross Weight	Rate Class	Chargeable Weight	Rate/Charge	Total	Nature and Quantity of Goods
52	510.00		211	AS ARRANGED		TV-PARTS 12.638M3

Prepaid Weight charge Collect AS ARRANGED	Other Charges
Valuation Charge	
Tax	

图4－2　空运单样本

3. 海运单据（见图4－3）。海运提单（Ocean Bill of Lading）是承运人收到货物后出具的货物收据，也是承运人所签署的运输契约的证明，提单还代表所载货物的所有权，是一种具有物权特性的凭证。

Shipper Insert Name, Address and Phone YUEHAI LIGHT INDUSTRIAL PRODUCTS IMPORT AND EXPPORT CO. 173 CHUJIANG ROAD,HANGZHOU,CHINA	B/L No. ODW275569 ODW275569 中远集装箱运输有限公司 COSCO CONTAINER LINES TLX: 33057 COSCO CN FAX: +86(021) 6545 8984 ORIGINAL
Consignee Insert Name, Address and Phone TO THE ORDER	
Notify Party Insert Name, Address and Phone (It is agreed that no responsibility shall attach to the Carrier or his agents for failure to notify) ROSE INTERNATIONAL TRADE CO., P.O.BOX 8054,DUAI,U.A.E.	Port-to-Port or Combined Transport **BILL OF LADING** RECEIVED in external apparent good order and condition except as otherwise noted. The total number of packages or unites stuffed in the container, The description of the goods and the weights shown in this Bill of Lading are furnished by the Merchants, and which the carrier has no reasonable means of checking and is not a part of this Bill of Lading contract. The carrier has issued the number of Bills of Lading stated below, all of this tenor and date, one of the original Bills of Lading must be surrendered and endorsed or signed against the delivery of the shipment and whereupon any other original Bills of Lading shall be void. The Merchants agree to be bound by the terms and conditions of this Bill of Lading as if each had personally signed this Bill of Lading. SEE clause 4 on the back of this Bill of Lading (Terms continued on the back Hereof, please read carefully). *Applicable Only When Document Used as a Combined Transport Bill of Lading.

Combined Transport * Pre - carriage by	Combined Transport* Place of Receipt
Ocean Vessel Voy. No. HENGYU V.24W	Port of Loading SHANGHAI,CHINA
Port of Discharge DUBAI,U.A.E	Combined Transport * Place of Delivery

MARKS&NOS. Container / Seal No.	No. of Containers or Packages	Description of Goods	Gross Weight (Kgs)	Measurement (M3)
ABD/ ZH008005/ DUBAI/ NO.1-UP	250CTNS	FLOWER BRAND PLAYING CARD ART.NO.778-07 L/C NO.:ZH08003 L/C DATE:12 MAR.2011 FREIGHT PREPAID 19 MAR.2011 ON BOARD	7500KGS	142.5CBM

Total Number of containers and/or packages (in words) TWO HUNDRED AND FIFTY ROLLS

Freight & Charges	Revenue Tons	Rate	Per	Prepaid	Collect
FREIGHT PREPAID					

Ex. Rate	Prepaid at	Payable at	Place and date of issue
			SHANGHAI,18 MAR.2011
	Total Prepaid	No. of Original B(s)/L	Signed for the Carrier, COSCO CONTAINER LINES
		THREE(3)	TIAN YI SHIPPING COMPANY AS AGENT FOR THE CARRIER COSCO 郑明 AS AGENT FOR AND ON BEHALF OF THE CARRIER COSCO CONTAINER LINES

LADEN ON BOARD THE VESSEL

DATE	18 MAR.2011	BY	COSCO 郑明

图 4－3　海运提单样本

海运单（Sea Waybill）。海运单的形式与作用同海运提单相似，其主要特点在于收货人已明确指定。收货人并不需要提交正本单据，而仅需证明自己是海运单载明的收货人即可提取货物。因此，海运单实质上是不可以转让的，它的应用范围比较窄，主要用于跨国公司成员之间的货物运输。

二、公路货物运单的作用及工作流程

1. 公路运单的作用。公路货物运单是公路货物运输及运输代理的合同凭证，是运输经营者接受货物并在运输期间负责保管和据以交付的凭据，也是记录车辆运行和行业统计的原始凭证。

小贴士

“通道＋枢纽＋网络”运行体系初具规模

近年来，我国加大物流基础设施建设，搭建了以国家物流枢纽为核心，多种运输方式为通道，骨干冷链物流基地、示范物流园区、多式联运场站、城市配送中心、物流末端网点等为支撑的物流基础设施网络，初步形成了“通道＋枢纽＋网络”的物流运行体系。为支撑国家综合立体交通网主骨架建设，财政部、交通运输部下发通知，计划用3年左右时间择优支持30个左右城市实施国家综合货运枢纽补链强链。我国综合运输体系规模初具，综合立体交通网已经突破600万公里。“八纵八横”高速铁路主通道、“71118”国家高速公路主线、世界级港口群、世界级机场群加快建设。为推进多式联运发展，交通运输部联合国家发展改革委开展了3批共70个多式联运示范工程，有力支持了国内国际物流大通道建设。

2022年7月12日，国家发展改革委举行《国家公路网规划》（以下简称《规划》）新闻发布会，就规划总体思路和亮点、推动产业融合发展、“十四五”时期建设重点等内容进行介绍并回答记者提问。

《规划》提出，到2035年，国家公路网的布局方案为：总规模约46.1万公里，基本建成覆盖广泛、功能完备、集约高效、绿色智能、安全可靠的现代化高质量国家公路网，实现国际省际互联互通、沿边沿海公路连续贯通等路网格局。其中，国家高速公路网规划总里程约16.2万公里，由7条首都放射线、11条北南纵线、18条东西横线以及6条地区环线、12条都市圈环线、30条城市绕城环线、31条并行线、163条联络线组成。

2. 公路运单的种类。公路货物运单分为甲、乙、丙三种。甲种运单适用于普通货物、大件货物、危险货物等货物运输和运输代理业务；乙种运单适用于集装箱汽车运输；丙种运单适用于零担货物运输。

国家公路网规划实施

承、托运人要按道路货物运单内容逐项如实填写，不得简化、涂改。承运人或运输代理人接收货物后应签发道路货物运单，道路货物运单经承、托双方签章后有效。

（1）甲、乙种道路货物运单，第一联存根，作为领购新运单和行业统计的凭据；第二联为托运人存查联，交托运人存查并作为运输合同当事人一方保存；第三联为承运人存查联，交承运人存查并作为运输合同当事人另一方保存；第四联随货同行联，作为载货通行和核算运杂费的凭证，货物运达、经收货人签收后，作为交付货物的依据。甲种道路货物运单样本如表 4 –1 所示，乙种道路货物运单样本如表 4 –2 所示。

（2）丙种道路货物运单，第一联存根，作为领购新运单和行业统计的凭证；第二联为托运人存查联，交托运人存查并作为运输合同当事人一方保存；第三联为提货联，由托运人邮寄给收货人，凭此联提货，也可由托运人委托运输代理人通知收货人或直接送货上门，收货人在提货联收货人签章处签字盖章，收、提货后由到达站收回；第四联为运输代理人存查联，交运输代理人存查并作为运输合同当事人另一方保存；第五联为随货同行联，作为载货通行和核算运杂费的凭证，货物运达、经货运站签收后，作为交付货物的依据。丙种道路货物运单与汽车零担货物交接清单（见表 4 –3）配套使用。承运人接收零担货物后，按零担货物到站次序，分别向运输代理人签发道路货物运单（丙种）。已签订年、季、月度或批量运输合同的，必须在运单“托运人签章或运输合同编号”栏目注明合同编号，托运人委托发货人签章。批次运输任务完成或运输合同履行后，凭运单核算运杂费，或将随货同行联（第五联）汇总后转填到合同中，由托运人审核签字后核算运杂费。道路货物运输和运输代理经营者凭运单开具运杂费收据。运输危险货物必须使用在运单左上角套印“道路危险货物运输专用章”的道路货物运单（甲种），方准运行。

表 4 –1　　安徽省道路货物运单

（甲种）

本运单经承托双方签章后具有合同效力，承运人与托运人、收货人之间的权利义务和责任界限适用于《整车货物运输制度》及《汽车运输规定》。

起运日期：　年　月　日　　　　编号：皖

承运人		地址 邮编		电话 传真		车牌号		运输 证号		车型		挂车 牌号	
托运人		地址 邮编		电话 传真		接货地点							
收货人		地址 邮编		电话 传真		卸货地点							
货物名称 及规格	包装 颜色	体积 长×宽×高 （厘米）	件数	实际 重量 （吨）	计费 重量 （吨）	计费 里程 （公里）	货运用 转量 （公里）	比较 等级	运价率	其他杂费		保价、保险	
										费目	金额	金额	费
合计													
货物运单 签订地		结算方式		付款币种 计价单位			运杂费 合计	万 千 百 拾 元 角 分					
特约 事项			托运人签单或运输合同编号 年 月 日			承运人签章 年 月 日			收货人签章 年 月 日				

表 4 – 2　　乙种道路货物运单样本

合同编号：

________ 集装箱道路货物运单（整箱/空箱）

起运日期：　年　月　日　　　　编号：

托运人：	地址：	电话：	邮编：
收货人：	地址：	电话：	邮编：
承运人：	地址：	电话：	邮编：
集装箱货物名称： 数量：	重量： 体积：	集装箱数量： 箱型：	规格： 箱号：
船名：　航次：	场站货位：	进港日期：　年　月　日 进站日期：　年　月　日	卸车日期：　年　月　日 卸船日期：　年　月　日
运输日期：　年　月　日	接箱地点： 接货地点：		卸箱地点： 卸货地点：
交接方式：	提空箱地点： 还空箱地点：	运费： 其他费用：	结算方式：
货物价值：	运输要求：	代垫费用： 合计：（油价上下浮动__%。其中运费价格随之上下浮动__%。）	保价：　□ 是　□ 否 保险：　□ 是　□ 否
特约事项：	托运人签章：	承运签章：	收货人签章：

说明：托运人托运集装箱货物或集装箱，应按以下要求填写运单。

1、一张运单托运的集装箱货物或集装箱，必须是同一托运人、收货人、起运地；

2、托运人除要写具体品名、件数、重量外，还应写明集装箱箱型、箱号和封志号，并注明空箱提取和交还地点；

3、易腐、易碎、易溢漏的货物、危险货物不能与普通货物以及性质相互抵触的货物用一张运单托运；

4、托运人应注明船名、航次、场站货位、箱位，并提交货物装箱单；

5、托运人要求自理装拆集装箱或自理装卸集装箱时，经承运人确认后，在运单内注明；

6、托运需经海关查验或商品检验、卫生防疫、动植物检验的集装箱时，应连同检验地点在运单中注明；

7、应使用钢笔或圆珠笔填写，字迹清楚，内容准确；

8、已填妥的运单，如有更改，必须在更改处签字盖章。

本联由托运人和承运人签章，由托运人存留作为承运人与托运人之间的运输合同的证明及承运人收到货物的证明。

装……订……线

第一联　托运人联

表 4 – 3　　汽车零担货物交接清单

××省汽车零担货物交接清单

No 000001

本次		
	起运号	
	到达站	
	里程（公里）	

车属单位________车号（自编号）________司机（随车理货员）________

序号	受理站	中转站	终点站	运单号	货票号	托运单位	收货单位	货物名称	货物类别	包装	件数	重量（公斤）		备注
												实际重量	计费重量	
1														
2														
3														
4														
5														
6														
7														
8														
9														
10														
11														
12														
合计				货							件			

第×联　××××

起运站发货人________制单　年　月　日　到达站收货人________年　月　日

相关知识

整车货物运输

一批属于同一发（收）货人的货物且其重量、体积、形状或性质需要以一辆（或多辆）货车单独装运，并据此办理承托手续、组织运送和计费的运输活动；

运输组织方式有：双班运输、拖挂运输、甩挂运输、直达运输与分段运输、定时运输与定点运输。

零担货物运输

一批货物的重量、体积、形状和性质不需要单独使用一辆货车装运，并据此办理承托手续、组织运送和计费的运输活动；

零担运输的特点：货源不确定、组织工作复杂（环节多，工艺细致）、运输成本昂贵（设备多——仓库、货栅、站台、装卸搬运堆码机器、需要专用箱式车辆，货损大）。

应用训练

一、活动内容

在电脑中安装物流管理信息系统软件，根据任务要求完成机打运单的录入与打印。

二、操作步骤

1. 发货人填写运单的基本要求：

（1）一张运单托运的货物必须是属于同一发货人，对于拼装分卸的货物应将每一拼装或分卸情况在运单记事栏内注明；

（2）易腐、易碎、易溢漏的液体、危险货物与普通货物，以及性质相抵触、运输条件不同的货物，不得用同一张运单托运。托运普通货物时，不得夹带危险货物、易腐货物、流质货物、贵重物品、货币、有价证券等物品；

（3）一张运单托运的件货，凡不具备同品名、同规格、同包装的，以及搬家货物，应提交物品清单。

2. 客户托运过程中需填写的单据。

（1）发货流程，参见图 4 – 4。

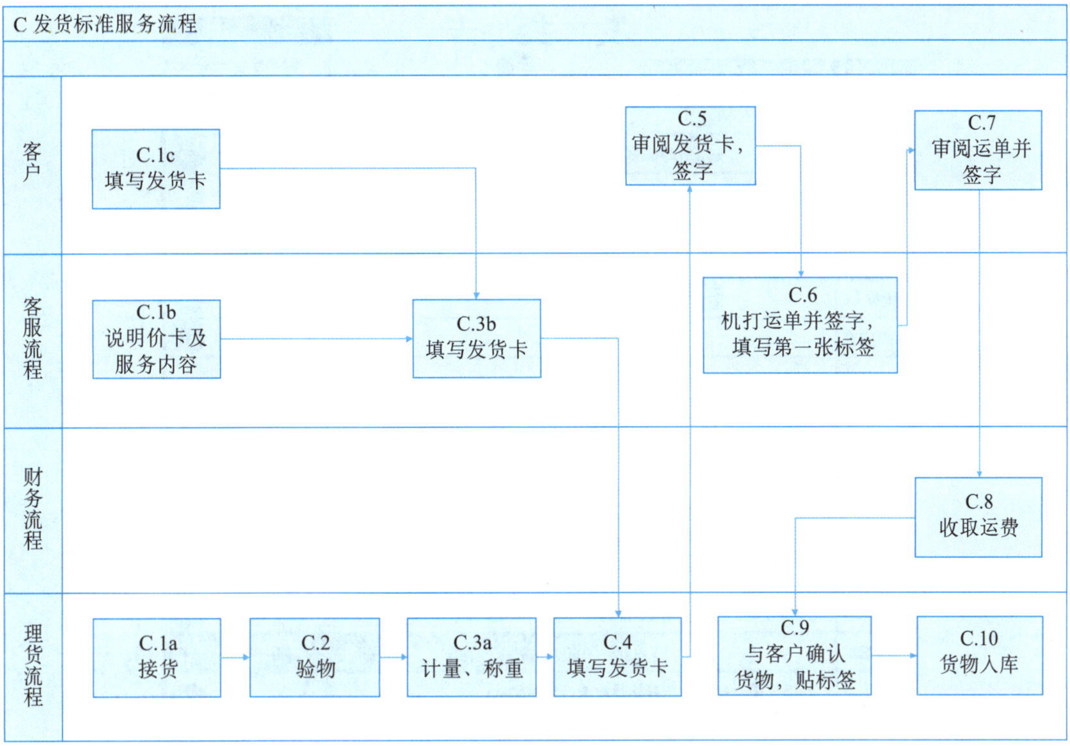

图 4－4　某物流企业发货服务流程图

C. 1a 客户送货上门时，主动迎接客户并协助客户卸货；

C. 1b 主动指导客户填写发货卡，回答客户咨询（包括价格、运输时效、托运流程等）；

C. 1c 按照公司的有关规定和客户商定价格、明确托运服务及规范填写发货卡；

C. 2 检验货物是否符合运输要求，如有必要时，必须开箱验货（单件保价超过 1 万、特殊货物、有色金属，例如：铜、钛、稀土等货物必须开箱验货）；对于不同意开箱验货的，可以拒绝承运。同时，对于禁止运输和限制运输的物品要和客户做好解释工作；

C. 3a 准确计量货物重量、体积，维护公司利益，避免涨尺涨秤；

C. 3b 填写送货费、特服费、体积单价、重量单价、如有特殊说明填写备注并签字；

C. 4 理货员计量完货物，按照实际情况把重量、尺寸、体积填写发货卡并签字；

C. 5 客户审阅发货卡，并要求签字确认；

C. 6 根据发货卡输单，输单前，要保证发货卡填写完整，以便减少录单等待时间，打印运单并签字确认后，写好第一张标签交给客户，请客户到理货区与理货员确认货物；

C. 7 客户审阅运单，签字确认；

C. 8 如运费现付，出纳按照运单上的运费金额收取运费；

C. 9 理货员与客户确认货物，完成其余标签，在相应的货物上进行粘贴；

C. 10 理货员将货物放入发货仓库，并按“大不压小、重不压轻”的要求进行码放。

■ 发货卡客户填写部分如图 4－5 所示。

①托运日期：填写托运日期及时间格式，标准格式为××××年××月××日××：××时；

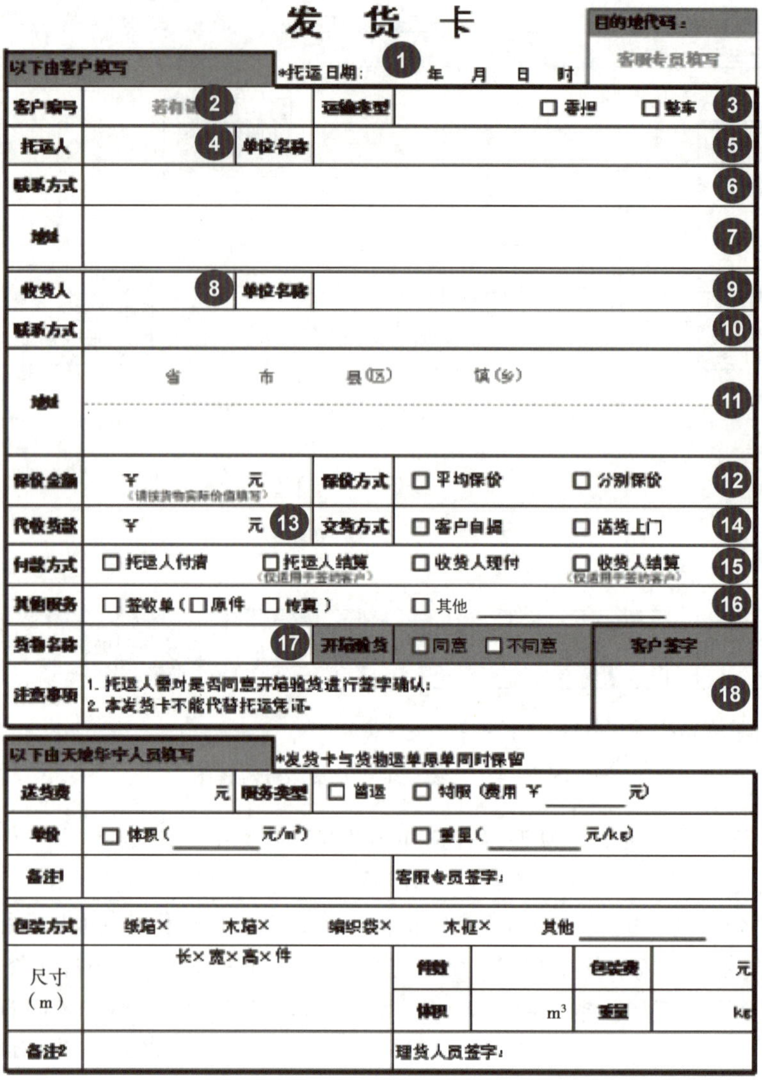
发 货 卡

目的地代码：
客服专员填写

以下由客户填写　*托运日期：① 年 月 日 时

客户编号	若有请填写 ②	运输类型	□零担 □整车 ③
托运人	④	单位名称	⑤
联系方式	⑥		
地址	⑦		
收货人	⑧	单位名称	⑨
联系方式	⑩		
地址	省 市 县(区) 镇(乡) ⑪		
保价金额	¥ 元（请按货物实际价值填写）	保价方式	□平均保价 □分别保价 ⑫
代收货款	¥ 元 ⑬	交货方式	□客户自提 □送货上门 ⑭
付款方式	□托运人付清 □托运人结算（仅适用于签约客户） □收货人现付 □收货人结算（仅适用于签约客户） ⑮		
其他服务	□签收单（□原件 □传真） □其他 ______ ⑯		
货物名称	⑰	开箱验货	□同意 □不同意
注意事项	1. 托运人需对是否同意开箱验货进行签字确认； 2. 本发货卡不能代替托运凭证。	客户签字	⑱

以下由天地华宇人员填写　*发货卡与货物运单原单同时保留

送货费	元	服务类型	□普通 □特殊（费用 ¥ ______ 元）
单价	□体积（______ 元/m³）		□重量（______ 元/kg）
备注1		客服专员签字：	
包装方式	纸箱× 木箱× 编织袋× 木框× 其他 ______		
尺寸（m）	长×宽×高×件	件数 / 体积 m³	包装费 元 / 重量 kg
备注2		理货人员签字：	

图 4－5

②客户编号：填写客户编号（如没有，可不填），各企业客户编号不同；

③运输类型：“√”选货物运输类型：零担或整车；

④托运人姓名：填写托运人姓名，写具体人名，如张某；

⑤托运人单位名称：填写托运人单位详细名称，如上海市××商贸有限公司；

⑥托运人联系方式：填写托运人手机号码及固定电话；

⑦托运人地址：填写托运人或托运单位详细地址，如上海市浦东新区××路××号××室；

⑧收货人姓名：填写正确的收货人姓名，以减少差错；

⑨收货人单位名称：填写收货人单位详细名称，如湖北省武汉市××；

⑩收货人联系方式：填写收货人手机号码及固定电话；

⑪收货人地址：按表格中的信息填写详细信息，如湖北省武汉市××路××号××室；

⑫保价：按照货物实际价值填写，并“√”选保价方式；按货物价值的3‰标准收取；零担业务每票最低收费3元；特殊货物及贵重货物的保价费按货物价值的5‰～7‰收取；单票多件货物可选择分别保价或平均保价；所有业务必须投保。

⑬代收货款：填写物流公司代为收取的货物金额；

⑭交货方式：“√”选货物送达方式；

⑮付款方式：“√”选支付运输费用的方式；

⑯其他服务：根据需要“√”选其他服务要求；

⑰货物名称：填写货物实际名称，名称需规范；

⑱客户签字：对是否同意开箱检验进行确认，并签字。

■ **发货卡物流员工填写部分如图4－6所示。**

发货卡

目的地代码：客服专员填写 ①

以下由客户填写 *托运日期： 年 月 日 时

客户编号	若有请填写	运输类型	□定日达 □零担 □整车
托运人		单位名称	
联系方式			
地址			
收货人		单位名称	
联系方式			
地址	省 市 县(区) 镇(乡)		
保价金额	￥ 元（请按货物实际价值填写）	保价方式	□平均保价 □分别保价
代收货款	￥ 元	交货方式	□客户自提 □送货上门
付款方式	□托运人付清 □托运人结算（仅适用于签约客户） □收货人现付 □收货人结算（仅适用于签约客户）		
其他服务	□签收单（□原件 □传真） □其他 ______		
货物名称		开箱验货	□同意 □不同意 客户签字
注意事项	1. 托运人需对是否同意开箱验货进行签字确认；2. 本发货卡不能代替托运凭证。		

以下由天地华宇人员填写 *发货卡与货物运单原单同时保留

送货费	② 元	服务类型	□普运 □特服（费用￥ ______ 元） ③
单价	□体积（______ 元/m³）		□重量（______ 元/kg） ④
备注1	⑤	客服专员签字： ⑥	
包装方式	纸箱× 木箱× 编织袋× 木框× 其他 ______ ⑦		
尺寸(cm)	长×宽×高×件 ⑧	件数 ⑨ 包装费 ⑩ 元	体积 ⑪ m³ 重量 ⑫ kg
备注2	⑬	理货人员签字： ⑭	

图4－6

①目的地代码：与客户沟通后，确认并填写目的地代码，不同物流企业对目的地有不同编码，如有的企业根据自己的网点代码编码，有的企业则沿用邮政编码；

②送货费：与客户协商后，确认并填写送货费金额；提、送货服务费收取标准：零担30元/票；

③服务类型：与客户沟通，确认服务类型是“普运”还是“特运”；

④单价：与客户协商，根据报价单确认最后的价格；

⑤备注1：分别保价时，注明分别保价明细；保价费率、代收货款费率发生变动时，注明变动后的费率；

⑥客服人员签字：确认客户填写内容及本人填写内容后签字；

⑦包装方式：在每项包装方式后面注明该包装方式的实际货物件数，如“4托盘”，没有则不填；

⑧尺寸：注明货物的长、宽、高，相同体积形状的货物×相应的数量；

⑨件数：货物打包后的实际件数，如“3纸箱”；

⑩包装费：客户使用物流公司包装后产生的费用；

⑪体积：单票所有货物的总体积，默认单位为立方米（m^3），如填写“1.2”；

⑫重量：单票所有货物的重量，默认单位为千克（kg），如填写“60”；

⑬备注2：尺寸栏填不下时，可在此栏填写；根据货物的类型及性质，注明勿压、勿倒置等；

⑭理货员签字：确认本人所填写内容后，签字。

小贴士

某物流企业部分目的地代码（见图4－7）：

区域	代码	名称
华东区	上海0	华翔路分公司
华东区	上海1	曹杨路分公司
华东区	上海2	江场路分公司
华东区	上海3	工批市场分公司
华东区	上海4	浦东区分公司
华东区	上海5	沪南路分公司
华东区	上海6	奉贤县分公司
华东区	上海7	航头镇分公司
华东区	上海8	外高桥分公司
华东区	上海9	杨浦区分公司
华东区	上海10	杨树浦路分公司
华东区	上海11	巨鹿路分公司
华东区	上海12	宝山区分公司
华东区	上海13	青浦区分公司
华东区	上海14	嘉定区分公司
华东区	上海15	松江区分公司
华东区	上海16	真南路分公司
华东区	上海17	曹安路分公司
华东区	上海18	沪闵路分公司
华东区	上海19	沪太路分公司
华东区	上海20	徐汇区分公司
华东区	上海22	茅台路分公司
华东区	上海23	国货路分公司

区域	代码	名称
东南区	武汉1	新华下路分公司
东南区	武汉2	汉正街分公司
东南区	武汉3	古田路分公司
东南区	武汉4	武昌洪山分公司
东南区	武汉5	中山路分公司
东南区	武汉6	汉阳大道分公司
东南区	武汉8	图书城分公司
东南区	武汉9	环线分公司
东南区	武汉46	蔡甸分部
东南区	武汉18	海天分公司
东南区	武汉20	青山区分公司
东南区	武汉21	汉西路分公司
东南区	武汉22	工农兵分公司
东南区	武汉23	孝感分公司
东南区	武汉26	关山分公司
东南区	武汉33	武咸分公司
东南区	武汉36	江夏庙山分公司
东南区	武汉201	建设分公司
东南区	武汉202	复兴路分公司
东南区	武汉203	关西分公司
东南区	武汉204	雄楚路分公司

图4－7

（2）机打运单录入打印操作，流程如图 4－8 所示。

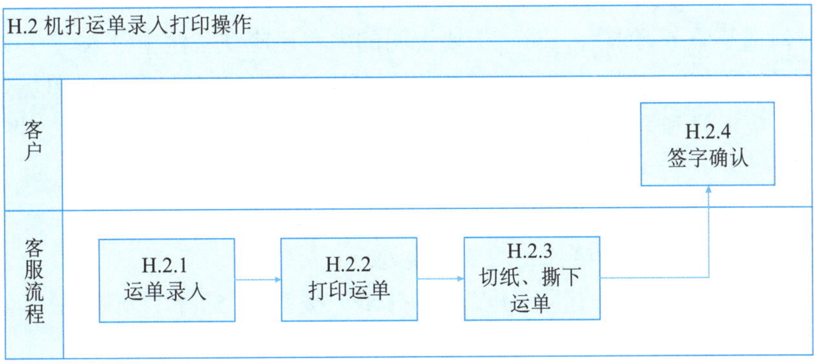

图 4－8　运单录入操作流程

H. 2. 1 在运单录入模块点击“增加”，在弹出的“运单类型选择”提示框中，点击“机打运单录入”，依照发货卡录入运单，录完单后，点击确认；

H. 2. 2 系统自动提示打印，依次选择“套打”，“确定”（默认按两次回车即可）；

H. 2. 3 按一下打印机上的“切纸”按钮（或等待打印机自动走纸到切纸位置），撕下运单；

H. 2. 4 客服专员与客户共同签字确认。

运单录入操作界面如图 4－9 所示。

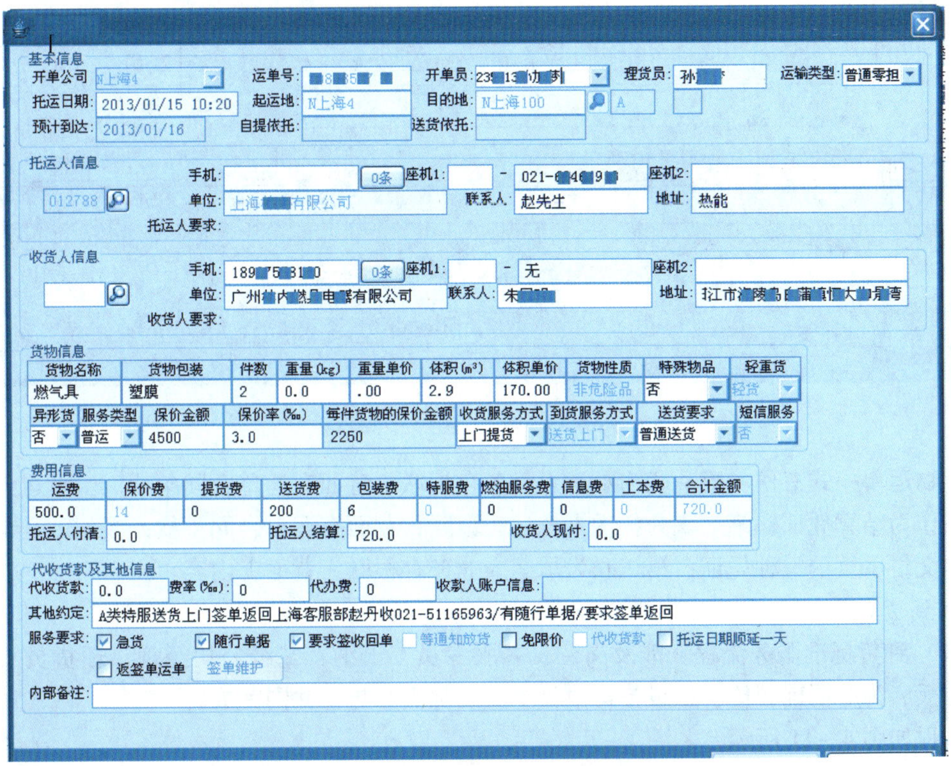

图 4－9　某企业录入运单操作界面

运单录入注意要点：

- 运单录入：录入运单时，要注意发货卡内容的录入顺序，以及发货卡上没有的字段、录入默认值。勾选了服务要求后，对于需要说明的内容还应在备注里录入。
- 单据流向和保管：打印运单的第 3 联与发货卡存放在一起，留在录单员处。
- 付清的：第 1 联和第 2 联交给出纳员，出纳员收款后，留下第 1 联，将第 2 联交给客户。
- 非付清的：第 1 联交给出纳员保管，第 2 联交给客户。
- 打印机卡纸，导致运单废掉，需要更换处理：

清除卡纸 → 在系统中选中运单→ 点击“打印”按钮 → 选择“新版机打运单” → 选择“套打” → 打印。

机打运单样张如图 4 – 10 所示。

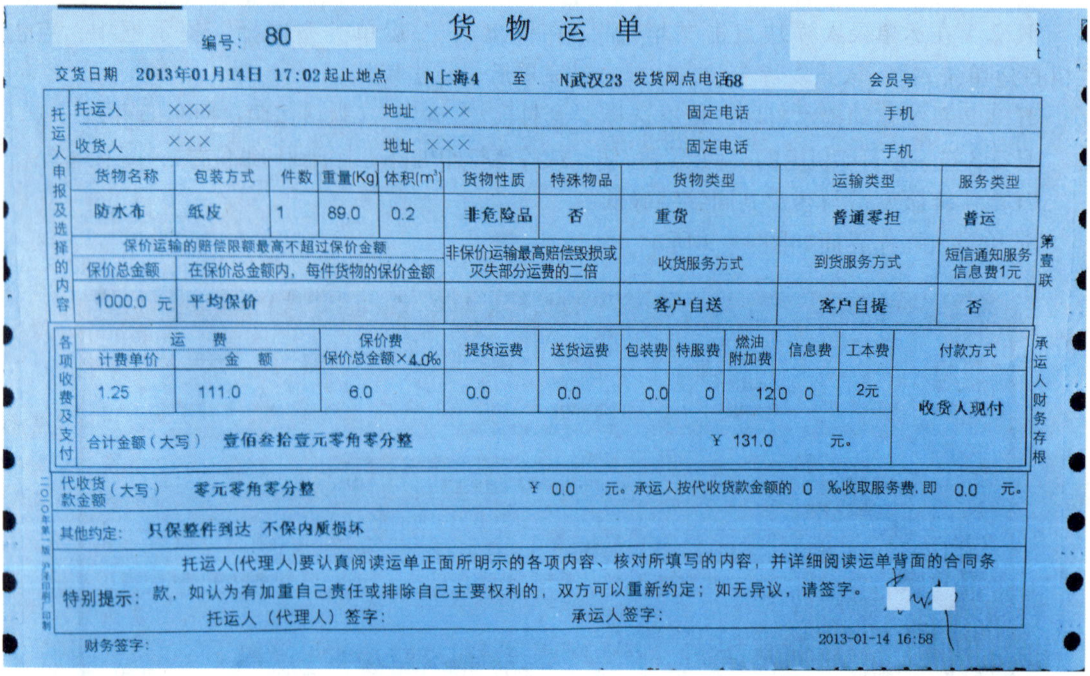
货物运单

编号：80

交货日期 2013年01月14日 17:02 起止地点 N上海4 至 N武汉23 发货网点电话68 会员号

托运人申报及选择的内容

托运人 ×××		地址 ×××				固定电话		手机	
收货人 ×××		地址 ×××				固定电话		手机	
货物名称	包装方式	件数	重量(Kg)	体积(m³)	货物性质	特殊物品	货物类型	运输类型	服务类型
防水布	纸皮	1	89.0	0.2	非危险品	否	重货	普通零担	普运
保价运输的赔偿限额最高不超过保价金额					非保价运输最高赔偿毁损或灭失部分运费的二倍		收货服务方式	到货服务方式	短信通知服务信息费1元
保价总金额	在保价总金额内，每件货物的保价金额								
1000.0 元	平均保价						客户自送	客户自提	否

各项收费及支付

运费 计费单价	运费 金额	保价费 保价总金额×4.0‰	提货运费	送货运费	包装费	特服费	燃油附加费	信息费	工本费	付款方式
1.25	111.0	6.0	0.0	0.0	0.0	0	12.0	0	2元	收货人现付
合计金额（大写） 壹佰叁拾壹元零角零分整							¥ 131.0 元。			

代收货款金额（大写） 零元零角零分整 ¥ 0.0 元。承运人按代收货款金额的 0 ‰收取服务费，即 0.0 元。

其他约定：只保整件到达 不保内质损坏

特别提示：托运人（代理人）要认真阅读运单正面所明示的各项内容、核对所填写的内容，并详细阅读运单背面的合同条款，如认为有加重自己责任或排除自己主要权利的，双方可以重新约定；如无异议，请签字。

托运人（代理人）签字： 承运人签字：

财务签字： 2013-01-14 16:58

第壹联

承运人财务存根

图 4 – 10

货物运单一式三份：第一联为承运人财务存根联，背面有运单合同条款，由承运人交财务部门作为结算凭证；第二联为托运人托运凭证联，背面有运单合同条款，在到站是与收货人办理交付手续的一种凭证；第三联为承运人业务存根联，背面无内容。

3. 到货。

（1）到货标准服务流程。涉及岗位：客服专员，出纳，二级公司经理，理货员（理货员在样板店为非明确职位，二级公司中每个员工都需参与，共同完成）。

流程如图 4 – 11 所示。

相关知识

公路货运费用的计算

1. 整批货物运费计算。

整批货物运费 = 吨次费 × 计费重量 + 整批货物运价 × 计费重量 × 计费里程 + 货物运输其他费用

2. 零担货物运费计算。

零担货物运费 = 计费重量 × 计费里程 × 零担货物运价 + 货物运输其他费用

3. 计时包车运费计算。

包车运费 = 包车运价 × 包用车辆吨位 × 计费时间 + 货物运输其他费用

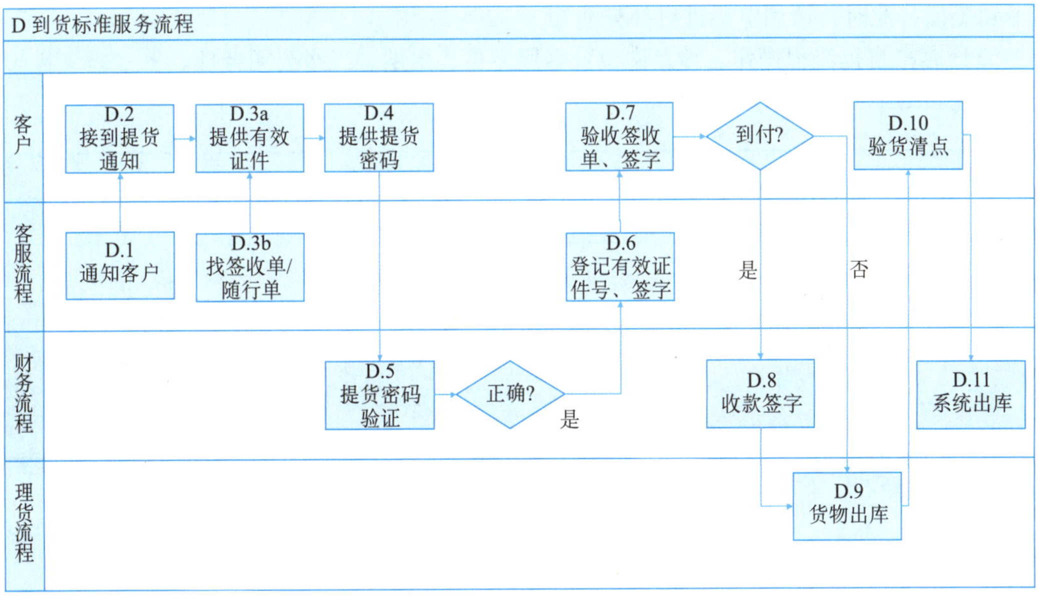

图 4－11 某企业到货流程图

D. 1 客服专员在公司 TMS 系统中用短信通知客户取货，如收货客户的联系方式为座机的，应按照通知流程在 TMS 系统中查出“提货密码”，一并通知客户，并着重说明“提货密码”的重要性；

D. 2 客户接到提货通知后到二级公司取货；

D. 3a 客户提供有效证件（包括身份证、护照等可以证明身份的证件）；

D. 3b 客服专员或出纳找签收单，如有随行单据一起找出；

D. 4 客户提供提货密码（提货密码随到货短信通知一起发出）；

D. 5 出纳验证提货密码，通过验证后才可办理提货业务；

D. 6 客户专员或出纳登记有效证件号并签字；

D. 7 客户验收签收单，确认后签字；

D. 8 运费如是到付，出纳需按签收单金额收取运费并签字；

D. 9 客户与理货员当面验货并点清数量，并主动帮助客户将货物搬到指定的地点；

D. 10 出纳确认客户将货物正常取走，在 TMS 系统里做出库；

D. 11 理货员验收签收单，将客户货物提出。

（2）通知客户操作。

涉及岗位：客服专员、出纳、二级公司经理。

操作流程：到货管理→通知客户，选中要通知的货物，点击“通知客户”按钮，在弹出“记录通知客户信息”界面填写通知客户后确定的信息，点击“运单信息”选择页可查看运单信息，点击“确认”按钮完成通知。如果需要短信通知客户提货，则在选中后点击“短信通知”按钮，在弹出的“是否确认发送短信通知?”界面中点击“是”按钮，系统将自动发送短信至收货人手机。

注意要点：使用短信通知时，如果收货人手机号错误，或所处位置信号不好，将可能接收不到短信，此时，请用电话进行补充通知。

（3）客户自提流程操作。涉及岗位：客服专员、出纳、二级公司经理。

流程如图 4 - 12 所示：

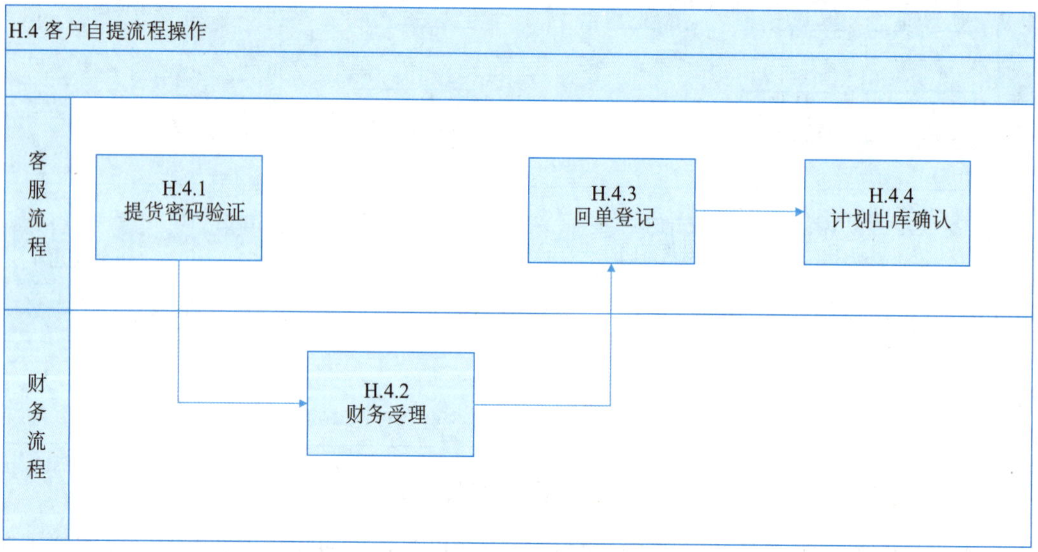

图 4 - 12　客户自提操作流程图

H. 4. 1 到货管理→提货密码验证，单击“提货密码验证”按钮后输入运单编号以及客户提供的提货密码，单击确认按钮进行验证；

H. 4. 2 财务受理→到货财务受理，选择“客户自提到货财务受理”选择页，点击“查询”按钮，在弹出“检索”界面填入相应运单编号，点击“确定”按钮，查询到相应的运单记录后，点击选定此记录，点击相应的财务受理按钮，在“财务受理”窗口做相应财务受理后，点击“确认”按钮，然后点击“生成出库计划”。【注】系统有自动提示的，根据提示操作；

H. 4. 3 到货管理→回单登记，点击“增加”按钮，在弹出的“增加回单登记信息”窗体，在此窗体中录入相应签收人姓名等信息，点击“确认”完成回单登记。【注】系统有自动提示的，根据提示操作；

H. 4. 4 仓库管理→计划出库确认，点击“客户自提出库”选择页，点击“查询”按钮在弹出的“检索”窗口设定检索条件以限定查询返回结果。点击选定相应记录，点击“审核”按钮，在弹出的“出入库确认”窗口中按“确认”按钮。

注意要点：

当客户由于某种原因忘记或者遗失提货密码，在对客户身份判断确认无误后，可通过“到货→通知客户”界面，点击“查看提货密码”按钮进行查询，同时对于用户每次的查询，系统将自动记录日志。

三、成果展示

分小组完成角色体验，根据任务描述和教师提供的发货卡信息，在 TMS 系统中录入运单内容，并打印，将三联单分别交财务、托运人和存档。将完成的运单提交展示。

任务评价

公路运单制作操作能力评分表

考评内容	公路运单制作操作		
考评标准	内容	分值	实际得分
	运单内容正确，无错误	40 分	
	运单填写清晰，无修改	30 分	
	填写完整，无遗漏	30 分	
合计		100 分	
小组活动评价		教师点评	

拓展提升

认知禁运、限运货物

一、禁止运输货物

国家交通部《汽车货物运输规则》第三十四条规定：托运的货物中，不得夹带危险货物、贵重货物、鲜活货物和其他易腐货物、易污染货物、货币、有价证券以及政府禁止或限制运输的货物。具体包括：

(1) 贵重物品：货币及有价证券、邮票、金银、珠宝、钻石、玉器、古玩、古币、古书、古画、艺术作品。

（2）工艺品：易碎工艺品、古董、各种收藏物品。

（3）军用物品：枪支、雷管、导火索、炸药、子弹等。

（4）鲜活物品：各种活牲畜、活禽、活虾、活鱼、鱼苗、供观赏的野生动物、供观赏的水生动物、盆景及各种名贵花木及植物、鸡蛋、蔬菜、瓜果。

（5）对储藏有特殊要求的食品：保鲜、保温、保质期时间较短的食品。

（6）冰制品：天然冰、机制冰、冰淇淋、冰棍。

（7）计算机软件内存：媒介中存储的各类数据及信息。

（8）烟制品：各种卷烟。

（9）污染品：颜料、染料、油墨、焦炭末、炭黑、铅粉、锰粉、其他污染人体的货物、角、蹄甲、牲骨、死禽兽。

（10）泄漏品：带有残留污油的旧机械配件和设备、旧汽车发动机、旧变速箱、渗漏或泄漏的污油污染环境和其他货物液压件及机床等。

（11）有毒有害物品：放射性、核材料、酸、碱性及腐蚀物品、剧毒物品。

（12）易燃易爆物品：蓄电池、石油焦、沥青、防腐涂料、自喷漆、碧丽珠、啫喱水、水剂农药及兽药、氧化剂、压缩气体、液化气体、自燃物品、遇水燃烧物品、易燃液体、易燃固体、爆炸品、疑似易燃易爆物品等。

（13）化工、油品：香精、香料、樟脑油、芳香油、木榴油、木腊、橡蜡、树胶、橡胶、食品和饲料添加剂、溶剂、试剂、助剂、涂料、胶粘剂等。

（14）搬家物品、家具、胶辊等。

二、限制运输货物

1. 对泄漏货物经加固和改善包装后能保证货物运输安全并采取保护措施。

2. 对倾斜、倒置有要求但包装没有明显标注的，经托运人提示后，增加保护设施后能够保证货物运输安全。

3. 对异型及大笨重货物（1 吨/3 立方米以上）增加 100% 运费或包车运输。

4. 对玻璃及陶瓷制品，托运人认同 20% 以上破损率并同意货损运费二倍赔偿。

5. 对盗版书刊及光碟，托运人必须提供行业允许公路运输文件证明。

6. 所有公司必须确认满足条件才能运输，对于不满足条件运输的，由此造成任何索赔，由发货公司及当事人全责承担，并给予通报批评或行政处理。

综合练习

一、单选题

1. 运输首先实现产品在空间上移动的功能，这种功能是运输的（　　）。

A. 成本效用　　B. 时间效用

C. 空间效用　　D. 价值效用

2. 按照（　　）的不同，可将运输系统分为铁路、公路、水路、航空和管道运输子系统。

A. 运输方式　　B. 运输企业

C. 运输距离　　D. 运输时间

3. 下列货物中不能按一批托运的是（　　）。

A. 服装与帽子　　B. 西药与毛巾

C. 白糖与水泥　　D. 电风扇与西餐桌

4. 下列物品不能作为公路零担运输的是（　　）。

A. 活鱼　　B. 计算机

C. 书籍　　D. 棉被

5. 零担货物运输主要是指托运人一次托运货物计费重量（　　）的货物运输方式。

A. 3 吨及以下　　B. 3 吨以上

C. 5 吨及以下　　D. 5 吨以上

二、多选题

1. 下列关于公路运输的特点，说法正确的是（　　　）。

A. 机动灵活，适应性强　　B. 可实现“门到门”的直达运输

C. 原始投资少，资金周转快　　D. 安全性较低，污染环境较大

2. 根据交通量以及使用性质，公路可以分为（　　　）。

A. 高速公路　　B. 一级公路

C. 二级公路　　D. 四级公路

3. 公路零担货物运输的优点有（　　）。

A. 安全　　B. 方便

C. 迅速及时　　D. 车辆有较高的行程利用率

4. 托运人在办理托运时，必须在运单上如实填写的内容除了大件货物的名称、件重、起运日期、运输过程中的注意事项之外还有（　　）。

A. 规格　　B. 到达日期

C. 件数　　D. 收发货人的地址

三、判断题

1. 凡不够整车运输条件的货物，即重量、体积和形状都不需要单独使用一辆货车运输的一批货物，除可使用集装箱运输外，应按零担货物托运。（　　）

2. 运输大型物件，道路承运人必须按有关部门核定的时间、路线和时速行驶道路，并悬挂明显标志。白天行车时，悬挂标志旗；夜间行车和停车休息时设标志灯。（　　）

四、简答题

1. 公路运输的特点有哪些？

2. 请举出 5 种公路禁运限运的货物。

任务2
调度配送车辆

任务目标

知识目标：

- ☐ 了解车辆调度的内容
- ☐ 掌握车辆调度的原则与常用方法
- ☐ 理解车辆调度工作流程

能力目标：

- ☐ 能够准确表述车辆调度作业的流程，制订车辆调度工作计划
- ☐ 能根据具体业务要求初步完成调度工作

素养目标：

- ☐ 合理利用与支配各类资源的能力。在时间上选择有意义的行为，合理分配时间，计划并掌握工作进展；获取设备、储存与分配利用各种设备；合理分配工作，评估工作表现
- ☐ 获取信息并利用信息的能力。获取信息和评估、分析与传播信息，使用计算机处理信息

任务描述

物流公司接到广州杨速公司的委托，有150吨钢材需从广州高明运输到深圳增城12号，收货方为深圳莱克公司，物流公司有自有车和外协车，根据系统记录的待命车辆有：粤F21450（核定载重为50吨）和粤A002B0（核定载重40吨）、湘12541（外协冯师傅）（核定载重35吨）、粤A16628（核定载重30吨）、粤A40850（核定载重35吨），调度员小张根据以上情况完成本次车辆的调度及相关资料的维护。

任务准备

1. 学生个人独立完成，每人配备一台PC，网络打印机一台。
2. 实训时间：4课时。

相关知识

一、认知车辆调度

车辆调度是根据客户的需求，配送中心的配送资源（包括车辆、司机出勤等），道路运输网情况，综合规划调度，对运输作业做出合理的安排和指派并对整个作业过程监控管理，保证高质量、高效率的运输作业管理的过程。

1. 车辆调度流程（图 4－13）：

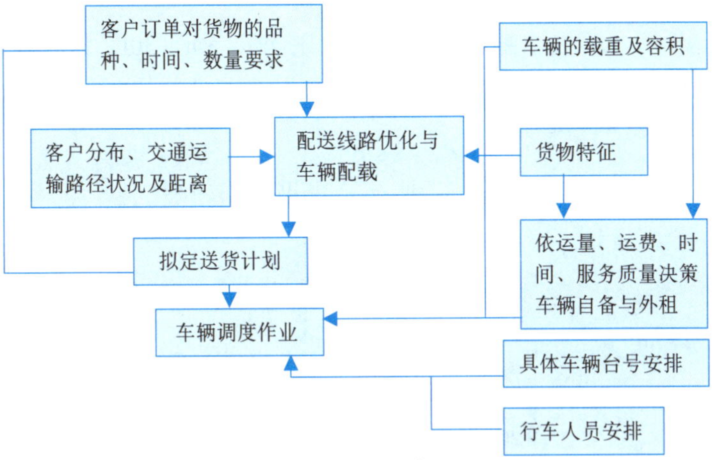

图 4－13　车辆调度流程图

2. 调度工作的总体要求。

（1）“三掌握”：

①掌握运输路线分布网点装卸现场的条件及能力等情况，并加强与有关部门的联系。

②掌握货物流量流向，货种性能，包装规定不断分析研究货源物资的分布情况，并能加强有关部门的联系。

③掌握天气情况。

（2）“三熟悉”：

①熟悉车辆的技术性能和吨位容积，车身高度，自重以及相关的资料。

②熟悉运输车辆的各项规章制度，安全工作条例，交通法规。

③熟悉营运情况。

（3）“两了解”：

①了解驾驶员技术水平和思想情况。

②了解各种营运单据的处理程序。

二、了解车辆调度的方法

车辆调度的方法有多种，可根据客户所需货物、配送中心站点及交通线路的布局不同而选用不同的方法。简单的运输可采用定向专车运行调度法、循环调度法、交叉调度法等。如果配送运输任务量大，交通网络复杂时，为合理调度车辆的运行，可运用运筹学中线性规划的方法，如最短路线法、表上作业法、图上作业法等。

（一）图上作业法

图上作业法是将配送业务量反映在交通图上，通过对交通图初始调运方案的调整，求出最优配送车辆运行调度方法。运用这种方法时，要求交通图上没有货物对流现象，以运行路线最短、运费最低或行程利用率最高为优化目标。其基本步骤为：

1. 绘制交通图。根据客户所需货物汇总情况、交通线路、配送点与客户点的布局，绘制出交通示意图。

例：设有 A_1、A_2、A_3 三个配送点分别有化肥 40t、30t、30t，需送往四个客户点 B_1、B_2、B_3、B_4，而且已知各配送点和客户点的地理位置及它们之间的道路通阻情况，可据此制出相应的交通图，如图 4－14 所示。

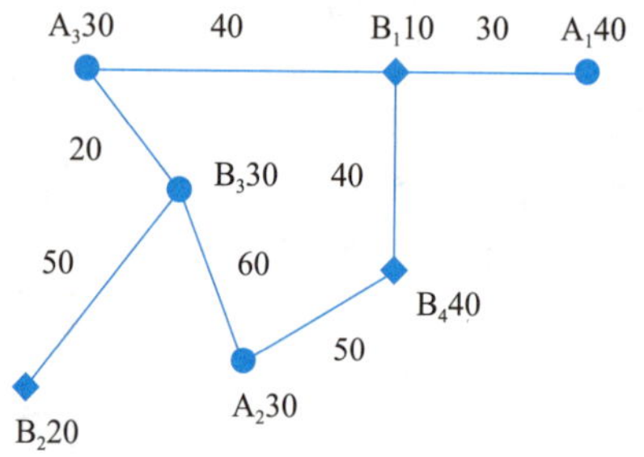

图 4－14　运距运量交通图

2. 将初始调运方案反映在交通图上 任何一张交通图上的线路分布形态无非为成圈与不成圈两类。对于不成圈的，A_1，B_2 的运输，可按“就近调运”的原则即可，很容易得出调运方案。其中（$A_1 \to B_4$ 70km）＜（$A_3 \to B_4$ 80km），（$A_3 \to B_2$ 70km）＜（$A_2 \to B_2$ 110km），先假定（$A_1 \to B_4$），（$A_3 \to B_2$）运输。对于成圈的 A_2、A_3 B_1 所组成的圈，可采用破圈法处理，即先假定某两点（A_2 与 B_4）不通（即破圈，如图 4－15 所示），再对货物就近调运，（$A_2 \to B_3$）（$A_2 \to B_4$），数量不够的再从第二点调运，即可得出初始调运方案，如图 4－9 所示。在绘制初始方案交通图时，凡是按顺时针方向调运的货物调运线路（如 A_3 至 B_1、B_1 至 B_4、A_2 至 B_3），其调运箭头线都画在圈外，称为外圈；否则，其调运箭头线（A_3 至 B_3）都画在圈内，称为内圈，或者两种箭头相反方向标注也可。

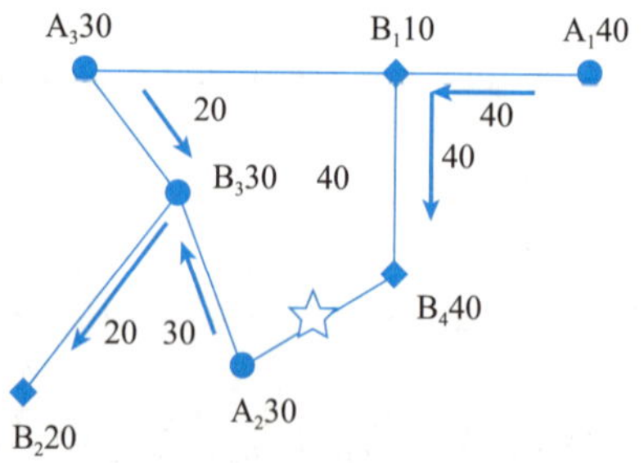

图 4－15　A_2—B_4 破圈调运图

3. 检查与调整。面对交通图上的初始调运方案，首先分别计算线路的全圈长、内圈长和外圈长（圈长即指里程数），如果内圈长和外圈长都分别小于全圈长的一半，则该方案即为最优方案；否则，即为非最优方案，需要对其进行调整。如图4－12所示，全圈长（$A_2 \to A_3 \to B_1 \to B_2$）为210km，外圈（$A_3 \to B_1$40 km、$B_1 \to B_4$40 km、$A_2 \to B_3$60km）长为140km，大于全圈长的一半，显然，需要缩短外圈长度。调整的方法是在外圈（若内圈对于全圈长的一半，则在内圈）上先假定运量最小的线路两端点（A_3与B_1）之间不通，再对货物就近调运，可得到调整方案如图4－16所示。然后，再检查调整方案的内圈长与外圈长是否都分别小于全圈长的一半。如此反复至得出最优调运方案为止。图4－16中，计算可得内圈长为70km，外圈长为100km，均小于全圈长的小半，可见，该方案已为最优方案。

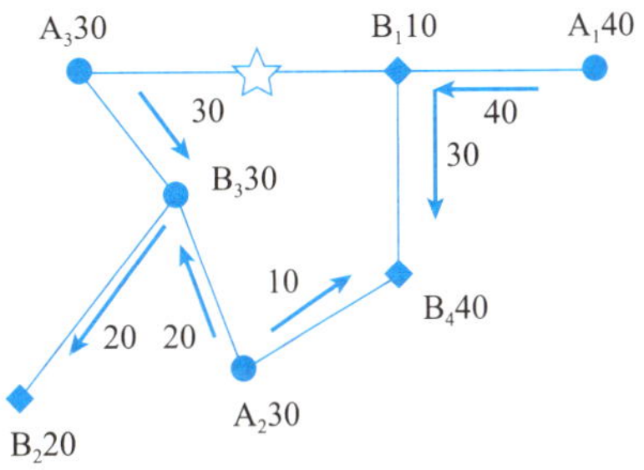

图4－16　$A_3 \to B_1$ 破圈调运图

（二）经验调度法和运输定额比法

在有多种车辆时，车辆使用的经验原则为尽可能使用能满载运输的车辆进行运输。如运输5t的货物，就安排一辆5t载重量的车辆运输。在能够保证满载的情况下，优先使用大型车辆，且先载运大批量的货物。一般而言大型车辆能够保证较高的运输效率和较低的运输成本。

例：设有A_1、A_2、A_3三个配送点分别有化肥40t、30t、30t，需送往四个客户点B_1、B_2、B_3、B_4，而且已知各配送点和客户点的地理位置及它们之间的道路通阻情况，可据此制出相应的交通图，如表4－4所示。

表4－4　车辆运输定额表　（单位：t/日·辆）

车辆种类	运送水泥	运送盘条	运送玻璃
大型车	20	17	14
中型车	18	15	12
小型车	16	13	10

根据经验派车法确定，车辆安排的顺序为大型车、中型车、小型车。货载安排的顺序为：水泥、盘条、玻璃。得出派车方案如表4－5所示，共完成货运量1080t。

7. 摄像、图片传输。GPS 车载终端还配有摄像头，终端可按照自动（定时拍照并上传）或被动（监控中心发送拍照命令）方式拍摄彩色图片（具有夜视功能，可设置终端定时、定居、条件触发拍摄等方式）并按照设置上传至中心，在管理中心就可以实时监控到车内的工作情况，摄像头对准驾驶室，可以检查当班司机和驾驶操作是否违章。根据客户需要，具体可以实现：

（1）人工拍照：通过监控中心人员人工拍照来抽查。

（2）定时拍照：可设置固定时间间隔自动拍照。

（3）开门拍照：可通过自定义报警线束检测车门开关实现开门拍照。

8. 约束司机的不良行为。司机的不诚信行为，会给企业劳动带来极大损失，如：干私活、偷油、偷料、怠工等。而本系统可为车队管理提供了智能的监管手段。

小贴士

车辆调度的技巧

1. 调度要留有余地。任何工作都是一个动态的系统工程，车辆调度也是如此。一个好的调度员，必须给调度工作留有一定的余地，包括：时间、装载重量、体积等。时间不能算得太死，一旦出现差错将无法挽回或没有盘旋的余地；重量和体积不能算得太满，尤其是临时或散货装载容易造成估计不准。

2. 调度尽早不宜迟。一名优秀的调度员，要预先对货运业务进行安排，要充分考虑时间对于运输的重要性，事先进行调度策划，这对于做好整个业务安排是至关重要的。

3. 随时掌握车辆动态，及时调整调度运作，做到最合理、最经济、服务最好的安排。

4. 注意积累运作经验，记录运输常识和处理特殊事务的经验。例如车辆管制区域、特区运输规定、特殊客户的操作要求等。

5. 优先使用公司自有或长期合作的车辆，这样便于安排和节约资源。

应用训练

一、活动内容

在电脑中安装物流运输管理信息系统软件，根据任务要求完成车队信息、车辆信息的维护，并完成车辆调度。

二、操作步骤

1. 系统维护模块如图 4－17 所示。

图 4－17　系统维护界面

维护和添加企业信息如图 4－18 所示。

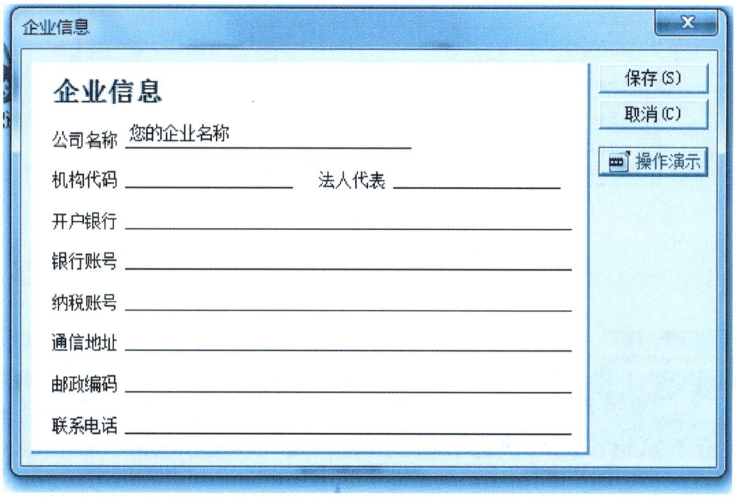

图 4－18　维护添加企业信息界面

维护和添加车队资料如图 4－19 及图 4－20 所示。

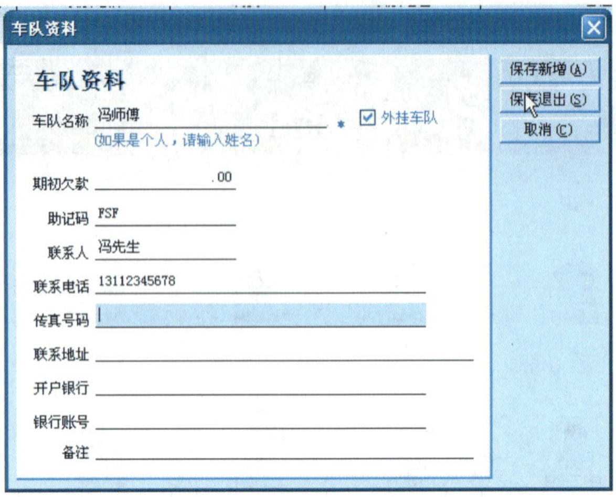

图 4 – 19　添加外挂车队界面

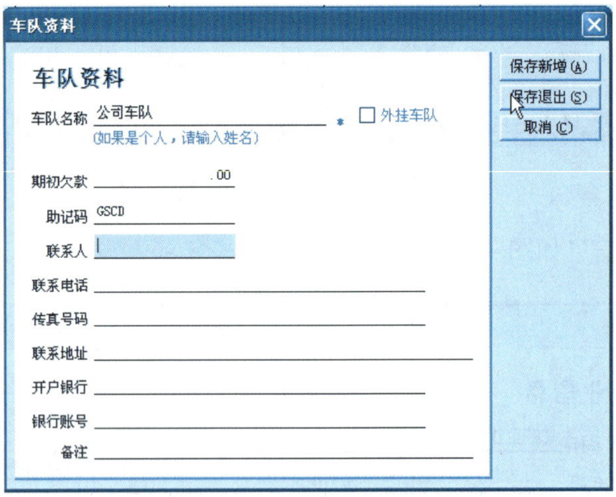

图 4 – 20　添加下属车队界面

维护和添加车辆资料如图 4 – 21 所示。

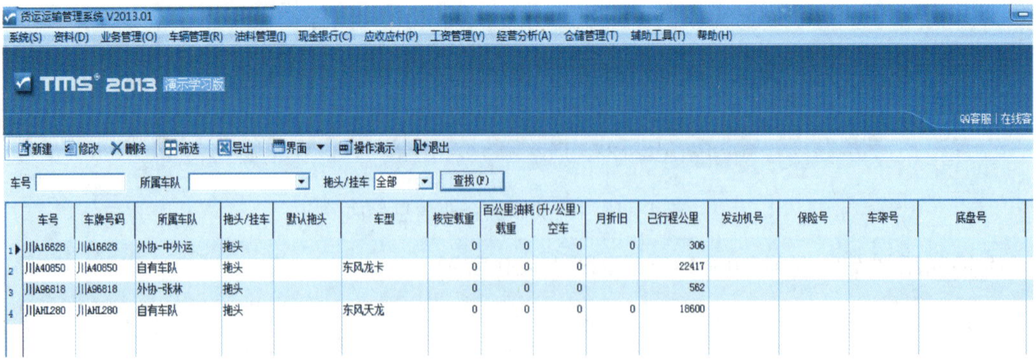

图 4 – 21　添加车辆信息界面

维护和添加司机资料如图 4－22 所示。

图 4－22　添加维护司机信息界面

维护和添加客户资料如图 4－23 所示。

图 4－23　添加维护客户信息界面

维护和添加供应商资料如图 4－24 所示。

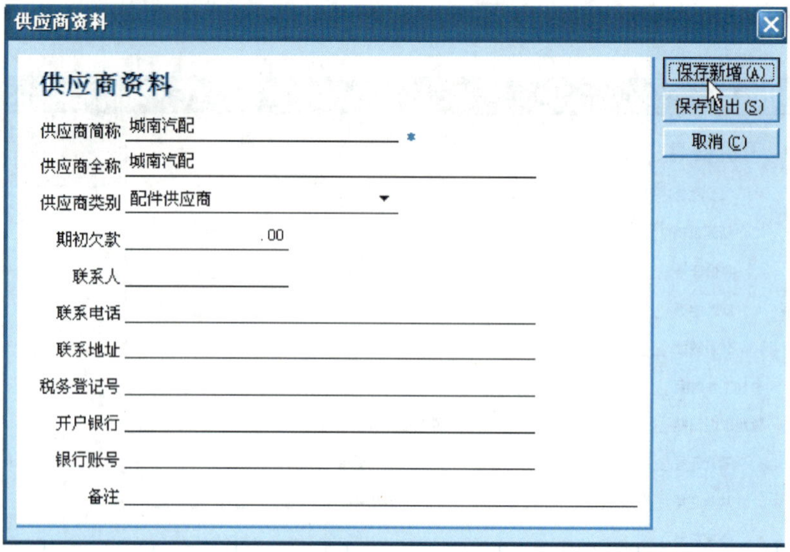

图 4－24 维护添加供应商界面

2. 业务管理模块界面如图 4－25 所示。

图 4－25 业务管理模块界面

(1) 订单录入如图 4－26 所示：将固定合同、临时合同登记在订单里面，供调度员调派。

①订单状态：支持跟踪订单的状态，订单状态包括完成、未完成、取消三种状态。

②整车包车：支持整车包车运输。比如客户需求整车运输或下订单时暂时未知订单的具体数量时可以选择此项。

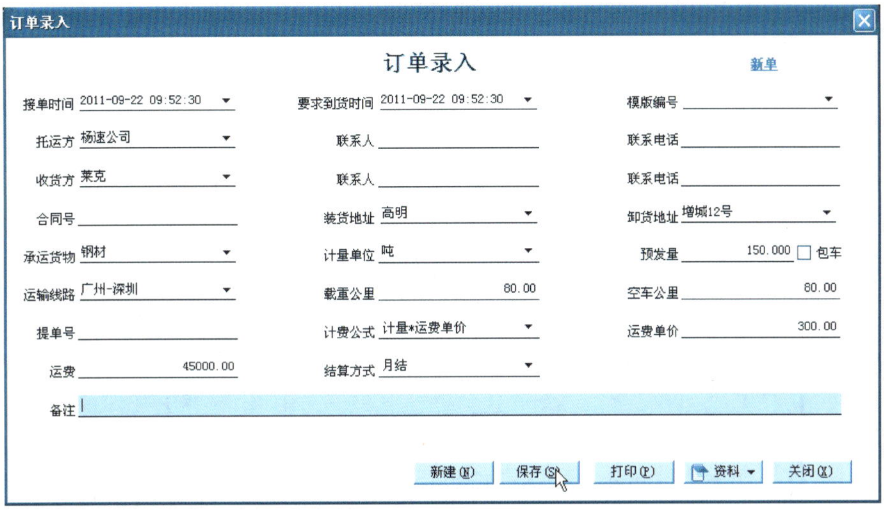

图 4－26 订单录入界面

在订单录入的界面中，可打开“资料”按钮，对运输路线、承运货物、装货地址、卸货地址等内容进行添加和修改，如图 4－27 至图 4－29 所示。

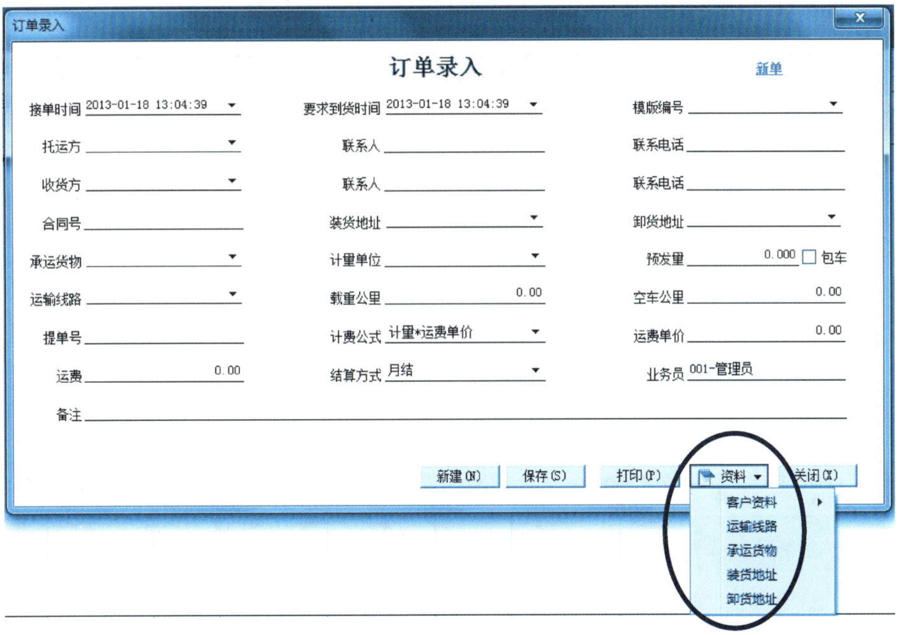

图 4－27 订单录入的资料维护功能

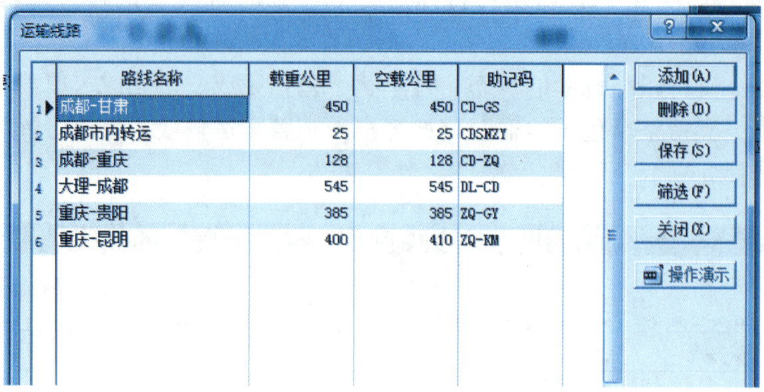

图 4－28　订单录入界面下添加运输路线

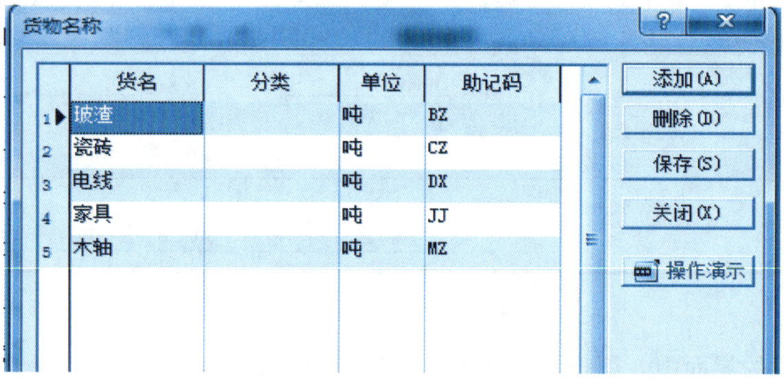

图 4－29　订单录入界面下添加承运货物

（2）调度配送如图 4－30 所示，将订单安排到车辆、驾驶员进行运输。

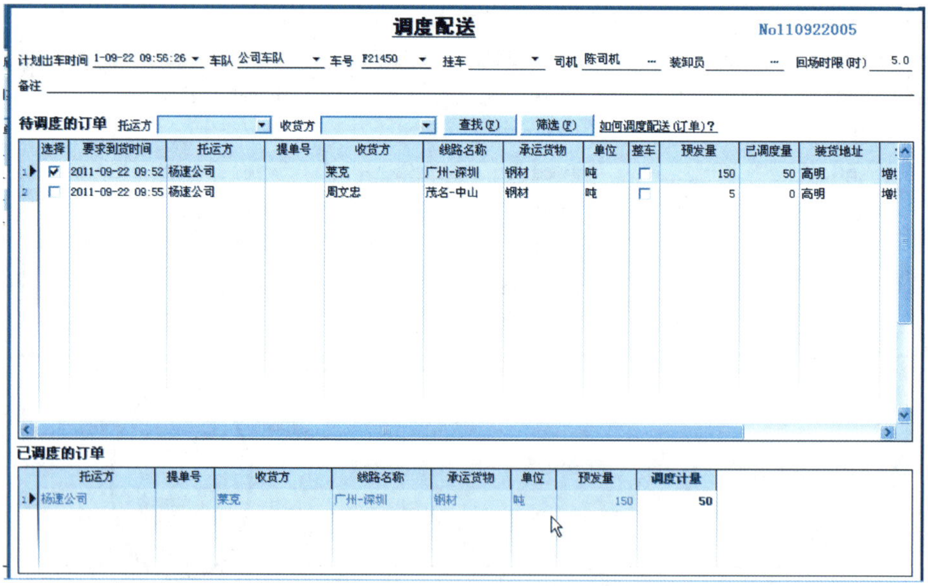

图 4－30　调度配送界面

①拆单组单：将订单进行拆分、组合运输。

◆ 拆分订单：假如有一张订单 30 吨，可以将其自由拆成 10、6、14 吨进行分别运输。

◆ 组合订单：假如有二张订单分别为 5 吨、6 吨，可以将两个订单组合成一张运输单进行运输。

②车辆安排：调度员选择运输的车辆，系统提供了根据车辆的状态来进行安排车辆的附加辅助功能，即只能选择待命状态的车辆。

③司机安排：系统会根据车辆绑定设置好的司机，简化操作。支持可同时选多名司机。

（3）出车登记（见图 4 – 31）：车辆出车时操作人员进行登记，需要填写司机出车的预支款以及实际的货物出车量。

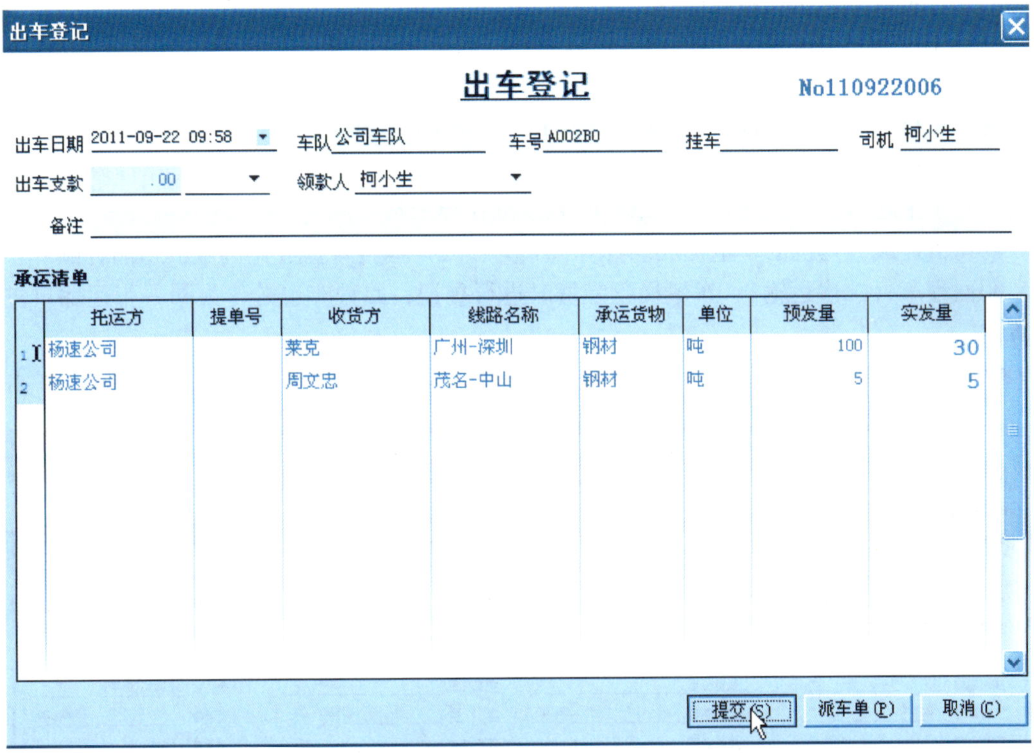

图 4 – 31　出车登记界面

①车辆状态：车辆的状态会自动跳转到出车状态，并生成车辆状态日志。

②预支款：司机的预支金额会自动从现金银行里面进行扣减。比如现金备用金 1 万元，当前司机当次预支 1 千元，系统会自动从备用金中扣除 1 千元，并生成备用金支出日志。

③货物实发量：由于货物实际发出的量与调度时的量有可能不一致，所以在出车登记的时候可以修改实发量，如果出车时还不清楚具体量，可以回车报账时填写。

（4）回车报账（见图 4 – 32）：车辆回厂后操作人员进行登记收支情况。

①出车费用：填写出车费用，如加油费、路桥费、罚款、过磅费等，出车费用项目可由操作人员自定义。出车费用与单趟利润、回车交款的金额进行关联计算。

②加油情况：填写该趟车的加油明细。

◆加油站加油：如果在加油站加油，选择具体加油站的名称或用临时加油站代替。

◆油卡加油：如果用油卡加油，选择用于加油的卡号。油卡余额会自动减掉加油金额。

◆现付金额：加油站加油，如果是现付的加油费的话，可以输入现付金额。现付金额与固定加油站的往来余额、现金银行的余额有关联计算。

③单趟耗油量计算：根据车辆、货物的重量、加油量、载重公里数、空载公里数计算出油耗的节超。同时将油耗的节超对司机的补贴进行补贴或扣除。

④货物实收量：填写货物的实收量。

⑤应收已收运费：运费的计算公式包括“实收量×运费单价”“实收量×公里数×运费单价”“固定运费”，如果运费是现结、预收，填写已收金额即可，应收、已收运费与委托单位的往来余额有关联计算，已收运费的金额与现金银行的余额有关联计算。

⑥ 外包运费：承运给外包车辆的运费。外包运费与承运单位的往来余额有关联计算。

⑦公司运费与计算司机提成的金额：比如运费5000元，但与司机提成的金额只是4500元，这个4500元就是公司运费，默认是等于实际运费。

⑧回车还款：司机回车时实际交回来的金额（不包括已收运费），即出车借款减掉出车费用。对于未还清的款，将在工资结算时累计抵扣掉工资。

⑨司机提成：司机的单趟提成。计算公式为：公司运费×提成比例+节超油补贴－扣款

⑩回程车（二次运输）：车辆回程带货时进行登记，回程车也是作为同一张运输单进行核算的。

⑪车辆状态：车辆的状态会自动跳转到待命状态，并生成车辆状态日志。

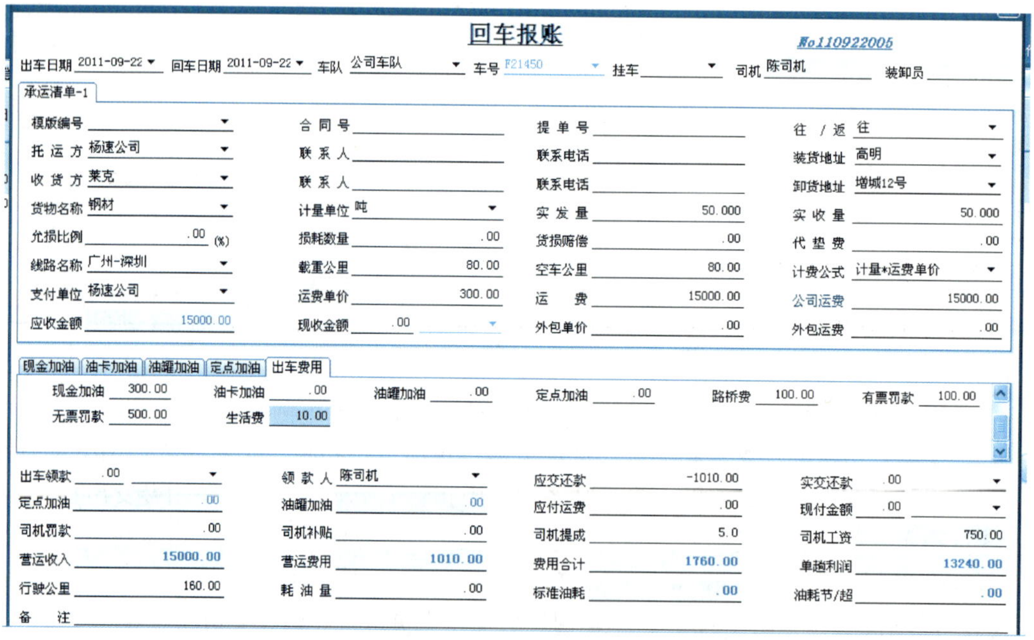

图4－32 回车报账界面

（5）简易登记（见图4－33）：简化运输单的登记，不需要按照订单－调度－出车－回车报账四个步骤登记，而是待车辆回厂时再将运输单一次性登记起来，生成的结果与按流程

登记的结果是一致的。

图 4－33　运输单登记界面

（6）车辆状态：车辆的状态分为三种，分别是："待命状态""出车状态""维修状态"。车辆的状态会根据出车登记和回车报账自动跳转，也可以由操作人员手工改变其状态。

（7）回单登记如图 4－34 所示。

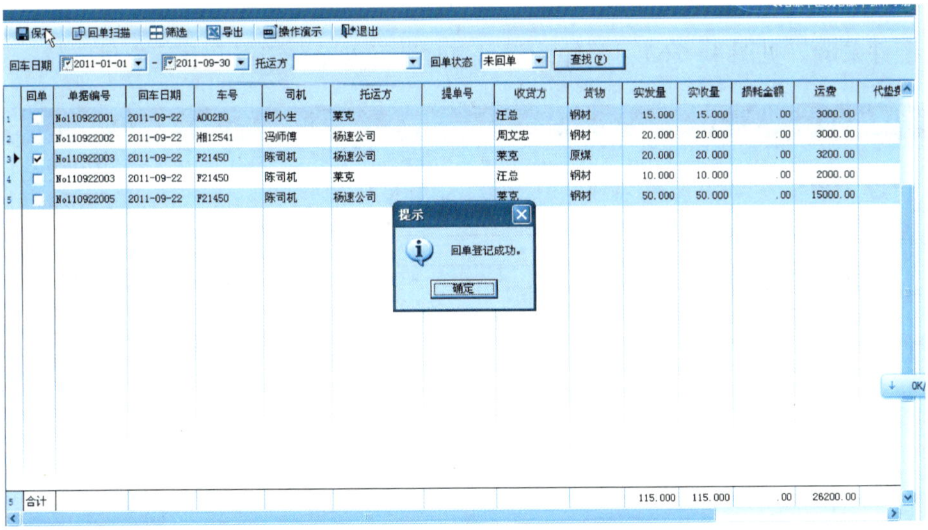

图 4－34　回单登记界面

（8）运输模版：对于一些固定的运输单，可以在运输模版中前期编辑好，登记运输单时，直接选择模版后就可以生成运输单了，大大简化了工作量。

三、车辆管理模块

车辆管理模块如图 4－35 所示。

图 4－35 车辆管理模块界面

1. 配件采购（见图 4－36）：配件采购回来时进行入库登记以及登记应付已付。

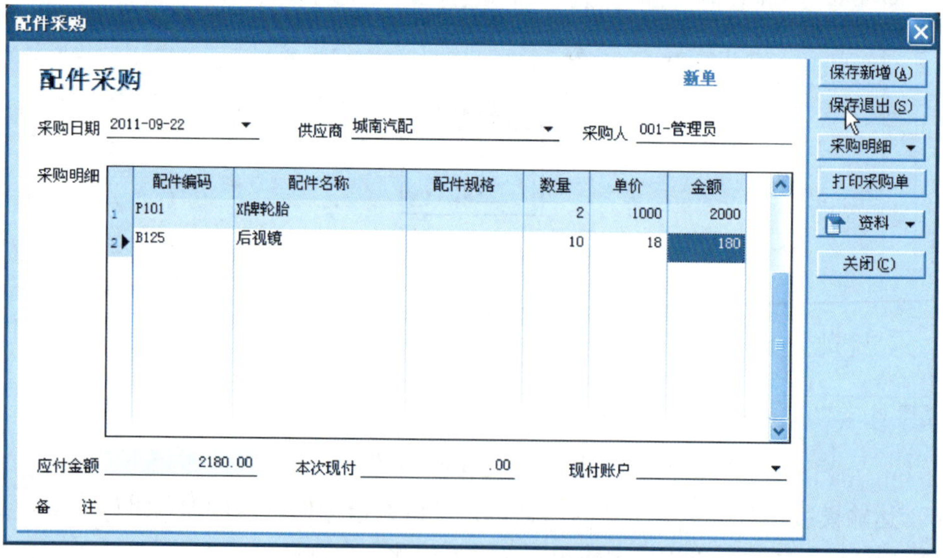

图 4－36 配件采购界面

2. 配件库存：查询配件的即时库存（见图 4－37）。

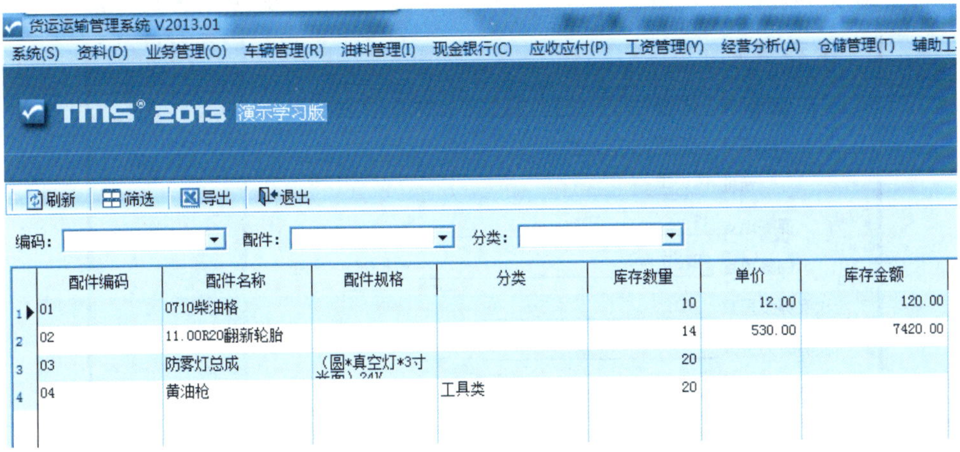

图 4－37　查询配件库存界面

3. 维修登记（见图 4－38）：车辆维修时进行登记。维修可以分为内部维修与外部维修，外部维修需指定维修地点（维修厂），以便进行应付已付计算，内部维修会从配件库存中减掉。

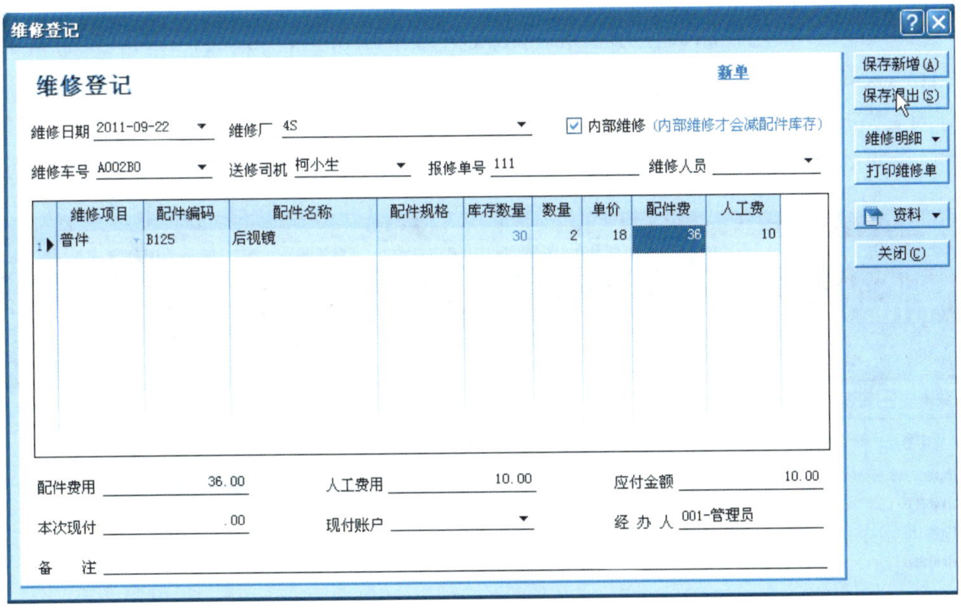

图 4－38　车辆维修登记界面

4. 加油登记：车辆加油时进行登记。如果是出车时候的加油，可以在业务管理中的回车报账或简易登记的加油明细中登记，此处的加油登记的作用是记录除了出车加油外的加油。

5. 保养登记（见图 4－39）：车辆保养时进行的登记。下一次保养时系统会自动预警。

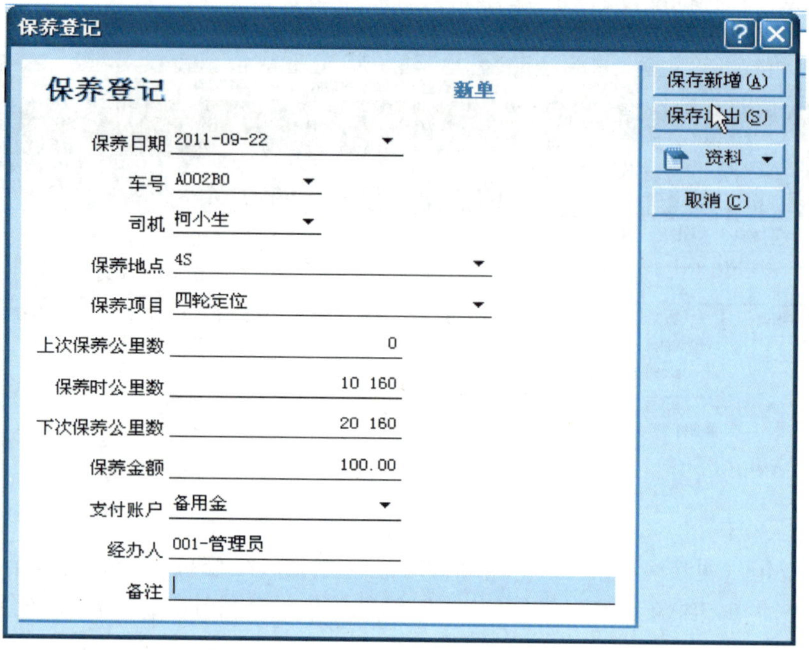

图 4－39　车辆保养登记界面

6. 轮胎管理：登记轮胎的使用情况。此模块为单独模块，与配件采购、配件库存、维修没有任何关联。

7. 固定费用登记（见图 4－40）：登记车辆的固定费用，固定费用项目支持自定义，比如年审、季审、保险、GPS 费、一级维护、二级维护等，用户可要求实际情况进行自定义。

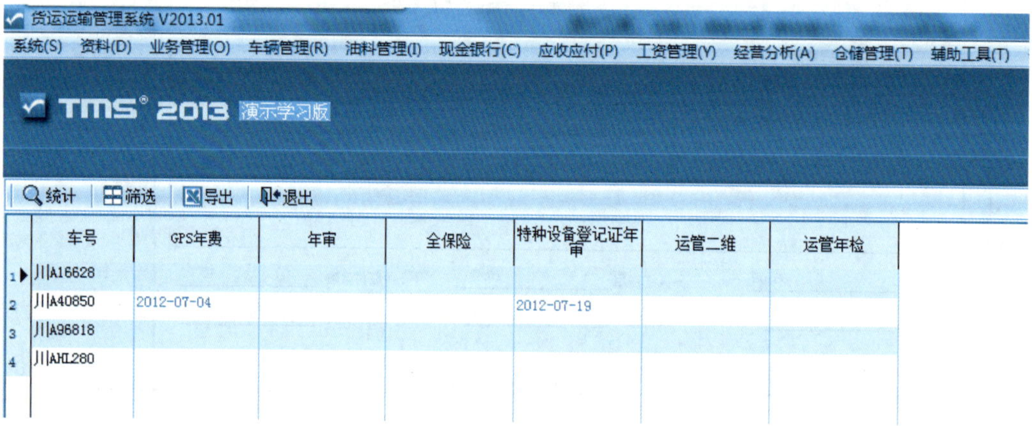

图 4－40　固定费用登记界面

8. 固定费用预警：系统根据固定费用登记的到期日期在设置的预警天数时自动提醒用户哪些费用即将到期。

小贴士

对调度员的要求

1. 调度员业务素质要求。

(1) 熟悉全队车辆情况。包括车牌号、车型、装载情况、车况等各个方面。

(2) 熟悉全队驾驶员情况。包括每个驾驶员的姓名、年龄、驾驶水平、性格特点。

(3) 了解道路情况。

(4) 了解货物情况。

(5) 了解客户的有关情况。

(6) 了解运输市场的行情。

(7) 具备运输车辆调度方法、公路运输业务知识。

(8) 具备良好的计划和控制能力。

(9) 具备良好的应变能力，能妥善处理突发事件。

(10) 具备计算机操作能力。

2. 调度员思想素质要求。

热爱调度工作、有责任心、有耐心、有很强的沟通和协调能力、有不断创新和进取的思想、廉洁自律。

基层岗位也能做出大事业

成果展示

任务结果的展示方式：学生根据任务要求，在电脑上运用 TMS 系统独立完成车辆信息的维护和车辆的调度，将调度好的信息保存并截屏，由学生相互打分评价。

任务评价

车辆调度操作能力评分表

<table>
<tr><td>考评内容</td><td colspan="3">运输车辆调度操作</td></tr>
<tr><td rowspan="4">考评标准</td><td>内容</td><td>分值</td><td>实际得分</td></tr>
<tr><td>正确录入基础数据</td><td>40 分</td><td></td></tr>
<tr><td>合理调度车辆</td><td>40 分</td><td></td></tr>
<tr><td>熟练使用软件，规范操作</td><td>20 分</td><td></td></tr>
<tr><td>合计</td><td></td><td>100 分</td><td></td></tr>
<tr><td colspan="2">小组活动评价</td><td colspan="2">教师点评</td></tr>
<tr><td colspan="2"></td><td colspan="2"></td></tr>
</table>

拓展提升

车联网技术

车联网的概念源于物联网，即车辆物联网，是以行驶中的车辆为信息感知对象，借助新一代信息通信技术，实现车与X（即车与车、人、路、服务平台）之间的网络连接，提升车辆整体的智能驾驶水平，为用户提供安全、舒适、智能、高效的驾驶感受与交通服务，同时提高交通运行效率，提升社会交通服务的智能化水平。

车联网通过新一代信息通信技术，实现车与云平台、车与车、车与路、车与人、车内等全方位网络链接，主要实现了“三网融合”，即将车内网、车际网和车载移动互联网进行融合。车联网是利用传感技术感知车辆的状态信息，并借助无线通信网络与现代智能信息处理技术实现交通的智能化管理，以及交通信息服务的智能决策和车辆的智能化控制。

与国外车联网产业发展相比，我国的车联网技术直至2009年才刚刚起步，最初只能实现基本的导航、救援等功能。随着通信技术的发展，2013年国内汽车网络技术已经能够实现简单的实时通信，如实时导航和实时监控。在2014－2015年，3G和LTE技术开始应用于车载通信系统以进行远程控制。2016年9月，华为、奥迪、宝马和戴姆勒等公司合作推出5G汽车联盟（5GAA），并与汽车经销商和科研机构共同开展了一系列汽车网络应用场景。此后至2017年底，国家颁布了多项方案，将发展车联网提到了国家创新战略层面。在这期间，人工智能和大数据分析等技术的发展使得车载互联网更加实用，如企业管理和智能物流。此外ADAS等技术可以实现与环境信息交互，使得UBI业务的发展有了强劲的助推力。未来，依托于人工智能、语音识别和大数据等技术的发展，车联网将与移动互联网结合，为用户提供更具个性化的定制服务。其构成包含：

1、车辆和车载系统。车辆和车载系统是参与交通的每一辆汽车和车上的各种设备，通过这些传感器设备，车辆不仅可以实时地了解自己的位置、朝向、行驶距离、速度和加速度等车辆信息，还可以通过各种环境传感器感知外界环境的信息，包括温度、湿度、光线、距离等，不仅方便驾驶员及时了解车辆和信息，还可以对外界变化做出及时的反应。此外，这些传感器获取的信息还可以通过无线网络发送给周围的车辆、行人和道路，上传到车联网系统的云计算中心，加强了信息的共享能力。

2、车辆标识系统。车辆上的若干标志标识和外界的标识识别设备构成了车辆标识系统，其中标志以RFID和图像识别系统为主。

3、路边设备系统。路边设备系统会沿交通路网设置，一般会安装在交通热点地区、交叉路口或者高危险地区，通过采集通过特定地点的车流量，分析不同拥堵段的信息，给予交通参与者避免拥堵的若干建议。

4、信息通信网络系统。有了若干信息之后，还需要信息通信系统对各种数据的传输，这是网络链路层的重要组成部分，车联网的通信系统以WIFI、移动网络、无线网络、蓝牙网络为主，车联网的大部分网络需求需要和网络运营商合作，以便和用户的手机随时连接。

综合练习

一、单选题

1. 运输煤炭时，主要应（　　）。

A. 防止漏失　　B. 防潮

C. 防止颠簸

2. 凡具有自燃、易燃、可燃、腐蚀、毒害、放射性等性质的货物统称为(　　)。

A. 普通货物　　B. 危险货物

C. 毒类货物

3. （　　）往往造成装载堆码重心过高。

A. 普通货物　　B. 矿物性建筑材料

C. 轻泡货物

4. 在普通货物内夹带危险货物所造成的损失由（　　）负责。

A. 承运方　　B. 托运方

C. 场站经营方

二、多选题

1. 具有脆弱性的货物有（　　　　）等。

A. 粮食　　B. 石棉瓦

C. 玻璃　　D. 洁具

2. 罐式汽车专门用来装运散装的（　　　　）货物。

A. 液状　　B. 粉、粒状

C. 气体　　D. 丝状

3. 为提高货物运输品质，驾驶员应（　　　　）。

A. 了解所装货物的性能、种类、数量等情况

B. 做好车辆日常维护作业

C. 装货时注意查看货物的包装

D. 装卸货物时，协助并监督装卸工严格遵守安全操作规程

三、判断题

1. 配送运输任务量大，交通网络复杂可采用定向专车运行调度法、循环调度法、交叉调度法。（　　）

2. 零担货物装车时，驾驶员须会同理货员核单监装。（　　）

3. 熟知货物的性质和对运输的基本要求，是搞好运输配载、调度、装卸、运行的重要条件。（　　）

四、简答题

1. 车辆调度的基本原则是什么？
2. 车辆运行调度工作的内容有哪些？
3. 在有多种车辆时，车辆使用的原则是什么？

任务 3
装卸货物与车辆积载

任务目标

知识目标：

- □ 理解货物装卸的原理
- □ 了解常见的货物装卸工具
- □ 了解车辆配载的常用方法

能力目标：

- □ 能够熟练进行装车配载作业模拟，能处理影响装车配载作业的各因素，能熟练处理装车配载各种偶发特定业务，熟悉装车配载相关制度和规程
- □ 能够准确表述装车配载的流程，能够为货物的装卸选择正确的装卸工具。能进行配送装车配载优化作业

素养目标：

- □ 树立劳动观念和安全意识，坚持原则，正确操作，精心维护设备，会使用各种防护器具和消防器材，保持环境整洁
- □ 具备综合与系统分析能力，熟悉工艺流程，掌握安全操作技能和故障排除方法

任务描述

一批不同规格的货物需完成装车配送，要求能够最大限度利用车辆吨位和车辆空间，按照配载装车原则，将货物科学合理地装上车。

任务准备

1. 学生小组合作完成，每组配备一个空纸箱（模拟车厢），绿箭牙膏若干、上海药皂若干、农夫山泉矿泉水等（模拟各种规格的货物），分小组完成货物的装车。

2. 根据配载装车原则，完成货物的模拟装车，要求选择合适的装卸设备，并充分利用车辆的容积和吨位。

3. 实训时间：4 课时。

相关知识

一、货物的装卸与搬运

（一）定义

装卸是指在运输工具间或运输工具与存放场地（仓库）间，以人力或机械方式对物品进行载上载入或卸下卸出的作业过程。搬运是指在同一场所内，以人力或机械方式对物品进行空间移动的作业过程。

装卸搬运就是指在某一物流节点范围内进行的，以改变物料的存放状态和空间位置为主要内容和目的的活动。装卸搬运是物流系统的重要环节，其基本功能是改变物品的存放状态和空间位置。无论在生产领域还是在流通领域，装卸搬运都是影响物流速度和物流费用的重要因素。

装卸搬运的基本动作包括装车（船）、卸车（船）、堆垛、入库、出库，以及连接上述各项动作的短程输送，是随运输和保管等活动而产生的必要活动。在物流过程中，装卸搬运活动是不断出现并反复进行的，出现的频率高于其他各项物流活动。此外，进行装卸搬运操作时往往需要接触货物，因此，这是在物流过程中造成货物破损、散失、损耗、混合等损失的主要环节。

（二）装卸搬运作业的分类

装卸搬运作业按照不同的标志可进行不同的分类，诸如作业场所、装卸搬运对象的属性和作业特点等。

1. 按照装卸搬运作业的特点可分为以下几类：

（1）堆垛拆垛作业。堆垛拆垛又称堆码取拆，它包括堆放作业、拆垛作业、高垛作业和高垛取货作业。如果按这些堆垛拆垛作业的场地不同，又可分为车厢、船舱内、仓库内和理货场的堆垛拆垛作业等。

（2）分拣配货作业。它是将货物按品种、到站、货主等不同特征进行分类的作业，并且按去向、品类构成等一定的原则，将已分类的货场集合车辆、汽车、集装箱、托盘等装货单元的作业。

（3）搬运移动作业。为了进行上述各项作业而发生的、以进行这些作业为主要目的的搬运移动作业。它包括水平、垂直、斜行等几种搬运移动作业，以及由它们几种形式组成为一体的作业，属于改变空间位置的作业。

2. 按照作业手段可分为以下几类：

（1）人工作业，即使用人力或人工作业，是一种古老的作业方法。其劳动强度大，作业效率低，安全程度差，不适应现代化生产与物流的要求。

（2）机械化作业，是使用各种装载搬运机械代替人工操作，来完成装卸搬运作业，是装卸搬运作业史上的一次革命，大大提高了装卸搬运的效率。

（3）综合机械化作业，就是从以机械化人力作业为中心转向以综合措施作业为中心。它要求在物流全过程中，组织、运营、管理和工艺要协调；各种装卸搬运设备、设施、场地、工具要配套；并辅之以电子计算机管理为中心的自动化控制系统。

3. 按照装卸搬运作业场所的不同可分为以下几类。

（1）铁路装卸搬运。铁路装卸是指在铁路车站进行的装卸搬运作业，包括汽车在铁路货物和站旁的装卸作业；铁路仓库和理货场的堆码取拆、分拣、配货、中转作业；铁路车辆在货场及站台的装卸作业；装卸时进行的加固作业，以及清扫车辆、揭盖篷布、移动车辆、检测计量等辅助作业。

（2）港口装卸搬运。港口装卸是指在港口进行的各种装卸搬运作业，包括码头前沿的装卸船作业，前沿与后方间的搬运作业，港口仓库的堆码拆垛作业、分拣理货作业，港口理货场的中转作业，后方的铁路车辆和汽车的装卸作业，以及清舱、平舱、配料、计量、分装、取样等的辅助作业。

（3）场库装卸搬运。场库装卸是指在货主处进行的装卸搬运作业，即铁路车辆和汽车在厂矿或储运业的仓库、理货场、集散点等处所进行的装卸搬运作业。

4. 按照装卸搬运的物品属性可分为以下几类。

（1）成件包装物品的装卸搬运。有些物品虽然并不需要包装，但是为了方便装卸搬运作业，需要经过临时捆扎或装箱，从而形成装卸搬运单元。对这些装卸搬运单元的装卸搬运作业，称为成件包装物品的装卸搬运。

（2）超大超重物品的装卸搬运。在流通过程中所谓的超大超重物品，一般是根据人力可以方便装卸搬运的重量和体积来制定标准的。

（3）散装物品的装卸搬运。散装货物本身在物流过程中处于无固定的形态，如煤炭、水泥、粮食等。

（4）流体物品的装卸搬运。流体物品是指气态或液态物品。

（5）危险品的装卸搬运。危险品是指化工产品、压缩气体和易燃易爆物品。

5. 按照装卸搬运的机械及机械作业方式可分为以下几类。

（1）“吊上吊下”方式。这是利用各种起重机械从货物上部吊起，依靠起吊装置的垂直移动实现装卸，并在吊车运行的范围内或回转的范围内实现搬运（包括连同集装器具装卸搬运）。

（2）“滚上滚下”方式。这主要是指港口装卸的一种水平装卸方式。通常用于船上装卸搬运货物，或拖车将半挂车、平车拖拉至船上后，拖车开下离船，而载货车辆（包括汽车）连同货物一起到达目的地，再原车开下或拖车上船拖拉半挂车、平车开下。

（3）“叉上叉下”方式。这是叉车从货物底部托起货物，并依靠叉车的运动进行货物的位移。位移完全靠叉车本身，货物可以不经过中途落地直接放置到目的地。

（4）“移上移下”方式。这是在两车之间（如火车及汽车）进行靠接，把货物水平、上下移动，从一个车辆上推移到另一个车辆上。

（5）散装散卸方式。即对散装物进行装卸。一般从装点直到卸点，中间不再落地，这是集装卸与搬运于一体的装卸搬运方式。

6. 按照作业的连续性可分为以下几类。

（1）连续作业法。货物支撑状态和空间位置的改变，系连贯、持续的流水式进行的。主要使用连续输送机械等专用机械进行作业。

（2）间歇作业法。货物支撑状态和空间位置的改变，系断续、间歇、重复、循环进行的。主要使用起重机械、工业车辆、专用机械进行作业。

相关知识

1. 决定装卸方法的外在条件。（1）货物特征；（2）作业内容；（3）运输设备；（4）运输、仓储设施。

2. 决定装卸方法的内在条件。（1）货物状态；（2）装卸动作；（3）装卸机械；（4）作业组织。

3. 货车装卸一般条件。

（1）零担货物装卸，较多地使用人力和手推车、台车和输送机等作业工具，也可使用笼式托盘（托盘笼）、箱式托盘（托盘箱），以提高货车装卸、分拣及配货等作业的效率。

（2）整车货物装卸，较多采用托盘系列及叉车进行装卸作业。

（3）专用货车装卸，往往需要适合不同货物的固定设施、装卸设备以满足装卸时需要的特殊技术要求。

（三）装卸搬运作业的原则

1. 装卸搬运设备的选择原则。

（1）以满足现场作业为前提。

（2）控制作业费用。

（3）装卸搬运机械的配套。

2. 装卸搬运组织工作原则。

（1）制订科学合理的装卸工艺方案。

（2）加强装卸作业调度指挥工作。

（3）加强和改善装卸劳动管理。

（4）加强现代通信系统应用水平。

（5）提高装卸机械化水平。

（6）应用数学方法改善装卸劳动力的组织工作。

3. 装卸搬运作业的基本原则。

（1）减少不必要的装卸环节。

（2）提高装卸作业的连续性。

（3）相对集中装卸地点。

（4）力求装卸设备、设施、工艺等标准化。

（5）提高货物集装化或散装化作业水平。

（6）做好装卸现场组织工作。

（四）装卸搬运的合理化

1. 防止无效装卸搬运。
2. 充分利用重力。
3. 提高搬运灵活性。
4. 装卸搬运的自动化。
5. 巧装满载、牢固稳定。
6. 做好界面衔接。
7. 保持装卸搬运的系统性。
8. 满足货物单元化要求。

二、车辆配载

（一）定义

配载是根据载运工具和待运物品的实际情况，确定应装运货物的品种、数量、体积及其在载运工具上的位置的活动。配载的结果是编制装货清单。装货清单上通常包括卸货港站、装货单号、货名、件数、包装、重量、体积等，同时还要注明特殊货物的装载要求。

配送车辆一般为中小型货柜车，配送的货物分为轻货和重货，装车时既要考虑车辆载重量，又要考虑车辆容积，尽可能使配送车辆满载，以降低成本。为了提高运输生产率，应使车辆容量得到充分利用，配送运输车辆的吨位利用率应该保持在 100%，即按照车辆核定吨位装足货物。既不要亏载，造成载重能力浪费，也不要超载或超限。超载一方面会加速车辆的磨损，减短车辆寿命，另一方面容易使车辆发生事故，可能给企业、货主造成重大损失。

（二）配装的一般原则

1. 轻重搭配的原则。车辆装货时，必须将重货置于底部，轻货置于上部，重心下移确保稳固，同时避免重货压坏轻货，以保证运输安全。

2. 大小搭配的原则。货物包装的尺寸有大有小，大小搭配以减少箱内的空隙确保稳固，同时充分利用了车厢的内容积。

3. 货物性质搭配原则。拼装在一个车厢内的货物，其化学性质、物理属性、灭火方法不能互相抵触，以保证运输安全。

4. 到达同一地点的适合配装的货物应尽可能一次积载。

5. 根据车厢的尺寸、容积，货物外包装的尺寸来确定合理的堆码层次及方法。

6. 装载时不允许超过车辆所允许的最大载重量。

7. 装载易滚动的卷状、桶状货物，要垂直摆放。

8. 货与货之间，货与车辆之间应留有空隙并适当衬垫。

9. 装货完毕，应在门端处采取适当的稳固措施，以防开门卸货时，货物倾倒砸伤人员或造成货损。

10. 尽量做到“后送先装”。

小贴士

货物的装载与卸载注意事项

1. 因货物性质不同，装车前需对车辆进行清扫、清洗、消毒，达到规定的要求。

2. 确定最恰当的装卸方式。考虑货物的性质及包装，选择最适当的装卸方法。

3. 合理配置和使用装卸机具，力求减少装卸次数和缩短装卸路径。

4. 防止货物装卸时的混杂、散落、漏损、砸撞，特别要注意危险货物不得与普通货物混装，性质相抵触及灭火方法不同的货物不能混装。

5. 货物应捆扎牢靠，码放、堆放整齐，标志向外，箭头向上。

6. 提高货物集装化或散装化作业水平，成件货物集装化，粉粒状货物散装化不仅可以提高作业效率，同时减少作业次数，降低事故风险。所以，成件货物应尽可能集装成托盘系列、集装箱、货捆、货架、网袋等货物单元再进行装卸作业。各种粉粒状货物尽可能采用散装化作业，直接装入专用车、船、库。

7. 做好装卸现场组织工作，装卸现场的作业场地、进出口通道、作业流程、人机配置等布局设计应合理，避免由于组织管理工作不当造成装卸现场拥挤、紊乱现象，以确保装卸工作安全顺利完成。

（三）提高车辆装载效率的具体办法

1. 研究各类车厢的装载标准，根据不同货物和不同包装体积的要求，合理安排装载顺序，努力提高装载技术和操作水平，力求装足车辆核定吨位。

2. 根据客户所需要的货物品种和数量，调派适宜的车型承运，这就要求配送中心根据经营商品的特性，配备合适的车型结构。

3. 凡是可以拼装运输的，尽可能拼装运输，但要注意防止差错。

箱式货车有确定的车厢容积，车辆的载货容积为确定值。设车厢容积为 V，车辆载重量为 W。现要装载质量体积为 R_a、R_b 的两种货物，使车辆的载重量和车厢容积均被充分利用。

设：两种货物的配装重量为 W_a、W_b。

$$\begin{cases} W_a + W_b = W \\ W_a \times R_a + W_b \times R_b = V \end{cases}$$

$$W_a = \frac{V - W \times R_b}{R_a - R_b}$$

$$W_b = \frac{V - W \times R_a}{R_b - R_a}$$

例：某仓库某次需运送水泥和玻璃两种货物，水泥质量体积为 $0.9m^3/t$，玻璃是 $1.6m^3/t$，计划使用的车辆的载重量为 11t，车厢容积为 $15m^3$。试问如何装载使车辆的载重量能力和车厢容积都被充分利用？

设：水泥的装载量为 W_a，玻璃的装载量为 W_b。

其中：$V = 15m^3$，$W = 11t$，$R_a = 0.9m^3/t$，$R_b = 1.6m^3/t$

$$W_a=\frac{V-W\times R_b}{R_a-R_b}=\frac{15-11\times1.6}{0.9-1.6}=3.71t$$

$$W_b=\frac{V-W\times R_a}{R_b-R_a}=\frac{15-11\times0.9}{1.6-0.9}=7.29t$$

该车装载水泥3.71t，玻璃7.29t时车辆到达满载。

通过以上计算可以得出两种货物的搭配使车辆的载重能力和车厢容积都得到充分的利用。但是其前提条件需是：车厢的容积系数介于所要配载货物的容重比之间。如所需要装载的货物的质量体积都大于或小于车厢容积系数，则只能是车厢容积不满或者不能满足载重量。当存在多种货物时，可以将货物比重与车辆容积系数相近的货物先配装，剩下两种最重和最轻的货物进行搭配配装。或者对需要保证数量的货物先足量配装，再对不定量配送的货物进行配装。

（四）装车堆积

装车堆积是在具体装车时，为充分利用车厢载重量、容积而采用的方法。一般是根据所配送货物的性质和包装来确定堆积的行、列、层数及码放的规律。

1. 堆码方式要有规律、整齐。

2. 堆码高度不能太高。车辆堆装高度一是受限于道路高度限制；二是道路运输法规规定，如大型货车的高度从地面起不得超过4m；载重量1000kg以上的小型货车不得超过2.5m；载重量1000kg以下的小型货车不得超过2m。

3. 货物在横向不得超出车厢宽度，前端不得超出车身，后端不得超出车厢的长度为：大货车不超过2m；载重量1000kg以上的小型货车不得超过1m；载重量1000kg以下的小型货车不得超过50cm。

（五）绑扎

绑扎是配送发车前的最后一个环节，也是非常重要的环节。是在配送货物按客户订单全部装车完毕后，为了保证货物在配送运输过程中的完好，以及为避免车辆达到各客户点卸货开箱时发生货物倾倒，而必须进行的一道工序。

1. 绑扎时主要考虑以下几点：（1）绑扎端点要易于固定而且牢靠；（2）可根据具体情况选择绑扎形式；（3）应注意绑扎的松紧度，避免货物或其外包装损坏。

2. 绑扎的形式：（1）单件捆绑；（2）单元化、成组化捆绑；（3）分层捆绑；（4）分行捆绑；（5）分列捆绑。

3. 绑扎的方法：（1）平行绑扎；（2）垂直绑扎；（3）相互交错绑扎。

应用训练

一、活动内容

给学生分组，7~8人一组，每组分发相同规格的空纸箱，作为模拟车厢，每组配发若干牙膏、矿泉水、香皂、卷筒纸等商品，要求在充分利用车辆容积和吨位的情况下，合理完成模拟装车。

二、操作步骤

1. 熟悉配载员的工作任务。

(1) 理货、配货：掌握车厢的容积、每种商品的长宽高数据；

(2) 车辆配载计划制订：根据货物配装原则，制订配载计划；

(3) 分货配装：对货物进行装车；

(4) 退货处理统计与分析货物运输需求。

2. 选择适当的装卸设备。装卸设备选择恰当可以减轻劳动强度，改善劳动条件；提高效率，缩短作业时间，加速周转；提高装卸质量，保证货物的完整；降低成本，充分利用资源。

3. 掌握车厢尺寸和各种商品的尺寸（可现场测量）。

4. 根据车厢容量和商品尺寸制订装车计划。

5. 完成装车堆积。

小贴士

装卸标准

安全第一、轻拿轻放、码放稳固、留有通道、横看成行、竖看成列；
大不压小、重不压轻、好不压坏、互不污染、标签朝外、箭头朝上。

三、成果展示

由各小组完成“应用训练”并推选一人到讲台前展示各小组的成果，解释操作原理和大致过程。

任务评价

模拟装车操作能力评分表

考评内容	模拟装车操作		
考评标准	内容	分值	实际得分
	所给商品能全部装车	40 分	
	装车堆积码放合理	40 分	
	成果展示与讲解	20 分	
合计		100 分	

小组活动评价	教师点评

拓展提升

确保飞机重心平衡 揭秘配载员的神秘工作

在重庆江北机场 T3 航站楼里，有一个旅客们不太熟悉的岗位，他们的任务是确保飞机重心平衡，解决飞机“装多少”和“怎么装”的问题，这就是配载岗。

带你走进飞机配载

走进重庆航空生产调度室，对讲机中正传出一阵阵地呼叫和应答声。每天，配载席位使用对讲机、电话同时接收大量信息，并以最快的速度对信息进行准确回复，以完成出港航班的载重平衡工作。三台电脑，两部电话，一支笔，一叠厚厚的舱单和舱位分布图，这就是配载员工作的全部“家当”。

他们就像设计师，科学安排飞机客货舱业载分布，让旅客、行李及货物等融洽“相处”，同时对飞机重心变化进行实时监控，确保飞机的重心处于安全、经济的操作范围之内。

飞机起飞前 80 分钟左右，航班的货物、邮件重量会通过系统发送。配载员需要根据不同飞机的机型布局、舱位分布、旅客值机等情况，将货物等数据输入离港系统中，计算出飞机的各项参数，预计出飞机在截载之后是否处于安全平衡范围内。

航班截载后，配载员开始制作舱单，同时还需要关注三项数据：一是旅客和行李是否有变动，二是货、邮、行是否能够按照装机单正确无误装载，三是油量和限制业载是否有新的变动。

暑运旺季，配载员最关心的就是本场与外站的天气情况。因暑运旺季雷雨、台风天气多发，易造成航班流控延误，配载员要时刻关注延误航班的旅客增减情况，提前预估航班剩余业载，做好控制业载的准备。

综合练习

一、单选题

1. 在同一区域范围内，以改变商品的存放状态和空间位置为主要内容和目的的活动称为（　　）。

A. 运输　　B. 仓储

C. 物流　　D. 装卸搬运

2. 目前装卸搬运作业的主流，以各种装卸搬运机械完成商品装卸搬运的作业方法是（　　）。

A. 人工作业法　　B. 集装作业法

C. 机械换作业法　　D. 综合机械化作业法

3. 以下对装卸、搬运作业的特点描述不正确的是（　　）。

A. 对象复杂　　B. 作业量小

C. 作业不均衡　　D. 安全性要求高

4. 电视机等易碎、贵重的成件包装商品，可使用（　　）进行装卸搬运。

A. 小型叉车　　B. 大型叉车

C. 轮胎式起重机　　D. 轨道式起重机

5. 以叉车完成的装卸搬运作业，根据叉车自身作业特点的不同，应属于（　　）。

A. 间歇式作业法　　B. 连续式作业法

C. 集装作业法　　D. 机械化作业法

二、判断题

1. 在生产过程中装卸搬运通常称为货物装卸，流通过程中装卸搬运多称为物料搬运。（　　）

2. 严格地讲，装卸和搬运是两个相同概念的组合。（　　）

3. 物料是装卸搬运的对象，也是影响装卸搬运设备和方法选择的间接因素。（　　）

4. 重力法是采用各种机械，采用专门的工作机构，通过舀、抓、铲等作业方式装卸货物的方法。（　　）

5. 配送中心装卸搬运设施布置应以系统管理为指导思想，以装卸搬运系统作为整个物流系统的一个子系统，所以其设施布置应具有系统的观点。（　　）

三、简答题

1. 如何做到搬运合理化？搬运有哪些方式？要注意什么问题？

2. 叉车与其他装卸搬运工具相比，有哪些特点？

项目五
5 物流配送技术与实务

任务1
电子订单处理

任务目标

知识目标：

- ☐ 理解电子订单的含义与处理流程
- ☐ 了解配送中心运营模式

能力目标：

- ☐ 能操作订单管理信息系统
- ☐ 会制作电子订单表格、录入订单数据
- ☐ 掌握订单管理基本要求，能处理异常订单

素养目标：

- ☐ 培养诚实守信的品质，把工匠精神的育人元素融入到课程内容中，实现全方位育人目标
- ☐ 培养求真务实、科学严谨、团结协作的工作作风。树立面对困难，善于思考、勤奋努力，具有为国家奋斗拼搏的决心

任务描述

订单处理作业是实现企业顾客服务目标最重要的环节之一，是配送服务质量得以保证的根本。特别是随着个人电子商务行业迅猛发展，物流配送行业需要应对的订单数量急剧增加，传统的纸质订单，由于手工处理效率低下，已经无法适应，订单的电子化处理已经成为

行业的发展趋势。电子订单是指以数字化方式在计算机中进行存放和传输的用以订购商品的数据或者合同，是依托于某种订单信息化管理及处理系统，将客户、仓储及配送三大部分有机融合在一起，通过统一的数据链实现信息无缝传递及业务处理。

本任务以“金蚂蚁平台——电子订单管理系统”为案例，介绍了配送企业如何处理来自各个电商平台的电子订单，如何将订单顺利向下游仓储及配送转移，并最终顺利达成顾客的订单需求。

任务准备

1. 学生5人一组，每组配备PC。
2. PC上安装金蚂蚁电子商务处理实训软件。
3. 实训时间：4课时。

相关知识

一、电子订单

电子订单是指以数字化方式在计算机中进行存放和传输的用以订购商品的数据或者合同。是依托于某种订单信息化管理及处理系统，将客户、仓储及配送三大部分有机融合在一起，通过统一的数据链实现信息无缝传递及业务处理。

电子订单的发展是与电子商务的不断壮大紧密相关的，在电子商务兴起之前，物流配送的基本模式是“大客户、大订单”，在这种模式下，订单数量不多，无论是客户下单还是物流配送企业接单均可手工完成。但随着电商行业的不断推进和拓展，物流越来越多开始与各类电商企业相互合作，并依托于主流电商平台（如淘宝、京东等）从事电商业务。国内物流配送行业的订单开始出现“小客户、小订单”的趋势，这主要是由于电商行业的客户基本为个人用户，每笔订单的数量不会很大，但单位时间出现的订单数量却非常大，而且对于配送时间的要求也很高。如果此时物流配送行业仍然使用传统订单处理方式，就会面临以下问题：

1. 订单的来源渠道日渐增多，销售订单总量不断上升，手工管理难度大增，通过Excel进行业务的流转相对效率较低，易出现人为错误；

2. 需要维护数以千计的商品信息甚至更多，包括商品名称、商品规格、供应商等信息；

3. 在脱离库存系统的支持下进行库存盘点等行为时，工作人员劳动强度大，统计数据易出现偏差，对库存动态无法及时做出响应；

4. 财务人员对目前各个商品的采购成本不能及时掌握；

5. 领导层对整个业务前景的决策分析得不到有力的数据支持，从而缺乏判断依据。

通过使用电子订单管理系统，物流配送企业实现订单电子化后可实现以下目标：

1. 为同一家公司汇集多个电商渠道的订单。

2. 整合业务流程，合理分析业务操作，规范操作环节，将整个人工流转的业务流程转换为一整套高效、易用的系统，为之后的数据采集和数据分析提供便利。

3. 自动从各个渠道获取销售订单并分渠道管理，增加销售订单业务流程可靠性，单一平台操作提高订单执行效率，节约运营成本。

4. 提供库存管理功能，基于采购和入库得到库存，及时获取库存信息，基本摆脱人为因素的干扰。

5. 采用移动成本法，可实时核算商品采购成本。

6. 多种统计口径提供业务报表和财务报表，提高决策分析的准确性。

小贴士

电子订单的优势

电子订单是以数字化方式存放在计算机及其附属存储设备中，供应商很容易查看自己的商品信息和客户信息，客户在订购商品时不需要再提交申请，可以直接下单，这就大大减少了供应商和采购商的工作量、缩短了采购时间。

电子订单主要通过互联网、专用增值网等计算机网络进行传输。采购的相关信息在以太网上以光速传播，完全突破了距离的限制，从而大大提高了采购的效率。

电子订单最典型的应用是基于计算机网络的电子数据交换，由于计算机的高智能性，订单的处理需要很少的人力，尤其是在完全电子化采购形式下，只要有几名专业的计算机维护人员就可以。

电子采购有完全电子化采购和部分电子化采购，前者完全基于数据库的操作，而后者则部分基于数据库的操作。随着 XML 技术的不断进步，电子采购正在逐步由部分电子化采购向完全电子化采购的方向发展。

二、电子订单的处理流程

电子订单的处理是依托于信息化的订单处理系统，是一个标准化的业务流程。

1. 接受订单。从系统“订单池”（即所有平台、客户统一的订单接收地点）中提取（或由“订单池”自动向下“推送”）订单信息。

2. 订单确认。订单确认主要由订单处理人员操作并确定订单的几大类信息，主要包括：

（1）确认所需货品、数量、交期。

（2）确认客户信用：核查客户的财务状况，一般是核查客户应收账款是否超过信用额度。

（3）确认订单形态：一般交易订单、现销式交易订单、间接交易订单、合约式交易订单、寄库存式交易订单（表 5－1）。

小贴士

表 5－1　不同订单所对应的交易方式

订单类别	含义	具体处理方法
一般交易订单（常见订单）	接单后按正常的作业程序拣货、出货、配送、收款结账的订单。	接单后，将资料输入订单处理系统，按正常的订单处理程序处理，资料处理完后进行拣货、出货、配送、收款结账等作业。
现销式交易订单	与客户当场直接交易、直接给货的交易订单。	订单资料输入前就已把货物交给了客户，故订单资料不需再参与拣货、出货、配送等作业，只需记录交易资料，以便收取应收款项。

续表

订单类别	含义	具体处理方法
间接交易订单	客户向物流中心订货，但由供应商直接配送给客户的交易订单。	接单后，将客户的出货资料传给供应商由其代配。客户的送货单是自行制作或委托供应商制作，应对出货资料（送货单回联）加以核对确认。
合约式交易订单	与客户签订配送契约的交易。如签订在某期间内定时配送某数量的商品。	约定送货日到时，将该资料输入系统处理以便出货配送；或一开始输入合约内容并设定各批次送货时间，在约定日到时系统自动处理。
寄库式交易订单	客户因促销、降价等市场因素而先行订购某数量商品，以后视需要再要求出货的交易。	当客户要求配送寄库商品时，系统检核是否确实，若有，则出货是要从此项商品的寄库量中扣除。注意此项商品的交易价格是依据客户当初订购时的单价计算。
兑换券交易订单	客户通过兑换券所兑换商品的配送出货。	将客户兑换券的商品配送时，系统查核是否确实，若有，依据兑换的商品及兑换条件予以出货，并应扣除客户的兑换券回收资料。

（4）确认订货价格：不同客户、不同数量，可能有不同的货物价格，在输入价格时应审查，若输入价格不符（输入错误或业务员降价强接单），应予以锁定，以便主管审核。

（5）确认包装方式：客户所订货品，是否有特殊的包装、分包装与贴标签要求，或有无易碎或易湿物品在其中。

3. 建立客户档案。客户档案是物流配送企业非常重要的资源库，建立并不断完善详细的客户档案对于客户服务、维护和后期拓展有非常大的好处，完整的客户档案包括：

（1）客户名称（完整名称及简称）、编号（系统自动赋予）、等级（主要是指客户在公司内部贡献度级别）、是否新客户。

（2）客户信用额度（主要是针对公司客户在某些情况下可以预先发货，但预先发货额度受到其信用额度的限制，不得超过）。

（3）客户付款方式（一般包括货到付款、在线支付、支票、银行转账等）及折扣率条件。

（4）开发负责此客户的业务员资料。

（5）客户的配送区域：例如：地区、省、市、县及城市各区域等，基于地理位置或相关特性将客户分类于不同区域将有助于提升管理及配送的效率。

（6）客户的收货地址。

（7）客户配送路径的顺序：按照区域、街道、客户位置，为客户分配适当的配送路径顺序（部分系统会自动根据相关位置信息，设置多个客户配送时的最优化路径，这一问题可以在后续教学中探讨）。

（8）客户所在地区适合的运输方式、车辆形态：客户所在地址如果有特殊形制，如地下室、狭窄街道，那么对配送运输方式及配送车辆形态都会有相应的需求，这些都要在订单处理时加以注意。

（9）客户最终收货卸货特点：由于客户最终收货地址所在建筑物本身或周围环境特性（如地下室有限高或高楼层），可能造成卸货时有不同的需求及难易程度，在车辆及工具的调度上须加以考虑。

（10）客户配送要求：有部分客户会在订单上标注对于送货时间有特定要求或有协助上架、贴标签等要求。

（11）延迟订单处理方式：若客户能统一决定每次延迟订单的处理方式，则可事先将其写入资料档案，以省去临时询问或须紧急处理的不便。

4. 库存查询与订单分配。订单处理系统收到订单之后，非常重要的工作便是向仓储部门查询订单所需货物的库存情况、在库情况，并根据查询的结果对订单进行分配，主要工作如下：

（1）库存查询：确认是否有库存能够满足客户需求，又称“事先拣货”。存货档案的资料一般包括货品名称、代码、产品描述、库存量、已分配存货、有效存货及期望进货时间。查询存货档案资料，看此商品是否缺货，若缺货则应提供商品资料或是此缺货商品是否已经采购但未入库等信息，便于接单人员与客户协调是否改订其他替代品或是允许延后出货等权宜办法，以提高人员的接单率及接单处理效率。

（2）订单分配：订单资料输入系统，确认无误后，最主要的处理作业在于如何将大量的订货资料作最有效的汇总分类、调拨库存，以便后续的物流作业能有效的进行。

相关知识

两种常见的订单分配方式

1. 单一订单分配：此种情况多为线上即时分配，即在输入订单资料时，就将存货分配给该订单。

2. 批次订单分配：累积汇总数笔已输入的订单资料后，再一次分配库存。配送中心因订单数量多、客户类型等级多，且多为每天固定配送次数，因此通常采行批次分配以确保库存能作最佳的分配，但需注意订单分批灵活处理的原则与方法。常见批次订单分配方法有：

（1）按接单时序分配：将整个接单时段划分成几个区段，若一天有多个配送批次，可配合配送批次，将订单按接单先后分为几个批次处理。

（2）按配送区域或路径分配：将同一配送区域或路径的订单汇总一起处理。

（3）按流通加工需求分配：将需要加工处理或相同流通加工处理的订单汇总一起处理。

（4）按车辆需求分配：若配送商品需要特殊的配送车辆（如低温车、冷冻车、冷藏车）或客户所在地有特殊要求，特殊形态车辆可汇总合并处理。

5. 计算订单拣取时间。订单处理人员要事先计算每个订单或每批订单的可能拣取时间，以便有计划的安排出货先后顺序。主要计算流程如下：

（1）计算拣取每一个单元（一个栈板、一个纸箱、一件）货物的标准时间，且将它设计于电脑记录标准拣取时间档，将此个别单元的标准时间记录下来，就能方便的推算出整个货物的拣取时间。

（2）有了单元的拣取标准时间后，可依每品项的订购数量（多少个单元）再配合品项的寻找时间，计算出每品项的拣取时间。

（3）根据每一订单或每批订单的品项及考虑批订单的标准拣取时间算出。

6. 依订单排定出货时间与拣货顺序。拣货顺序直接影响拣货的效率，它决定了拣货人员行走距离的长短，即拣货时间长短。拣货顺序可依据仓储货位的状况及货物存放的位置来确定。由于要有计划地安排出货进程，因而对于每一张订单或每批订单可能花费的拣取时间要事先掌握，如何计算订单拣取的标准时间，这需要我们在后续章节中继续讨论。

7. 订单分配后存货不足处理。若公司存货不足不能满足客户需求时，客户又不接受替代品，则按客户的要求与公司规定有如下几种方法处理：

（1）重新分配订单：若客户不允许过期交货，而公司不愿失去订单时，则有必要重新调拨分配订单。

（2）缺额补送：若客户允许不足部份可以等有货时再过期交货时，公司政策也允许，则采用补送处理；若客户允许不足订单额的部份或整张订单留待下一次订货时配送的，也采用补送处理。

（3）删除不足额订单：若客户不接受部份出货，或公司政策不希望分批出货时，则删除订单；若客户不接受过期出货，公司也无法再重新调拨时，则删除订单。

（4）延迟交货：延迟交货分两种，一种是有时限的延迟交货，客户允许在一段时间内过期交货，且希望所有订单一起送达；一种是无限期的延迟交货，客户允许不论延迟多久交货，都要所有订单一起送达，则等所有订货到后再一起配送。对延迟订单需要有记录存档与看板。

（5）取消订单：若客户希望所有订单一起到达，且不允许延期交货，公司也无法再重新调拨，则取消订单。

8. 订单资料输出。需要打印出的资料，主要包括：

（1）拣货单（或拣货单条码）：拣货单可提供商品出库指示资料，并作为拣货的依据。拣货单需配合配送中心的拣货策略及拣货作业方式来加以设计，以提供详细且有效率的拣货信息，便于拣货的进行。随着拣货、储存设备的自动化，传统的拣货单形式已不符合需求，利用计算机、通讯等方式处理显示拣货信息的方式已取代部分传统的拣货表单，如配有电子标签的货架、拣货台车以及自动存取的自动化立体仓库等。采用这些自动化设备进行拣货作业，需注意拣货信息的格式与设备显示器的配合以及系统与设备间的信息传送及处理。

（2）送货单：物品交货配送时，通常需附上送货单据给客户清点签收。因为送货单主要是给客户签收、确认的出货资料，其正确性及明确性很重要。

（3）缺货资料：库存分配后，对于库存缺货商品应提供依据商品类别或供应商类别进行查询的缺货商品资料，以提醒采购人员紧急采购；对于缺货订单应提供依据客户类别或外务人员类别查询的缺货订单资料，以便相关人员处理。

小贴士

电子订货与电子订单有什么区别？

在考虑电子订单的同时，有必要了解一下电子订单的来源——电子订货。电子订货，通过电子传递方式取代传统人工书写、输入、传送的订货方式，即将订货资料转为电子资料形式，再由通信网路传送进行订货。此系统即称电子订货系统（Electronic Order System – EOS不同组织间利用通信网络和终端设备进行订货作业与订货信息交换的系统）。

经应用实践，电子订货对销售零售业来说：下单快速、准确和简便；商品库存适量化，只订购所需数量，可分多次下单；完全适应多品种、小批量和高频率的订货方式；缩短交货时间，减少因交货出错的缺货机率和减少进货、验货作业。对于供应商而言：简化接单作业，缩短接单时间，减少人工处理错误，使接单作业更加快捷、正确和简便；减少了退货处理作业；满足用户多品种、小批量和高频率的订货要求；缩短了交货的前置时间。

三、异常电子订单的处理

电子订单数量远大于传统订单数量，所以订单出现异常的几率也远比传统订单多。电子订单主要出现的异常状况有：

1. 客户取消订单。客户取消订单常常会造成许多损失，因此在业务处理上需要与客户就此问题进行协商。若目前订单处于已分配未出库状态，则应从已分配未出库销售资料里找出此订单，将其删除，并恢复相关品项的库存资料（库存量/出库量）；若此订单处于已拣货状态，则应从已拣货未出库销售资料里找出此笔订单，将其删除，并恢复相关品项的库存资料（库存量/出库量），且将已拣取的物品按拣货的相反顺序放回拣货区。

但对于来自电子商务平台的订单而言，客户是无法在下单之后直接取消的，往往只能通过拒绝收货来达到取消订单的目的，因此这部分订单客户的取消意愿一般不会影响仓储及配送业务。

2. 客户增加订单。订单增加一般只会出现在线下订单。对于来自电子商务平台的个人用户订单，所谓订单增加其实就是另外增加一个新的订单，一般不允许对同一订单进行增加。但对于线下电子订单，用户如通过其他手段通知需要增加订购货物，那么作业人员要先查询客户的订单目前处于何种状态，是否还未出货，是否还有时间再去拣货。若接受增订，则应追加此笔增订资料；若客户订单处于已分配状态，则应修改已分配未出库销售资料文件里的这笔订单资料，并更改物品库存档案资料（库存量/出库量）。

3. 用户拒收订单。如果当用户接收到配送的货物之后，由于种种原因拒绝收货，那么也需要做出相应的处理，一般来说，用户拒收的原因有以下几种：

（1）购买意愿改变。如果是来自电商平台的个人用户，原则上由配送人员直接将配送货物收回即可，后续如牵涉到退款等事项，按照双方确认订单时达成的协议处理即可。如果是来自线下的非个人订单且数量较大，就需要业务操作人员与客户进行沟通，尽可能挽回订单避免损失。

（2）对送货的品质、数量有异议。如果客户在收到货物之后，对收到货物的品相、质量或数目有异议，不同意签收，原则上由配送人员原单收回，并由业务操作人员与客户联系并确认后续事宜。

应用训练

一、活动内容

在电脑中安装《金蚂蚁——电子订单管理系统》软件，并在老师的指导下完成各类电子订单的处理工作。

二、活动要求

1. 学生每人配备 PC 一台。
2. 每 10 ~ 15 人为一组，每组配指导老师 1 名。
3. 实训时间：2 课时。

三、操作步骤

（一）进入订单池接收订单

订单池是所有销售订单的汇总，同时销售订单分线上和线下两部分，线上销售订单由系统自动从各大电商渠道通过约定接口下载，以 B2C 为主；线下订单则由用户手工录入，主要用于处理数量较少而单笔金额较大的订单，一般以 B2B 为主。

1. 京东电子订单处理。

【定位】人工下载同步京东平台上的销售订单。

【操作】按销售订单的状态分页显示京东订单，分待发送、已发送、客服已审核、客服已驳回、配货已审核、配货已驳回、已配货、已发货、已换货等订单状态。

【保存】下载的京东订单创建销售订单对象并保存到数据库。

主要处理：

【查看】点击订单编号，查看订单明细内容，包括订单的基本信息、收件人信息、商品信息和其他信息。

【下载】增加下载京东订单按钮，进行人工的京东订单下载和保存。

【搜索】订单编号、订单来源、外来订单编号、收件人姓名、收件人手机作为查询条件，查询和过滤京东订单并显示在各页订单列表。

【实操】系统实操界面如图 5 – 1、图 5 – 2 所示。

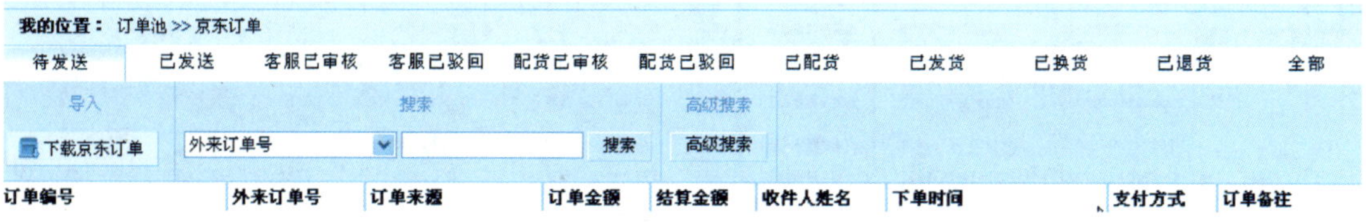

图 5 – 1　选择来自京东的电子订单

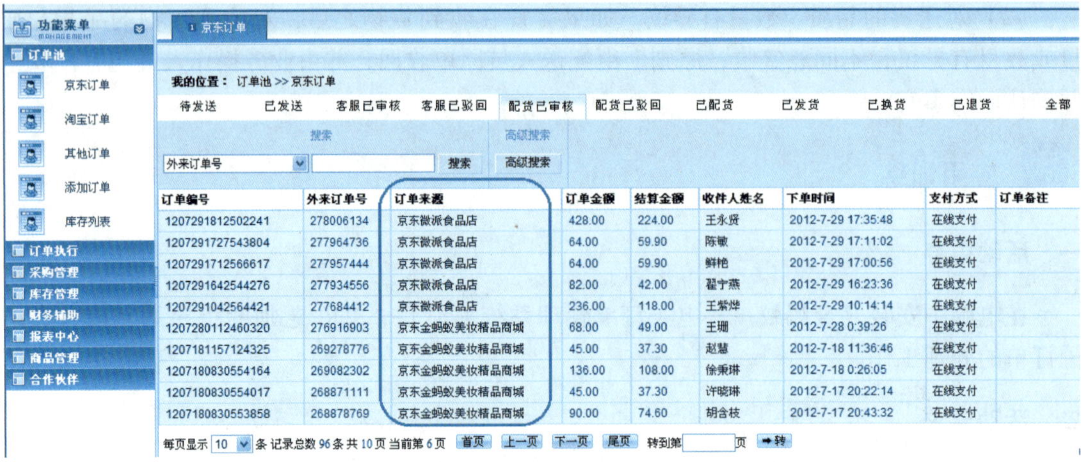

图 5－2 京东电子订单处理

2. 淘宝电子订单处理。

【定位】人工导入同步淘宝平台上的销售订单。

【操作】按销售订单的状态分页显示淘宝订单，分待发送、已发送、客服已审核、客服已驳回、配货已审核、配货已驳回、已配货、已发货、已换货等订单状态。

【保存】导入的淘宝订单创建销售订单对象并保存到数据库。

主要处理：

【查看】点击订单编号，查看订单明细内容，包括订单的基本信息、收件人信息、商品信息和其他信息。

【下载】增加淘宝导入按钮，可按淘宝导出格式进行人工的订单导入和保存。

【搜索】订单编号、订单来源、外来订单编号、收件人姓名、收件人手机作为查询条件，查询和过滤淘宝订单并显示在各页订单列表。

【实操】系统实操界面如图 5－3 所示。

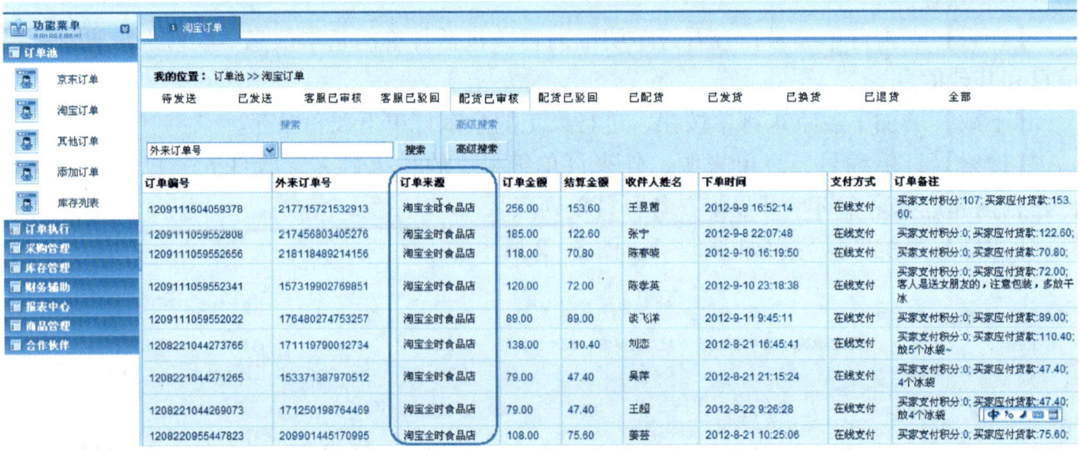

图 5－3 淘宝电子订单处理

3. 其他电子订单处理。

【定位】人工导入同步标准格式和金蚂蚁商城上的销售订单。

【操作】按销售订单的状态分页显示金蚂蚁商城订单和线下订单，分待发送、已发送、客服已审核、客服已驳回、配货已审核、配货已驳回、已配货、已发货、已换货等订单状态。

【保存】导入的标准订单和金蚂蚁商城订单创建销售订单对象并保存到数据库。

主要处理：

【查看】点击订单编号，查看订单明细内容，包括订单的基本信息、收件人信息、商品信息和其他信息。

【下载】增加标准导入和下载金蚂蚁订单按钮，可按标准格式和金蚂蚁订单格式进行人工的订单导入下载和保存。

【搜索】订单编号、订单来源、外来订单编号、收件人姓名、收件人手机作为查询条件，查询和过滤金蚂蚁订单及线下订单并显示在各页订单列表。

4. 添加线下订单。

【定位】建立线下订单。

【操作】新增线下订单，输入订单信息，包括基本信息、收货人信息、订单商品信息和订单其他信息等。

【保存】新增线下订单，并生成先下订单对象保存入数据库。

主要处理：

【保存】增加栏目，输入外来订单号、下单时间、订单来源、客户联系人、对应分销员、收件人姓名、电话或手机、邮编、省份、城市、收件地址，选择添加商品，填写买家支付运费，选择配送方式、结算方式、支付方式、是否需要发票，填写订单备注，保存相关信息将订单状态设置为“待发送”。

【保存并发送】增加栏目，输入外来订单号、下单时间、订单来源、客户联系人、对应分销员、收件人姓名、电话或手机、邮编、省份、城市、收件地址，选择添加商品，填写买家支付运费，选择配送方式、结算方式、支付方式、是否需要发票，填写订单备注，保存相关信息将订单状态设置为“已发送”。

【实操】系统实操界面如图 5 –4 至图 5 –9 所示。

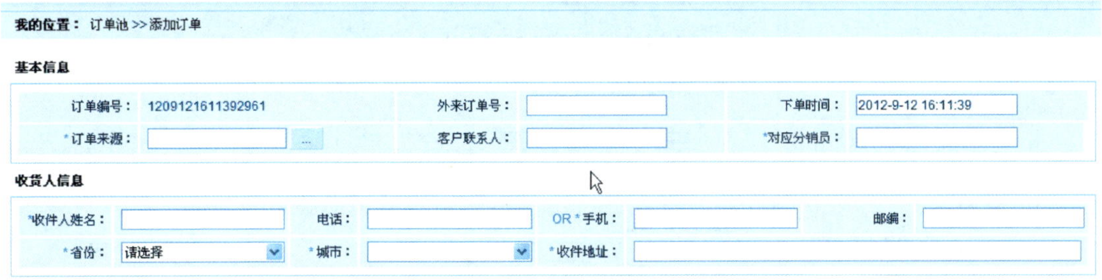

图 5 –4　添加订单

图 5－5 订单详情

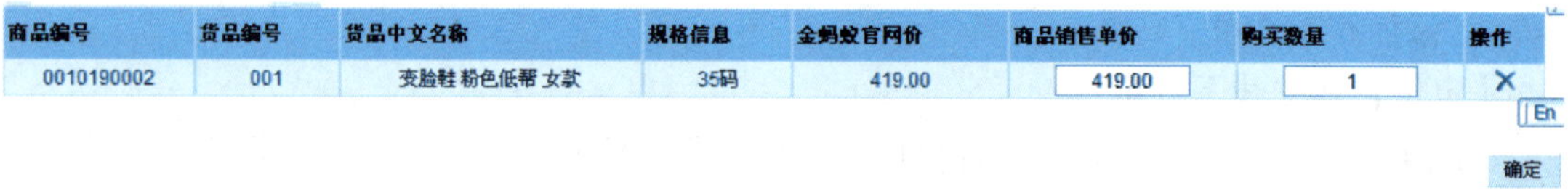

图 5－6 订单单品详情

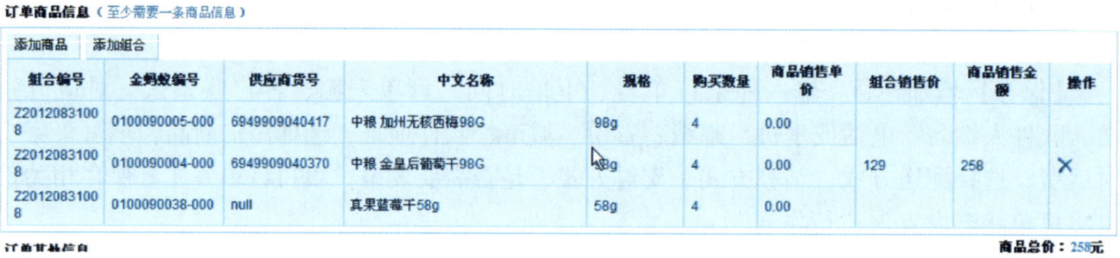

图 5－7 订单商品信息

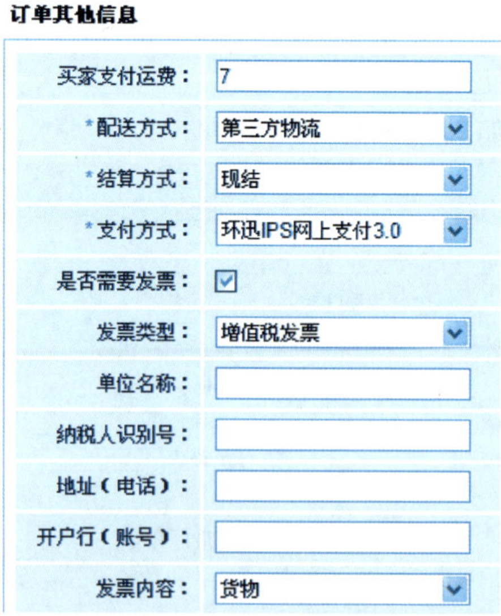

图 5－8 订单其他信息

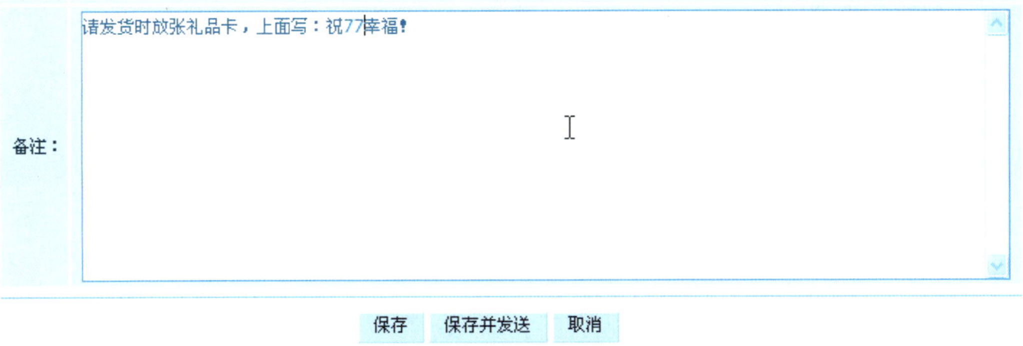

图 5－9　订单备注信息

5. 订单商品库存信息查询。

【定位】查询商品库存信息。

【操作】可用普通检索功能或高级搜索功能查询商品各类库存信息。

【保存】无。

主要处理：

【搜索】可按金蚂蚁系统自动给出的订单编号、供应商货号、商品中文名称、商品类别或供应商名称检索出需要查询的商品，将其可用库存、冻结库存和各渠道的虚拟库存罗列在商品列表中。

【高级搜索】可按金蚂蚁系统自动给出的订单编号、供应商货号、商品中文名称、商品类别或供应商名称等条件组合检索需要查询的商品，将其可用库存、冻结库存和各渠道的虚拟库存罗列在商品列表中。

【实操】系统实操界面如图 5－10 所示。

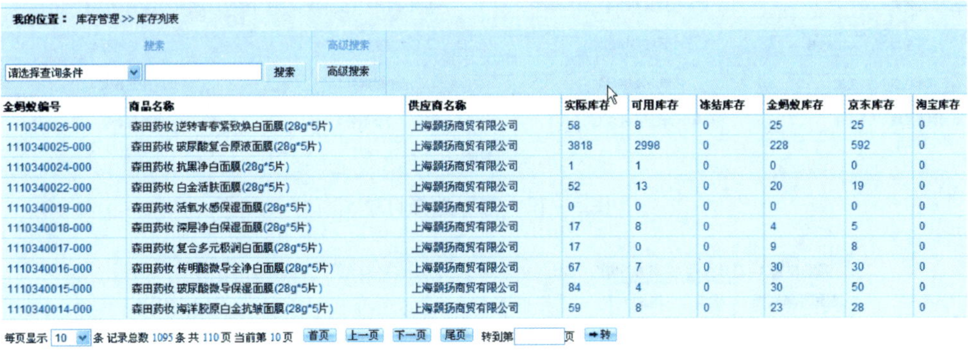

金蚂蚁编号	商品名称	供应商名称	实际库存	可用库存	冻结库存	金蚂蚁库存	京东库存	淘宝库存
1110340026-000	森田药妆 逆转青春紧致焕白面膜(28g*5片)	上海颢扬商贸有限公司	58	8	0	25	25	0
1110340025-000	森田药妆 玻尿酸复合原液面膜(28g*5片)	上海颢扬商贸有限公司	3818	2998	0	228	592	0
1110340024-000	森田药妆 抗黑净白面膜(28g*5片)	上海颢扬商贸有限公司	1	1	0	0	0	0
1110340022-000	森田药妆 白金活肤面膜(28g*5片)	上海颢扬商贸有限公司	52	13	0	20	19	0
1110340019-000	森田药妆 活氧水感保湿面膜(28g*5片)	上海颢扬商贸有限公司	0	0	0	0	0	0
1110340018-000	森田药妆 深层净白保湿面膜(28g*5片)	上海颢扬商贸有限公司	17	8	0	4	5	0
1110340017-000	森田药妆 复合多元极润白面膜(28g*5片)	上海颢扬商贸有限公司	17	0	0	9	8	0
1110340016-000	森田药妆 传明酸微导全净白面膜(28g*5片)	上海颢扬商贸有限公司	67	7	0	30	30	0
1110340015-000	森田药妆 玻尿酸微导保湿面膜(28g*5片)	上海颢扬商贸有限公司	84	4	0	30	50	0
1110340014-000	森田药妆 海洋胶原白金抗皱面膜(28g*5片)	上海颢扬商贸有限公司	59	8	0	23	28	0

每页显示 10 条 记录总数 1095 条 共 110 页 当前第 10 页 首页 上一页 下一页 尾页 转到第　页 ➡转

图 5－10　订单商品库存信息检索

（二）订单预处理

下载同步的线上订单和录入的线下订单经发送后，需经客服审核后进行配货审核，最后完成商品的配货并发货，如订单有误可使用售后变更功能修正。

1. 客服审核订单。

【定位】客服对订单明细进行审核通过或驳回。

【操作】按销售订单的状态分页显示订单，分待审核、客服已审核、客服已驳回、配货已审核、配货已驳回、已配货、已发货、已换货等订单状态，选择需要审核的订单，查看订单明细后审核该订单。

【保存】修改订单状态。

主要处理：

【查看】点击订单编号，查看订单明细内容，包括订单的基本信息、收件人信息、商品信息和其他信息。

【通过】将通过客服审核的订单状态修改为“客服已审核”。

【驳回】选择驳回原因，填写驳回描述，并将未通过客服审核的订单状态修改为“客服已驳回”。

【实操】系统实操界面如图 5－11 至图 5－14 所示。

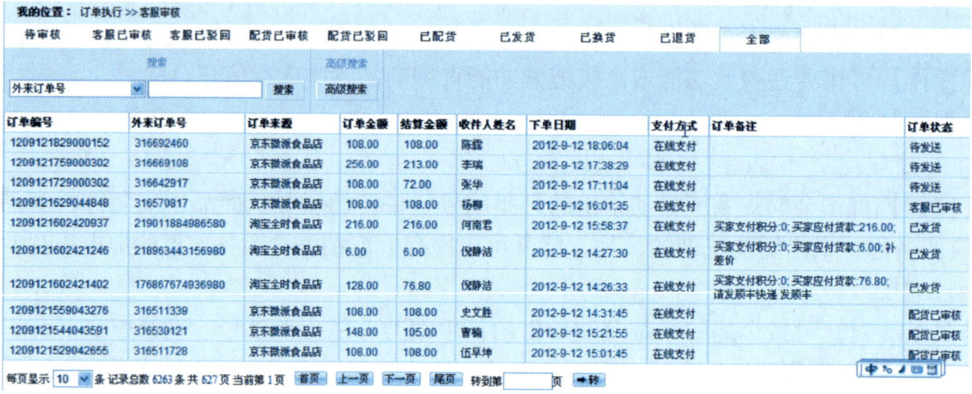

订单编号	外来订单号	订单来源	订单金额	结算金额	收件人姓名	下单日期	支付方式	订单备注	订单状态
1209121829000152	316692460	京东微派食品店	108.00	108.00	陈露	2012-9-12 18:06:04	在线支付		待发送
1209121759000302	316669108	京东微派食品店	256.00	213.00	李瑞	2012-9-12 17:38:29	在线支付		待发送
1209121729000302	316642917	京东微派食品店	108.00	72.00	张华	2012-9-12 17:11:04	在线支付		待发送
1209121629044848	316570817	京东微派食品店	108.00	108.00	杨柳	2012-9-12 16:01:35	在线支付		客服已审核
1209121602420937	219011884986580	淘宝全时食品店	216.00	216.00	何南君	2012-9-12 15:58:37	在线支付	买家支付积分:0; 买家应付货款:216.00;	已发货
1209121602421246	218963443156980	淘宝全时食品店	6.00	6.00	倪静洁	2012-9-12 14:27:30	在线支付	买家支付积分:0; 买家应付货款:6.00; 补差价	已发货
1209121602421402	176867674936980	淘宝全时食品店	128.00	76.80	倪静洁	2012-9-12 14:26:33	在线支付	买家支付积分:0; 买家应付货款:76.80; 请发顺丰快递 发顺丰	已发货
1209121559043276	316511339	京东微派食品店	108.00	108.00	史文胜	2012-9-12 14:31:45	在线支付		配货已审核
1209121544043591	316530121	京东微派食品店	148.00	105.00	曹楠	2012-9-12 15:21:55	在线支付		配货已审核
1209121529042655	316511728	京东微派食品店	108.00	108.00	伍早坤	2012-9-12 15:01:45	在线支付		配货已审核

图 5－11　客服审核订单

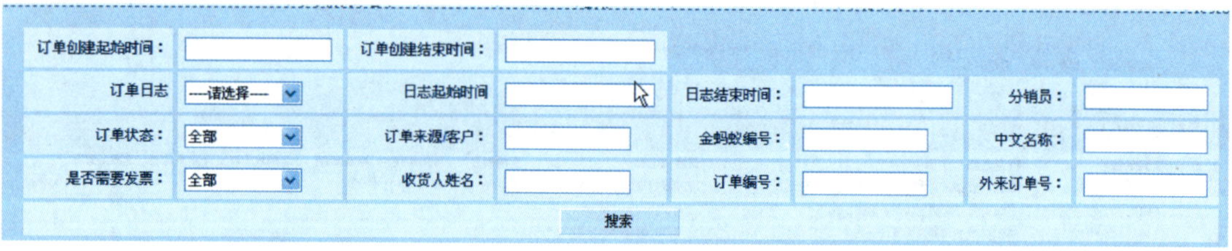

图 5－12　客服选择订单

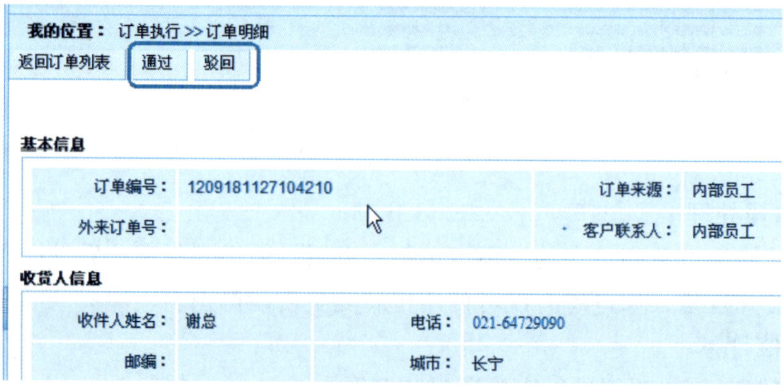

图 5－13　客服判断订单是否通过

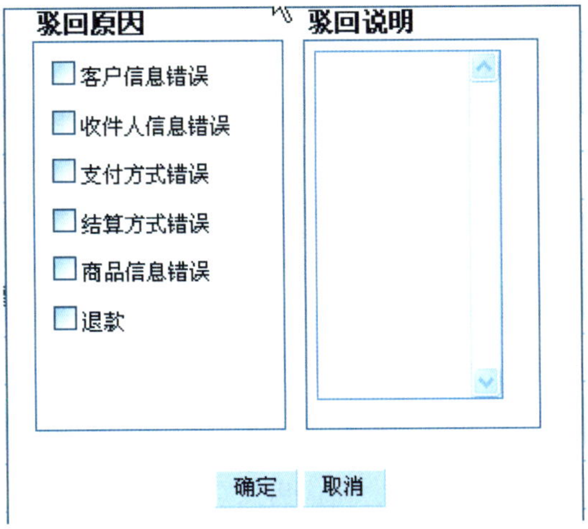

图 5－14　客服填写驳回订单原因

2. 订单变更。

【定位】订单业务流转中发现有误可事后勘误订单。

【操作】勘误订单的基本信息、收件人信息、商品信息或其他信息。

【保存】将勘误后的订单信息保存至数据库。

主要处理：

【查看】点击订单编号，查看订单明细内容，包括订单的基本信息、收件人信息、商品信息和其他信息。

【保存】可修改外来订单号、下单时间、订单来源、客户联系人、对应分销员、收件人姓名、电话或手机、邮编、省份、城市、收件地址，商品，买家支付运费，配送方式、结算方式、支付方式、是否需要发票，订单备注等信息，并保存。

【实操】系统实操界面如图 5－15 所示。

图 5－15　订单信息变更处理

（三）订单采购管理

订单完成预处理之后，客服人员按照订单商品列表制定订单采购列表，以便于相关供应商或仓库根据订单安排货物。

1. 制定订单采购列表。

【定位】新建采购订单。

【操作】新增采购订单信息并保存。

【保存】将新建的采购订单信息保存至数据库。

主要处理：

【保存】输入供货商、供货商地址、联系人姓名、联系人手机、发货日期、发货方式、收货地址、是否越库、备注及商品信息，完成后保存采购订单信息，并将采购订单的状态设置为“待入库”。

2. 修改订单采购列表。

【定位】查看和修改采购订单。

【操作】从采购订单列表中选择需要修改的采购订单，进行编辑并保存。

【保存】将修改后的采购订单信息保存至数据库。

主要处理：

【查看】点击采购订单编号，查看订单明细内容，包括采购订单的基本信息、商品信息和操作信息。

【编辑】可修改供货商、供货商地址、联系人姓名、联系人手机、发货日期、发货方式、收货地址、是否越库、备注、商品信息等。

【保存】保存修改后的采购订单信息。

【实操】系统实操界面如图 5－16 所示。

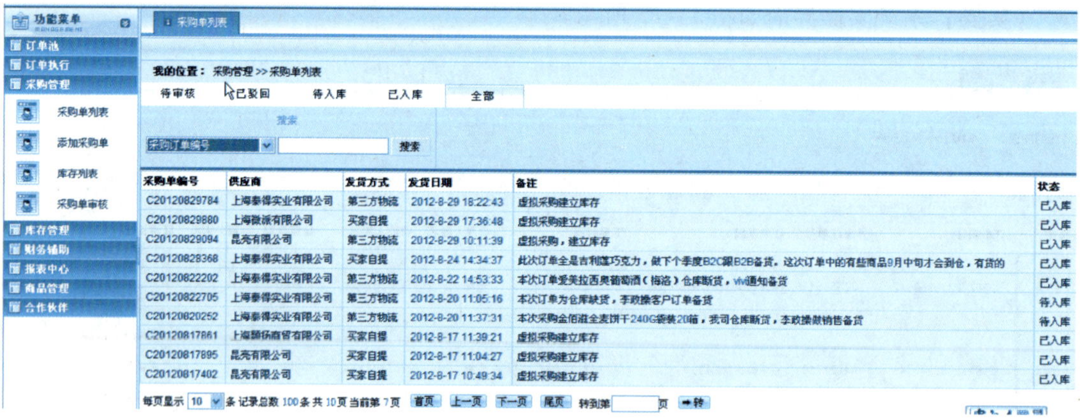

图 5－16　采购订单修改

（四）库存管理

对采购订单进行入库处理，一个采购订单可分一次或多次入库，对入库商品进行库存分配；酌情对商品进行盘点操作；商品库存可在库存列表中实时查询。

1. 入库。

【定位】对采购订单进行入库处理。

【操作】在待入库的采购订单列表中选择需要入库的采购订单，填写本次实收数量完成入库操作。

【保存】将入库单信息存盘。

主要处理：

【保存】核对采购单明细，查看商品已入库数量，填写本次实收数量，保存完成本次入库操作。

【采购单完成】核对采购单明细，查看商品已入库数量，填写本次实收数量，如入库数量与采购数量一致，则进行采购单完成操作，完成对应采购单的入库，并将采购单状态改为“已入库”。

【实操】系统实操界面如图 5－17、图 5－18 所示。

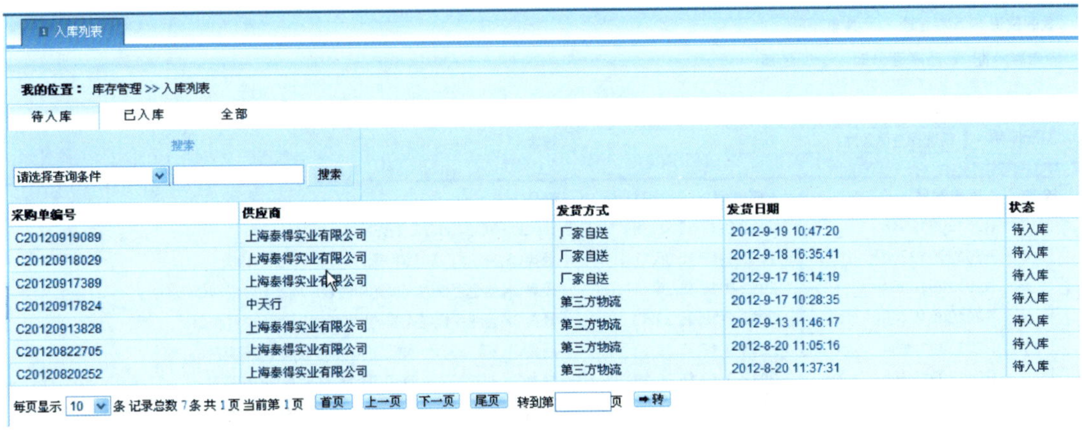

图 5－17　入库列表

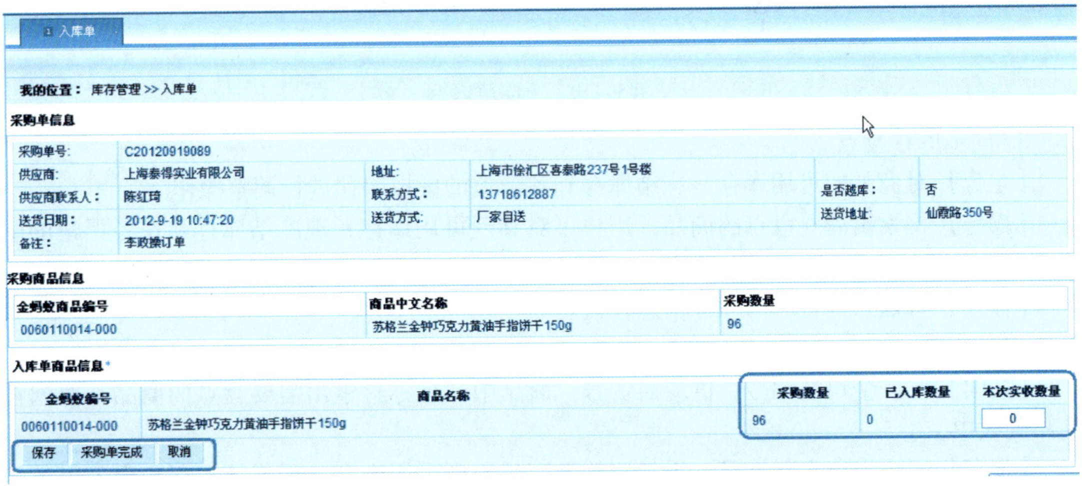

图 5－18　制订入库单

2. 库存分配。

【定位】对入库商品进行库存分配，包括可用库存、冻结库存和各渠道的虚拟库存。

【操作】在入库单列表中勾选需要库存分配的入库单，进行库存分配后保存分配信息。

【保存】将库存分配的信息存盘。

主要处理：

【搜索】可按入库单编号进行搜索，定位需要库存分配的入库单。

【库存分配】选择需要库存分配的入库单，按库存分配按钮，系统自动将选择的入库单中的商品汇总显示，用户可将商品的待分配数量，分配给该商品的可用库存、冻结库存和各渠道的虚拟库存。支持待分配数量动态加减，且待分配数量必须分配完全，即待分配数量显示为零。

【保存】将分配完成后的库存信息保存至数据库。

【实操】系统实操界面如图 5－19、图 5－20 所示。

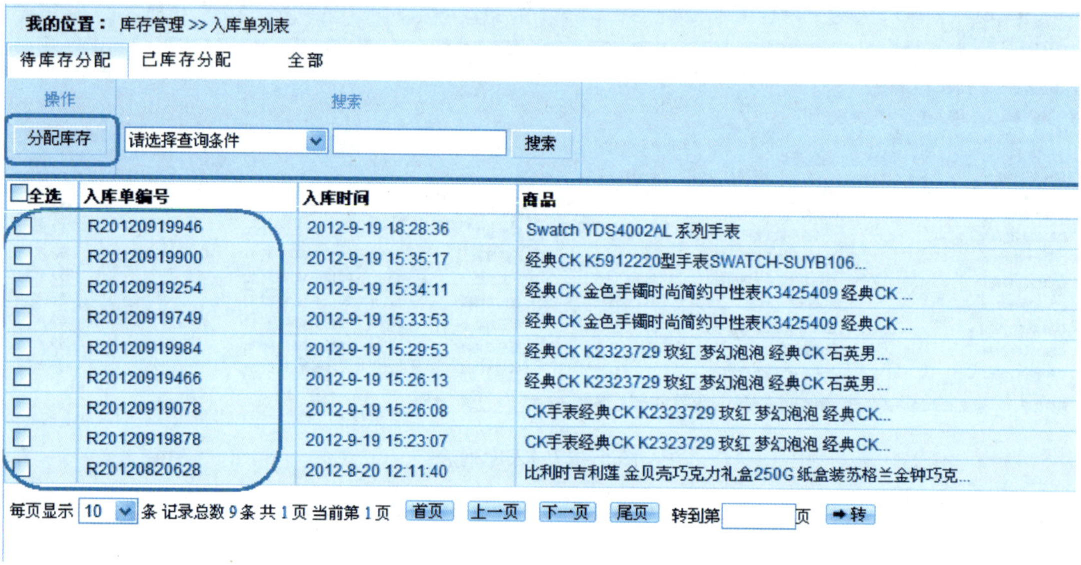

图 5－19 入库单列表

3. 同步库存盘点。

【定位】对商品的可用库存、冻结库存和各渠道的虚拟库存进行调整操作。

【操作】检索出需要盘点的商品，用户可对其现可用库存、现冻结库存和现各渠道的虚拟库存手工调整。

【保存】将盘点调整后的库存信息存盘。

主要处理：

【搜索】可按金蚂蚁编号、供应商货号、商品中文名称检索出需要盘点的商品，罗列在商品列表中。

【保存】用户根据实际情况，手工调整各商品的现可用库存、现冻结库存和现各渠道的虚拟库存，确认无误后提交保存。

【实操】系统实操界面如图 5－21 所示。

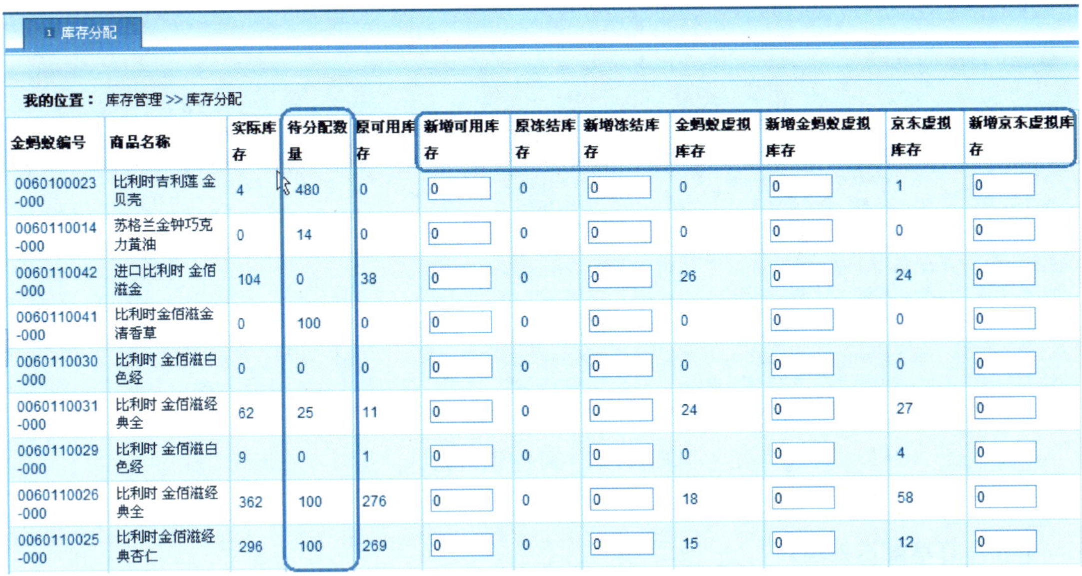

库存分配

我的位置： 库存管理 >> 库存分配

金蚂蚁编号	商品名称	实际库存	待分配数量	原可用库存	新增可用库存	原冻结库存	新增冻结库存	金蚂蚁虚拟库存	新增金蚂蚁虚拟库存	京东虚拟库存	新增京东虚拟库存
0060100023-000	比利时吉利莲 金贝壳	4	480	0	0	0	0	0	0	1	0
0060110014-000	苏格兰金钟巧克力黄油	0	14	0	0	0	0	0	0	0	0
0060110042-000	进口比利时 金佰滋金	104	0	38	0	0	0	26	0	24	0
0060110041-000	比利时金佰滋金清香草	0	100	0	0	0	0	0	0	0	0
0060110030-000	比利时 金佰滋白色经	0	0	0	0	0	0	0	0	0	0
0060110031-000	比利时 金佰滋经典全	62	25	11	0	0	0	24	0	27	0
0060110029-000	比利时 金佰滋白色经	9	0	1	0	0	0	0	0	4	0
0060110026-000	比利时 金佰滋经典全	362	100	276	0	0	0	18	0	58	0
0060110025-000	比利时金佰滋经典杏仁	296	100	269	0	0	0	15	0	12	0

图 5－20　库存分配

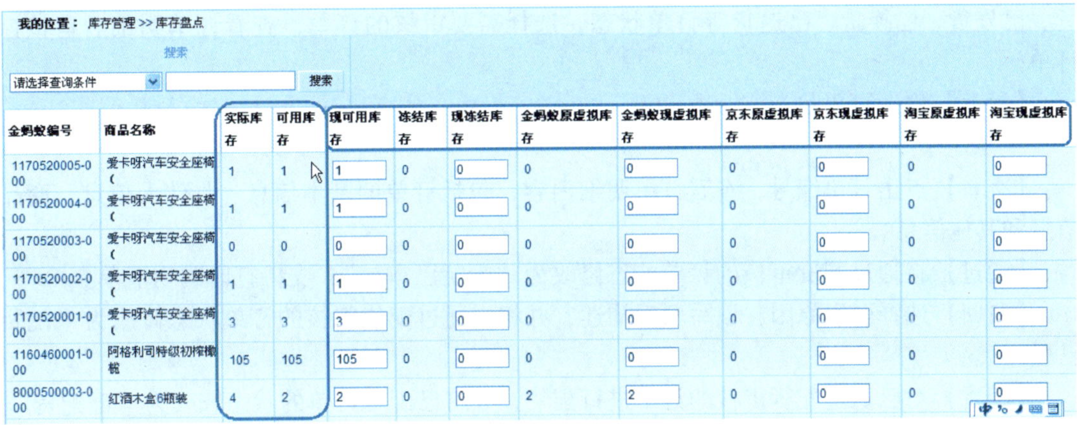

我的位置： 库存管理 >> 库存盘点

搜索

请选择查询条件　搜索

金蚂蚁编号	商品名称	实际库存	可用库存	现可用库存	冻结库存	现冻结库存	金蚂蚁原虚拟库存	金蚂蚁现虚拟库存	京东原虚拟库存	京东现虚拟库存	淘宝原虚拟库存	淘宝现虚拟库存
1170520005-000	爱卡呀汽车安全座椅(	1	1	1	0	0	0	0	0	0	0	0
1170520004-000	爱卡呀汽车安全座椅(	1	1	1	0	0	0	0	0	0	0	0
1170520003-000	爱卡呀汽车安全座椅(	0	0	0	0	0	0	0	0	0	0	0
1170520002-000	爱卡呀汽车安全座椅(	1	1	1	0	0	0	0	0	0	0	0
1170520001-000	爱卡呀汽车安全座椅(	3	3	3	0	0	0	0	0	0	0	0
1160460001-000	阿格利司特级初榨橄榄	105	105	105	0	0	0	0	0	0	0	0
8000500003-000	红酒木盒6瓶装	4	2	2	0	0	2	2	0	0	0	0

图 5－21　库存盘点

4. 库存列表。

【定位】查询商品库存信息。

【操作】可用普通检索功能或高级搜索功能查询商品各类库存信息。

【保存】无。

主要处理：

【搜索】可按金蚂蚁编号、供应商货号、商品中文名称、商品类别或供应商名称检索出需要查询的商品，将其可用库存、冻结库存和各渠道的虚拟库存罗列在商品列表中。

【高级搜索】可按金蚂蚁编号、供应商货号、商品中文名称、商品类别或供应商名称等条件组合检索需要查询的商品，将其可用库存、冻结库存和各渠道的虚拟库存罗列在商品列表中。

【实操】系统实操界面如图 5 – 22 所示。

金蚂蚁编号	商品名称	供应商名称	实际库存	可用库存	冻结库存	金蚂蚁库存	京东库存	淘宝库存
0090330033-000	RELACHEE瑞砂森林泡泡浴盐500g/1瓶	上海微派有限公司	7	0	0	0	7	0
0090330032-000	RELACHEE瑞砂牛奶浴盐600g/1瓶	上海微派有限公司	19	0	0	0	19	0
0090330031-000	RELACHEE瑞砂丝蛋白美足浴盐600g/1瓶	上海微派有限公司	20	0	0	0	20	0
0090330030-000	RELACHEE瑞砂汉方足浴600g/1瓶	上海微派有限公司	2	0	0	0	2	0
0090330029-000	RELACHEE瑞砂生姜香浴盐200g/1瓶	上海微派有限公司	12	0	0	0	12	0
0090330028-000	RELACHEE瑞砂生姜香浴盐600g/1瓶	上海微派有限公司	11	0	0	0	11	0
0090330027-000	RELACHEE瑞砂依兰依兰香浴盐600g/1瓶	上海微派有限公司	11	0	0	0	11	0
0090330026-000	RELACHEE瑞砂大马士革玫瑰香浴盐600g/1瓶	上海微派有限公司	8	0	0	0	8	0
0090330025-000	RELACHEE瑞砂香浴盐（迷迭香）600g/1瓶	上海微派有限公司	7	0	0	0	7	0
0090330024-000	RELACHEE瑞砂香浴盐（薰衣草）600g/1瓶	上海微派有限公司	13	0	0	0	13	0

图 5 – 22　商品库存列表

（五）订单配送处理

【定位】配货人员对订单明细进行审核通过或驳回，对通过审核的订单进行配货。

【操作】按销售订单的状态分页显示订单，分待审核、配货已审核、配货已驳回、已配货、已发货、已换货、已退货等订单状态，选择需要审核的订单，查看订单明细后审核该订单。

【保存】修改订单状态。

主要处理：

【查看】点击订单编号，查看订单明细内容，包括订单的基本信息、收件人信息、商品信息和其他信息。

【通过】将通过配货审核的订单状态修改为“配货已审核”；支持打印购物清单。

【驳回】选择驳回原因，填写驳回描述，并将未通过配货审核的订单状态修改为“配货已驳回”。

【配货】对已通过配货审核的订单进行配货，并将已配货订单的状态修改为“已配货”。

【发货】对已配货的订单进行发货，选择并填写配送方式、实际配送时间、配送备注、快递公司（物流公司）、快递单号（运单号）、快递费用（物流费），并将已配货订单状态修改为“已发货”。

【已换货】对已发货的订单进行换货，并将已发货的订单状态修改为“已换货”。

【已退货】对已退货的订单进行退货，并将已退货的订单状态修改为“已退货”。

【打印】在订单状态为“已配货”下，支持批量打印购物清单与快递单。

【实操】系统实操界面如图 5 – 23、图 5 – 24 所示。

图 5－23　客服安排订单配送

图 5－24　客服导出订单配送清单

四、成果展示

每个项目结束之后，均以系统能够顺利进入下一项目为准。最终输出的成果为订单配送清单。

任务评价

能力评分表

<table>
<tr><th>考评内容</th><th colspan="3">电子订单操作操作</th></tr>
<tr><td rowspan="6">考评标准</td><td>内容</td><td>分值</td><td>实际得分</td></tr>
<tr><td>接收订单</td><td>10</td><td></td></tr>
<tr><td>订单预处理</td><td>20</td><td></td></tr>
<tr><td>订单采购管理</td><td>20</td><td></td></tr>
<tr><td>订单库存管理</td><td>30</td><td></td></tr>
<tr><td>订单配送管理</td><td>20</td><td></td></tr>
<tr><td>合计</td><td></td><td>100 分</td><td></td></tr>
<tr><td colspan="2">小组活动评价</td><td colspan="2">教师点评</td></tr>
<tr><td colspan="2"></td><td colspan="2"></td></tr>
</table>

综合练习

一、单选题

医院物资配送与医疗服务机器人

1. 在电子商务兴起之前，物流配送的基本模式是（　　）。
   A. 大客户、大订单　　B. 大客户、小订单
   C. 小客户、小订单　　D. 小客户、大订单
2. 电子订单主要通过（　　）进行传输。
   A. 电话　　B. 互联网
   C. 信件　　D. 电报
3. 物品交货配送时，通常需附上（　　）给客户清点签收。
   A. 收货单据　　B. 送货合同
   C. 送货单据　　D. 发票
4. 存货不足时，若客户希望所有订单一起到达，且不允许延期交货，公司也无法再重新调拨，则（　　）订单。
   A. 取消　　B. 重新安排
   C. 暂时保留　　D. 继续执行

5. 库存查询是为了确认是否有库存能够满足客户需求，又称（　　）。

A. 事先调货　　B. 事先配货

C. 事先分货　　D. 事先拣货

二、多选题

1. 常见的订单形态包括（　　　）和寄库存式交易订单。

A. 一般交易订单　　B. 现金交易订单

C. 间接交易订单　　D. 合约式交易订单

2. 常见批次订单分配方法有（　　　）。

A. 按接单时序分配　　B. 按配送区域或路径分配

C. 按流通加工需求分配　　D. 按车辆需求分配

3. 客户配送路径的顺序，一般按照（　　　），为客户分配适当的配送路径顺序。

A. 区域　　B. 街道

C. 客户位置　　D. 路况

4. 存货档案的资料一般包括货品（　　　）产品描述、库存量、已分配存货、有效存货及期望进货时间。

A. 名称　　B. 代码

C. 价格　　D. 产地

5. 电子订单主要出现的订单异常状况有（　　　）。

A. 客户取消订单　　B. 客户增加订单

C. 客户修改订单　　D. 用户拒收订单

三、判断题

1. 电子订单数量远大于传统订单数量，但订单出现异常的几率较之传统订单并没有明显增多。（　　）

2. 对于不足额订单，若客户不接受部份出货，或公司政策不希望分批出货时，则删除订单。（　　）

3. 当库存不足时，若客户不允许过期交货，公司不愿失去订单时，则有必要重新调拨分配订单。（　　）

4. 订单处理人员不必事先计算每个订单或每批订单的可能拣取时间。（　　）

四、简答题

1. 订单处理后需要输出并打印的资料主要有哪些？

2. 常见批次订单分配方法有哪些？

3. 应该如何计算订单拣取时间？

4. 若订单分配后存货不足该如何处理？

5. 用户拒收订单的主要原因有哪几种？

任务 2
备货、补货、拣货和配货

技能活动 1 备货

任务目标

知识目标：

- □ 了解备货的含义及内容
- □ 了解备货的一般处理方式及处理流程

能力目标：

- □ 能处理备货作业流程
- □ 能操作备货各环节的业务内容

素养目标：

- □ 培养契约精神，把质量意识、成本意识等育人元素融入到课程内容中，提升思想境界、道德情操和职业修养
- □ 培养具有改革创新、使命担当的工作态度，激发工作热情，树立从事物流专业工作的决心

任务描述

备货就是准备下次出货的货物。备货是物流配送流程中承上启下的一个环节，是销售商根据客户订单、合同和信用证规定，向生产加工及仓储部门下达联系单要求有关部门按联系单的要求，对应交的货物进行清点、加工整理、刷制运输标志以及办理申报检验和领证等项工作。本任务要求学生通过学习掌握备货的基础知识及常见操作技能。

任务准备

1. 实训地点：物流实训室或校企合作单位。
2. 按照作业岗位分组，轮岗作业。
2. 实训时间：2 课时。

相关知识

一、备货

备货是准备货物的系列活动和配送的基础环节，也是决定配送效益的关键。如果备货不及时或不合理，成本较高，会大大降低配送的整体效益。

在出口贸易中，备货就是根据出口合同的规定，按时按质按量准备好应交货物，以保证按时出运，备货工作是履行出口合同的基础。

二、备货的一般流程

（一）制订进货作业计划

根据采购计划与实际的进货单据以及供应商的送货规律与送货方式来制订进货作业计划，尽可能准确预测出到货时间，尽早做出卸货、储位、人力、物力等方面的计划和安排，保证整个进货流程的顺利进行，提高作业效率，降低作业成本。在制订进货作业计划的同时，还必须做好储位的准备工作和设施设备的准备工作。

（二）组织货源

组织货源是配送中心开展后续配送作业活动的关键。配送中心首先要寻找相应的供应商，调查其产品在数量、质量、价格、信誉等方面是否满足购买要求；其次，向供应商以订单方式传递购买计划和需求信息并商定结款方式并对货源的组织工作进行评价。

（三）货物接运

货物接运的方式主要有承运单位提货、铁路专用线接货、供货单位提货、供货单位送货到库、过户、转库、零担到货等。

（四）货物初检

接货人员或运输单位送货到库与保管员办理内部交接时，仓库保管员必须首先审核到货单证，然后根据到货单证，对货物进行初检。初检项目有：（1）检验外包装的标志与包装完好情况；（2）确定大件数；（3）外观质量完好情况；（4）受潮、霉变和锈蚀情况。

仓库保管员收货后应在交接凭证上签收，若有货损货差情况，应查对相应的凭据，收取货物。

（五）卸货

货物初检无误后，配送中心就要收货、卸货。卸货一般在收货站台上进行。送货方到指定地点卸货，并将抽样商品、《送货凭证》《增值税发票》交验；卸货方式通常有人工卸货、输送机卸货和堆码托盘叉车卸货。卸货时如何把入库卸车、验收和堆码作业连续一次完成，即一次作业，对于减少作业环节，提高作业效率具有重要意义。一次作业应具备以下条件：（1）采取抽验方法。（2）采用地磅或轨道磅验收方法。（3）采用行车配备电子磅作业方法。

（六）货物分类、编号标示

1. 货物的分类。货物分类是将多品种货物按其性质或其他条件逐次区分，分别归纳入不同的货物类别，进行有系统的排列，以提高作业效率。

■ 货物分类一般应遵循以下原则：

（1）分类应根据企业自身的需要，来选择适用并且统一的分类方式；

（2）分类应有系统地展开，从大类到小类逐次细分，层次分明；

（3）分类应明确且相互排斥，不能相互交叉；

（4）分类应覆盖所有参加分类的产品；

（5）分类应有不变性，以免造成货物混乱；

（6）分类应有伸缩性，以便随时增加新货物。

■ 货物分类一般有如下方法：

（1）按货物种类和性质进行分类；

（2）按货物使用目的、方法及程序分类；

（3）按交易行业分类；

（4）按会计科目分类；

（5）按资讯分类，如货物发往地区、顾客类别等。

2. 货物编号标示。货物编号就是将货物按其分类内容加以有次序的编排，用简明的文字、符号或数字代替货物的名称、类别及其他有关信息的一种方式。

■ 货物编码一般应遵循如下原则：

（1）简单：货物编码应尽量简单，尽可能避免不必要的字符或数字；

（2）完全：货物编码应尽量覆盖货物的基本信息；

（3）规律：货物编码应遵循一定的规律编制，便于查找和续制；

（4）可伸缩：货物编码应允许在一定范围内简化；

（5）可延展：货物编码应允许根据批次或其他条件进行扩展；

（6）易处理：货物编码应方便于用户读取与使用。

■ 货物编码一般有如下方法：

（1）流水编号法：按照货物处理的流水顺序进行编号；

（2）数字分段法：按照不同数字对应不同段位或批次进行编号；

（3）分组编号法：按照货物的不同组别进行编号；

（4）字母法：用字母或者字母组合对货物进行编号；

（5）实际意义编号法：按照货物的实际使用意义进行分类和编号；

（6）暗示编号法：使用数字、字母或不同组合等方式对货物进行暗示；

（7）后数位编号法：直接使用货物自带的编号后几位数字进行编号；

（8）条码技术：在货物上直接喷打或者粘贴条形码以进行编号；

（9）无线射频识别技术：使用无线射频标签对货物进行编号。

（七）货物验收

1. 货物验收的基本要求。在进行商品验收时，基本的验收要求是“认真、及时、准确”。“认真”要求工作人员在工作时要细心负责，严格按照验收的方法、过程对货物进行检验。“及时”就是要求在规定的时间内及时将货物验收完毕。商品入库验收具有很强的时间观念，必须做到及时验收，从而可以及时发现入库货物中存在的问题，尤其是质量问题，以便及时采取措施。所谓“准确”就是以商品入库平整为依据，准确地检查入库货物的实际数量和质量状况，并通过书面材料准确地反映出来，做到账、卡、物相符，降低收货差错率，提高企业的经济效益。

2. 货物验收的标准。为了及时准确地验收货物，首先必须明确验收的标准，常用的验收标准有：

（1）依据采购合同或订单所规定的具体要求和条件；

（2）依据谈判时的样品；

（3）采购合同中的规格和图解；

（4）依据各类产品的国家品质标准或国际标准。通常，合同中会明确规定验收的标准，如果合同中没有规定则按照国家标准或行业标准执行。

3. 货物验收的内容。

（1）数量验收。入库数量准确与否直接关系到配送中心的库存数量控制和流动资产管理，因此数量验收是进货作业中非常重要的内容。进行检验时应依据送货单和有关订货资料，逐一对商品的品名、规格、等级、产地、牌号数量进行核对，以保证入库货物准确无误。常用的数量检验的方法有计件和计重两种方法。对于计件商品，一般依据科学的验收比率抽样调查的方式进行检验。计重商品一般采取过磅的方式进行检验。

（2）质量检验。配送中心对入库货物进行质量检验主要是检验其质量指标是否符合规定，以便及时发现问题，分清责任，确保到库货物的质量。质量验收有感官检验法和仪器检验法两种。感官检验法主要是借助于验收人员丰富的商品知识和实践经验，通过视、听、味、触、嗅觉来判断商品的质量。仪器检验法则是利用各种仪器设备，对商品的规格、成分、技术要求标准进行物理、化学、生物的分析、测定。

（3）包装检验。在包装检验时，首先是检验产品的外部包装是否受损来判断货物是否受损。其次是看包装是否符合有关标准，主要是看包装使用的材料、规格、制作工艺、标志、打包方式等。当需要对货物拆包检验时，一般应有两人以上在场同时操作，以明确责任。

（八）处理进货信息

1. 登录货物信息。货物经验收确认后，必须填写“验收单”，并将有关入库信息及时准确的录入库存货物信息系统以便及时更新统计库存货物的数量。然后把相关资料记录下来。入库货物信息通常需要录入以下内容：

（1）商品的一般特征，通常包括货物名称、规格、型号、包装单位、包装尺寸、包装容器及单位重量等。

（2）货物的原始条码、内部编号、进货入库单据号码以及货物的储位。

（3）货物的入库数量、入库时间、进货批次、生产日期、质量状况、货物单价等。

（4）供应商信息，包括供应商名称、编号、合同号等。

2. 搜集和处理辅助信息。在登录货物信息的同时，有许多与货物有关的辅助信息也应该搜集、登录并给予一定的处理，这对于后续管理有着非常大的好处。主要需要搜集的辅助信息包括：（1）货物的一般特征和数量分布；（2）货物的包装尺寸、容器、单重的分布状况；（3）每一段时期内进货批次的分类；（4）卸货方法及所需时间；（5）货物入库的场所。

三、备货中的注意事项

在备货工作中，以下各点应引起卖方的注意：

1. 所备货物的品质、规格、花色品种应符合合同的规定，即不要偏高，也不要偏低。偏高会增加成本，而且影响以后业务的进行；偏低则会遭到对方拒收或索赔。

2. 备货数量要多于合同规定的数量，以防不测；实际交货数量应符合合同或信用证规定。凡按重量计量的货物而在买卖合同或信用证中均未规定按何种方法计量者，按惯例应以净重计量。

3. 货物的包装必须符合合同规定和运输要求，唛头应按合同规定的式样刷制，要注意清楚醒目，颜色不易脱落。

4. 备货时间按距离启运港远近，提前进行。注意备货完成时间一定要早于信用证规定的船期，严防脱节。

5. 针对不同商品情况，对出口货物进行检验是不可缺少的重要环节。

6. 货物必须是第三方不能提出任何权利或请求的。卖方应保证对所售货物享有合法的、完全的所有权，并有权出售该项货物，并保证买方能安稳地占有和支配该项货物而不受任何第三方的侵扰。

小贴士

备货与库存有什么区别？

备货——准备下次出货的货物，也就是说有计划即将要为以后的出货而准备的。

库存——仓库中货存，其中备货量 + 出货时期未定的货存

由两者定义不难得出，备货与库存是出于不同目的存在的，前者是为了销售而提前进行的储备，而后者是生产与销售之间存在的产品缓冲。两者最大的区别在于库存是因各种原因没销售出去的，如产品质量、客户原因等，而备货是新准备的货品。

技能活动 2　补货

任务目标

知识目标：

☐ 了解补货的含义及内容

☐ 了解补货的一般处理方式及处理流程

能力目标：

- □ 能处理补货作业流程
- □ 能操作补货各环节的业务内容

任务描述

补货，是补货作业的简称，简单说就是将货物从仓库保管区域搬运到拣货区的工作。在仓储配送中心，补货作业是为了保证拣货区有货可拣，将货物从储存区的货架上或货堆中转移到拣货区的货架上，然后将此移库作业做库存信息处理。在零售型企业，补货是指理货员将标好价格的商品，依照商品各自既定的陈列位置，定时或不定时地将商品补充到货架上去的作业。补货可分为定时补货和不定时补货。定时补货是指在非营业高峰时对货架商品进行补充，不定时补货是指只要货架上商品即将售完，就立即补货。本任务要求学生通过学习掌握仓储中心和零售企业基本的补货的流程及常用操作技能。

任务准备

1. 实训地点：物流实训室或校企合作单位。
2. 按照作业岗位分组，轮岗作业。
3. 实训时间：2 课时。

相关知识

一、补货的目的与内容

补货作业的目的是保证拣货区有货可拣。补货作业与拣货作业息息相关。补货作业的策划必须满足两个前提，即“确保流动式货架上有货可拣”和“将待配商品放置在存取都方便的位置”。

补货作业主要应包括：确定所需补充的货物，领取商品，做好上架前的各种打理、准备工作，补货上架。

二、补货作业的流程

补货作业在不同企业有着不同流程。

对于零售型企业，在营业高峰前和结束营业前容易缺货，店长应要求店员及时发现商品缺货情况，并进行补货。补货以补满货架、端架或促销区为原则，尽量不堵塞通道，不妨碍顾客自由购物，补货时要注意保持卖场的清洁。补货前要先对系统的库存数据进行确认，确定属于缺货时，将暂时缺货标签放置在货架上。补货品项依促销品项、主力品项、一般品项的重要等级依次补货上架。有保质期限的商品和食品必须遵循先进先出的原则。补货时要注意检查商品的质量、外包装以及条形码是否完好，价格标签是否正确。按区域依货架的顺序进行。店员可在不改变陈列位置和方法的前提下进行补货。货架补齐后，要及时清理通道的垃圾和存货，垃圾送到指定点，存货送回库存区。

对于仓储配送型企业，补货流程一般如图 5－25 所示。

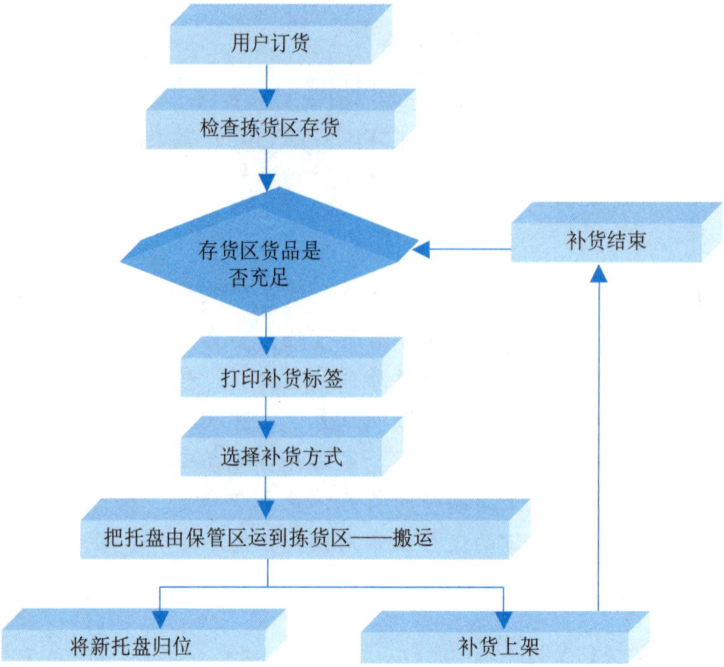

图 5－25

三、补货作业的基本方式

补货作业与拣货作业息息相关。补货作业的策划必须满足两个前提，即“确保流动式货架上有货可拣”和“将待配商品放置在存取都方便的位置”。由于存在大量补货作业的零售型企业往往补货作业也是发生在其仓储中心，因此零售型企业的补货与仓储配送型企业的补货作业方式基本一致。

补货作业方式如果按照货架处理方式通常有两种补货方式，其一由储存货架区与流动式货架组成的存货、拣货、补货系统。待配货物从储存货架取出，补向流动式货架，保证流动式货架上有货可拣。其二将货架的上层作为储存区，下层为拣货区，待配商品从货架的上层取出，补向下层，保证货架的下层有货可拣。

如果按照货物不同包装方式通常有三种方式。

（1）整箱补货：此补货方式的保管区为货架储放，动管拣货区为两面开放式的流动棚。拣货时拣货员从拣取区拣取单品放入物流箱中，然后运至出货区。而当拣取后发觉动管区的存货已低于规定的水平，就要进行补货的动作。其补货方式为作业员至货架保管区取货箱，以手推车载箱至拣货区，由流动棚架的后方补货。这种补货方式较适合体积小且少量多样出货的货品。

（2）整栈补货由地板堆叠保管区补货至地板堆叠动管区。保管区为以栈板为单位地板平置堆叠储放，动管区也为以栈板为单位地板平置堆叠储放，所不同之处在于保管区的面积较大，储放货品量较多，而动管区的面积较小，储放货品量较少。拣取时拣货员在拣取区拣取栈板上的货箱，放至中央输送机出货；或者，使用堆高机将栈板整个送至出货区（当拣取大量品项时）。而当拣取后发觉动管拣取区的存货低于水准之下则要进行补货动作，其补货方式为：作业员以堆高机由栈板平置堆叠的保管区搬运栈板至同样是栈板平置堆叠之拣货动管区。这种补货方式较适合体积大或出货量多的货品。

（3）另外整栈补货也可以以栈板为单位地板平置堆叠储放，动管区则为栈板货架储放。拣取时拣货员拉着推车移动拣货，而一旦发觉拣取后动管区的库存太低，则要进行补货动作。补货方式为作业员使用堆高机很快地至地板平置堆叠的保管区搬回栈板，送至动管区栈板料架上储放。这种补货方式较适合体积中等或中量出货之货品。

四、补货作业的时机

补货作业的发生与否，主要看待配商品在流动式货架上的存量，或待配商品在自动分拣机上的存量。要保证流动式货架上有货可配，自动分拣机有货可拣，补货时机的掌握很重要。如果补货不及时，会导致拣货作业中断，影响拣货作业的按时完成。

准确掌握补货时机，保证有货可配，通常采取以下三种补货方法：

1. 批次补货。在每天或每一批次拣货之前，经电脑计算所需货物的总拣取量，再查看流动式货架上的货物存量，计算差额，并在拣货作业开始前补足货物。

这是“一次补足”的补货原则，比较适合于一天内作业量变化不大，紧急追加订货不多，或每一批次拣取量大需事先掌握的情况。

2. 定时补货。将每天划分为若干个时段，补货人员在不同的时段内检查流动式货架上的货物存量，如果发现货物存量不足，马上予以补足。这种定时补货的原则，较适合于分批拣货时间固定，且处理紧急追加订货的时间也固定的情况。

3. 随机补货。指定专人从事补货作业方式，这些人员随时巡视流动货架上的货物存量，发现不足，随时补货。这种“不定时补足”的补货原则较适合于每批次拣货量不大、紧急追加订货较多，以至于一天内作业量不能事前掌握的情况。

技能活动3　拣货与配货

拣货员拣货工作效率提升

任务目标

知识目标：

☐ 理解拣货与配货的内容
☐ 了解拣货与配货的一般处理方式及处理流程

能力目标：

☐ 能完成拣货与配货处理的作业流程
☐ 能处理拣货与配货处理各环节的业务内容

任务描述

拣货就是根据客户订货单所规定的商品品名、数量和储存仓位，将商品从货垛或货架上取出，并分放在指定货位。配货作业是指把拣取分类完成的货品经过配货检验过程后，装入容器和做好标示，再运到配货准备区，等待装车后发运。本任务要求学生掌握如何根据订单要求从仓储中心将订单所需货物先拣选出来，然后完成配货的整个工作流程。

任务准备

1. 实训地点：物流实训室或校企合作单位。
2. 按照作业岗位分组，轮岗作业。
2. 实训时间：2 课时。

相关知识

一、拣货作业

拣货作业是依据顾客的订货要求或配送中心的送货计划，尽可能迅速、准确地将商品从其路径或其他区域拣取出来，并按一定的方式进行分类、集中，等待配装送货的作业过程。在配送作业的各环节中，拣选作业是非常重要的一环，它是整个配送中心作业系统的核心。在配送中心搬运成本中，拣选作业搬运成本约占 90%；企业劳动密集型配送中心，与拣选作业直接相关的人力占 50%，拣选作业时间占整个配送中心作业时间的 30%～40%。因此，合理规划与管理拣选作业，对配送中心作业效率具有决定性的影响。

（一）拣货的流程和基本步骤

1. 拣货作业的流程如图 5－26 所示。

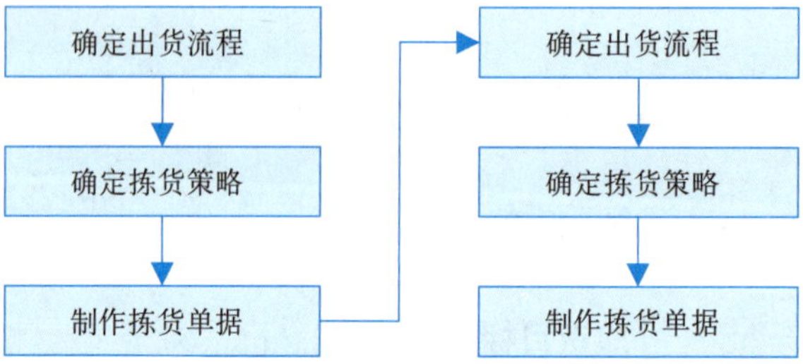

图 5－26　拣货流程图

2. 拣货作业的基本过程。

（1）生成拣货信息。拣货作业必须在拣货信息的指导下才能完成。拣货信息来源于顾客的订单或配送中心的送货单。在国外，大多数配送中心一般先将订单等原始拣货信息经过处理后，转换成“拣货单”或电子拣货信号，指导拣货人员或自动拣取设备进行拣货作业，以提高作业效率和作业准确性。

（2）行走和搬运。进行拣货时，欲拣取之货品必须出现在拣货员面前，此一工作达成的方式可概分括为两类，一是人至物的方式，其次是物至人的方式。

- 人至物方式：拣货员借由步行或搭乘拣货车辆到达货品储存位置的方式。

• 物至人方式：拣取者于固定位置内作业，无须去寻找商品的储存位置。此方式的主要特点在于货品采取动态的储存方式，如轻负载自动仓储、旋转自动仓储等。

（3）拣取。无论是人工还是机械拣取货物，首先必须确认被拣货物的品名、规格、数量等内容是否与拣货信息传递的指示一致。这种确认既可以通过人工目视读取信息，也可以利用无线传输终端机读取条码进行对比，后一种方式往往可以大幅度降低拣货的错误率。拣货信息被确认后，拣取的过程可以由人工或自动化设备完成。通常小体积、少批量、搬运重量在人力范围内且出货频率不是特别高时，可以采取人工方式拣取；体积大、重量大的货物可以利用升降叉车等搬运机械辅助作业；出货频率很高的可以采用自动分拣系统。

（4）分类与集中。配送中心在收到多个客户的订单后，可以形成批量拣取，然后再根据不同的客户或送货路线分类集中。

（二）拣货的常用方法及其优缺点

目前市场上已知比较成熟的拣货方法总共有 20 余种，但最基本的有两种。

1. 摘果法。摘果法是指让拣货搬运员巡回于储存场所，按某客户的订单挑选出每一种商品，巡回完毕时也完成了一次配货作业。将配齐的商品放置到发货场所指定的货位。然后，再进行下一个要货单位的配货。

摘果法具有以下优点：作业方法单纯；订单处理前置时间短；导入容易且弹性大；作业人员责任明确；拣货后不必再进行分拣作业，适用于大批量，少品种订单的处理。

但摘果法有其固有的缺陷，主要是当商品品种多时拣货行走路线过长，拣选效率低，拣选区域大时，搬运系统设计困难。少批量，多批次拣选时，会造成拣选路线重复费时，效率降低。

2. 播种法。播种法是指将每批订单上的同类商品各自累加起来，从储存仓位上取出，集中搬运到理货场所，然后将每一客户所需的商品数量取出，分放到不同客户的暂存货位处，直到配货完毕。

播种法具有以下优点：适合订单数量庞大的系统；可以缩短拣取时的行走搬运路线，增加单位时间的拣货量；越要求少量，多批次的配送，批量拣取就越有效。

播种法存在的主要缺点是对订单的到来无法做出及时的反应，必须等订单达到一定数量时才做一次处理，因此会有停滞的时间产生。

摘果法和播种法常见于零售行业或仓储配送中心，但直接应用这两种方法对于电子商务的小订单、少品种、少数量、多频次就显得很不适应。于是在实际使用中出现了“摘果和播种法”的复合用法。

3. 播种 + 摘果。这种复合方法是首先将订单汇总，然后将订单上的商品全部取下来，放置在顾客订单分拣区，然后按照顾客订单进行拣选。

该复合法适用于那些订单数量很多，但是每单品种及数量较少的电子商务企业。

经典应用案例：贝塔斯曼。

4. 播种 + 播种。这种复合法首先将订单汇总一次，形成一次汇总单，其次再把一定数量的一次汇总单再次汇总为二次汇总单，再次按照二次汇总单将订单商品全部取下来，无需上架，按照顾客订单编码和拣选的顺序进行播种操作，把二次汇总单变为一次汇总单，最后再进行二次播种，将一次汇总单变为顾客订单。

该复合法适用于那些订单数量很多并且产品品种及数量都比较多的电子商务企业。

经典应用案例：当当网、京东网。

5. 播种摘果一次完成。该复合法是首先将订单汇总一次，形成一次汇总单，借助无线扫描设备，在播种拣货的同时完成摘果，类似于将两种方式合二为一。

该复合法适用于那些订单数量很多并且产品品种及数量都比较多的电子商务企业。

经典实例：亚马逊中国。

相关知识

拣货法的变异

物流是电子商务实现的最后一步，物流最重要的有四个方面：货位推荐逻辑、订单处理方式、快递选择、快递跟踪考核。高效的物流系统指导物流，低效的物流系统记录物流。除了上文中提到的集中复合方法外，在企业实际操作中，根据企业自身情况，人们还发明了许多变异的拣货法：

（1）分区配货＋播种＋摘果；

（2）分区配货＋播种＋播种；

（3）分区配货＋播种摘果一次完成；

（4）链式配货＋播种＋播种；

（5）链式配货＋播种＋摘果；

（6）链式配货＋播种摘果一次完成；

（7）区域独立订单＋复合用法（共计3种订单处理方式）；

（8）区域独立订单＋变异用法（共计6种订单处理方式）。

（三）拣货方法的主要改进

通常而言，无论是前文讲到的何种拣货法，其操作中仍然是由单个拣货员或由有限个拣货员在一定程度上合作完成。单人拣货法有很大的优点，主要是单一拣取的准确度较高，很少发生货差，并且机动灵活。这种方法可以根据用户要求调整拣货的先后次序；对于紧急需求，可以集中力量快速拣取；对机械化、自动化没有严格要求；一张货单拣取完毕后，货物便配置齐备，配货作业与拣货作业同时完成，简化了作业程序，有利于提高作业效率。

但在实际操作中，发现单人拣货法主要适用于那些用户不稳定，波动较大，或用户需求种类不多，或用户之间需求差异较大，配送时间要求不一的企业。一旦不符合上述几项条件，单人拣货的劳动效率就会降低。

那么该如何改进呢？显然采用全机械化、信息化的拣货方法可极大避免这类问题，但是其投入成本也是相当高昂，一般企业难以承受。有没有在不改变劳动力结构和过大增加投入的基础上增加拣货效率的方法呢？下面介绍一种常见的改进方法：分区拣货法。

所谓分区拣货法就是按照一定的规律将仓储中心划分为不同的片区，不同的拣货员或拣货组分别负责一定的片区。一旦订单处理完成传递至仓库，就可以根据货物所在片区的不同由不同的拣货员或拣货组完成货物拣选工作。

分区法常见的有以下几种：

（1）按拣货单位分区。如将拣货区分为箱装拣货区、单品拣货区等，基本上这一分区与存储单位分区是相对应的，其目的在于将存储与拣货单位分类统一，以便拣取与搬运单元化。

（2）按物流量分区。这种方法是按各种货物出货量的大小以及拣取次数的多少进行分类，再根据各组群的特征，决定合适的拣货设备及拣货方式。这种分区方法可以减少不必要的重复行走，提高拣货效率。

（3）按工作分区。这种方法是指将拣货场地划分为几个区域，由专人负责各个区域的货物拣选。这种分区方法有利于拣货人员记忆货物存放的位置，熟悉各个区域的货物拣选。这种分区方法有利于拣货人员记忆货物存放的位置，熟悉货物品种，缩短拣货所需时间。

但分区法也有其不可避免的缺点，主要是由于无法预测下一张订单究竟是哪个区的商品比较多，所以人手很难调配，每张订单所包括的类目的比例经常是不一样的，造成不同分区的工作量分配变化很大，很难根据时刻变化的工作量来在各分区之间进行调度，在旺季时会导致不能按时发货。

除了分区法，另一种改进的方法可见下面的拓展提升。

拓展提升

“蚂蚁法”拣货

“蚂蚁法”是一种可以适当规划拣货员的活动范围，由此提高其拣货效率，但是又不能改变订单的顺序而且还要使每个拣货员的效率达到最高（拣货员一直保持工作，不空闲）的拣货方法。

我们不妨拿一群蚂蚁搬一堆面包屑的行动来解释一下这个系统。它们通常在面包屑堆和目的地之间排成一条直线，运输工作开始后，第一只蚂蚁驮着一粒面包屑向第二只爬去，而同时第二只也向第一只爬，两只相向而行，直到互相碰头。这时，第一只蚂蚁把背上的面包屑放下后马上转身去搬运下一粒，而第二只蚂蚁则举起地上的那粒面包屑向后转，爬向第三只蚂蚁，同时第三只也向第二只爬去接货，二者仍是相向而行，直到碰头交货……这样循环往复，每只蚂蚁都不闲着，共同提高团队工作的效率。

在这个系统中，找到下一个伙伴传递工作才是关键点，而不是像分区拣货法那样以区域为限制。所以虽然面包屑有大有小，蚂蚁爬行的速度也有快有慢，但因为没有区域的限制，爬得快的蚂蚁可以多做一点贡献来帮助爬得慢的兄弟，这样的团队合作法像一根无形的指挥棒，不断地调整着各个蚂蚁所分配到的工作量，共同造就一个完美平衡的工作系统。

把拣货员看作蚂蚁，把装货物的小车以及随着小车走的订单当成面包屑，这个系统也能在仓库中得到有效的应用。因为仓库的整个拣货工作也是拿着订单、推着拣货小车、沿着拣货路线、遍历所有拣货区的过程。当小车经过了所有的货架，一张订单的拣货工作也就完成了。

所以如果依照这个思路对现有的拣货系统进行改良，取消各个工人的工作区域限制，沿着拣货路线，靠近起点（办公室）的称为上游，靠近终点（装货区）的则称之为下游。当每个拣货员从上游那里接过订单和拣货车，就沿着拣货路线进行拣货，直到遇到回来拿订单的下游拣货员，便把订单和拣货车移交给他，自己则往回走，直到遇到上游拣货员，又开始一个新的循环，每个拣货员都在上游和下游的同伴之间作往复运动，而非在固定区域之间，交接点可能每次都是在不同的地方。

客观来说，“蚂蚁法”是一种比较好的拣货法，但是这种方法仍有改进空间。那就是由于某个拣货员的速度比较快，或者正好手上这张订单的项目比较少，使得他赶上了下游的拣货员，而下游手上的订单还没做完，这种现象俗称“追尾”。

在实际操作中，追尾现象可能频繁发生，使蚂蚁系统的效率大打折扣。发生追尾时，拣货员如果等待，同样会浪费他们的时间，影响团队工作效率。而他们若是为了追求速度而越过下游自行拣货，再送到下游的手中，这样则会打乱订单的次序。

这样的问题在大家今后的工作中是非常有可能碰到的，请大家课后开动脑筋，看看能不能提出更好的改进方法。

二、配货作业

（一）概念

配货作业是指把拣取分类完成的货品经过配货检验过程后，装入容器和做好标示，再运到配货准备区，等待装车后发运。配货也有调货的意思，是根据货品的需要进行采购分配以及调入。

（二）配货的基本流程

1. 贴客户标签。贴客户标签是指把印有客户名称、地点、所需商品、数量等的标签贴在用于配货的货箱上。

2. 分货。分货就是把拣货完毕的商品按不同用户或配送路线进行分类的工作。分货一般有以下几种方式：

（1）人工分货：人工分货方式是指分货作业过程全部由人工完成。分货作业人员根据订单或其他方式传递过来的信息进行分货作业。分货完成后，由人工将各客户订购的商品放入已标示好的各区域或容器中，等待出货。

（2）自动分类机分货：自动分货是利用自动分类机来完成分货工作的一种方式。自动分货系统一般应用于自动化仓库，适用于多品种，业务量大且业务稳定的场合。

（3）旋转架分货：旋转架分货是指将货物放置在可旋转的货架上（货架旋转可由机械驱动亦可由人力驱动），再由人工根据要求完成分货工作。

3. 配货检查。配货检查作业是指根据用户信息和车次对拣送物品进行商品号码和数量的核实，以及对产品状态、品质的检查。分类后需要进行配货检查，以保证发运前的货物品种、数量、质量无误。

配货检查最原始的做法是纯人工进行，即将货品一个个点数并逐一核对出货单，进而查验配货的品质及状态情况。就状态及品质检验而言，纯人工方式逐项或抽样检查确有其必要性，但对于货物号码及数量核对来说，效率太低且存在错误。因此，目前在数量及号码检查的方式上有许多改进，常用的方法有商品条形码检查法、声音输入检查法和重量计算检查法。

（1）商品条形码检查法：条形码是随货物移动的，检查时用条形码扫描器阅读条形码内容，计算机再自动把扫描信息与发货单对比，从而检查商品数量和号码是否有误。

（2）声音输入检查法：声音输入检查法是一项较新的技术，当作业员发声读出商品名称、代码和数量后，计算机接受声音并自动判识，转换成资料信息与发货单进行对比，从而判断是否有误。此方法的优点在于作业员只需用嘴读取资料，手脚可做其他工作，自由度较高。但需注意的是，此方法要求发音要准确，且每次发音字数有限，否则计算机辨识困难，可能会产生错误。

（3）重量计算检查法：重量计算检查法是把货单上的货品重量自动相加起来，再与货品的总重量相对比，检查发货是否正确。

4. 包装、捆包。配货作业的最后一环，便是要对配送货物进行重新包装、打捆，以保护货物，提高运输效率，便于配送到户时客户识别各自的货物等。

配货作业中的包装主要是指物流包装，其主要作用是为了保护货物并将多个零散包装物品放入大小合适的箱子中，以实现整箱集中装卸、成组化搬运等，同时减少搬运次数，降低货损，提高配送效率。另外，包装也是产品信息的载体，通过在外包装上书写产品名称、材料成分、重量、生产日期、生产厂家、产品条形代码、储运说明等，可以便于客户和配送人员识别产品，进行货物的装运。通过扫描包装上的条形码还可以进行货物跟踪，配货人员可以根据包装上的装卸搬运说明对货物进行正确操作。

应用训练

一、活动内容

在实训场地根据备货、补货、拣货及配货的操作流程进行模拟。

二、操作步骤

1. 接受客户订单，形成订货信息。根据订单处理系统模拟的客户订单，生成详细的订货信息，并向仓储中心传递。

2. 模拟演练。学生按照不同职能进行分组，分别模拟仓储中心备货、补货、拣货及配货员所承担的职能。

（1）模拟备货员：根据客户订单及订单在库情况完成备货作业。

（2）模拟补货员：根据备货员备货之后的库存情况，及时完成补货作业。

（3）拣货员：根据备货员提供的备货情况，及时完成客户订单所要求的货物分拣工作。

（4）配货员：根据拣货员完成的货物分拣情况，及时完成每一单客户订单所要求的货物配货作业，并准备移交给物流部门。

三、成果展示

由各小组先在实训场所上完成全部操作流程，教师依据完成质量与速度评比点评。

任务评价

操作能力评分表

考评内容	备货、补货、拣货及配货流程操作		
考评标准	内容	分值	实际得分
	备货	15	
	补货	35	
	拣货	35	
	配货	15	
合计		100 分	
小组活动评价		教师点评	

综合练习

一、单选题

1. （　　）是指准备货物的系列活动。
   A. 备货　　B. 理货
   C. 拣货　　D. 配货
2. （　　）是将货物从仓库保管区域搬运到拣货区的工作。
   A. 搬运　　B. 补货
   C. 配送　　D. 移库
3. 补货作业的目的是保证拣货区（　　）。
   A. 干净整洁　　B. 货物充足
   C. 有货可拣　　D. 摆放规范
4. 在配送中心搬运成本中，拣选作业搬运成本约占（　　）。
   A. 90%　　B. 80%
   C. 60%　　D. 50%
5. 配货也有（　　）的意思，是根据货品的需要进行采购分配以及调入。
   A. 调货　　B. 装配
   C. 分货　　D. 拣货

二、多选题

1. 配送中心首先要寻找相应的供应商，调查其产品在（　　　　）等方面是否满足购买要求。

A. 数量　　　　B. 质量

C. 价格　　　　D. 信誉

2. 零售企业补货以补满（　　　　）为原则。

A. 货架　　　　B. 端架

C. 促销区　　　　D. 仓库

3. 按照货物不同包装方式来分，通常有（　　　　）补货方式。

A. 整箱补货　　　　B. 零散补货

C. 整栈补货　　　　D. 自包装补货

4. 常见的分货方式有（　　　　）。

A. 人工分货　　　　B. 自动分类机分货

C. 旋转架分货　　　　D. 流水线分货

5. 拣货是根据客户订货单所规定的（　　　　），将商品从货垛或货架上取出，并分放在指定货位，完成用户的配货要求的活动。

A. 商品品名　　　　B. 数量

C. 价格　　　　D. 储存仓位

三、判断题

1. 在制订进货作业计划的同时，可以先不做好储位的准备工作和设施设备的准备工作。（　）

2. 补货作业的发生与否，主要看待配商品在流动式货架上的存量，或待配商品在自动分拣机上的存量。（　）

3. 补货品项依促销品项、主力品项、一般品项的重要等级依次补货上架。（　）

4. 拣货作业不一定必须在拣货信息的指导下才能完成。（　）

5. 配货作业中的包装主要是指货物自身的包装。（　）

四、简答题

1. 货物初检的主要内容有哪些？

2. 货物编码一般有哪些方法？

3. 批次补货是如何进行的？

4. 什么是摘果法？它有什么优缺点？

5. 常用的商品数量及号码检查法有哪些？

任务 3
配载与送货

技能活动 1　配载

任务目标

知识目标：

- ☐ 认知配载
- ☐ 认知车辆配载与集装箱配载的基本常识
- ☐ 认知合理输送的基本要求及最优化线路的基本知识
- ☐ 认知零售送货作业的基本要求

能力目标：

- ☐ 掌握车辆货物配装操作
- ☐ 掌握集装箱船舶配载一般处理流程
- ☐ 掌握零售送货作业流程操作
- ☐ 掌握货物送达交割手续办理流程

素养目标：

- ☐ 促进自身可持续发展，树立终身学习的理念，把专业学习与实现美好职业理想、为社会、国家做贡献紧密联系起来
- ☐ 培养坚守岗位、兢兢业业、严谨踏实的工作态度，造就专业素质过硬、理想信念坚定的物流人才

任务描述

配载是指为具体的运班选配货载，即承运人根据货物托运人提出的托运计划，对所属运输工具的具体运班确定应装运的货物品种、数量及体积。本任务要求学生通过学习之后能基本掌握配载的常用操作要领。

任务准备

1. 实训地点：物流实训室或校企合作单位。

2. 按照作业岗位分组，轮岗作业。
3. 实训时间：2 课时。

相关知识

一、配载作业

配载是根据载运工具和待运物品的实际情况，确定应装运货物的品种、数量、体积及其在载运工具上的位置的活动。是指承运人根据货物托运人提出的托运计划，对所属运输工具的具体情况确定应装运的货物品种、数量、重量及体积。将一批批数量众多、品种各异、体积和送达地点各不相同的货物配载到车辆上，合理中转并及时送给客户。货物配载是一个需要统筹兼顾，反复权衡的决策过程。

合理配载能够在运输途中有效地降低货车运输的空载率、降低运输成本、提高配送效率和企业的效益，社会物流资源也能够得到很好的整合。从物流企业层面看，正确合理地安排货物装车，可以提高车辆装载率、减少车辆的空驶率、减少货物损坏、降低运输成本、提高客户服务质量和公司经济效益，最终达到公司物流的科学化管理。从社会层面看，合理的装载能够提高车辆的利用率、减少车辆对道路的占有率，并将货物及时准确的送到客户手中、减少企业与客户的纠纷从而促进社会的和谐。

二、配载的一般原则与注意事项

一般来说，轻重搭配是配载的最简单的原则。也就是说用重货铺底，以充分利用运输工具的载重量，轻泡货搭配以充分利用其可用空间体积。最后的结果是，轻重货的总重量加起来能无限接近于限定载重量的最大值，轻重货的总体积加起来能无限接近限定体积数的最大值。但轻重货的搭配并不是随意的，而是要达到上面所说的目的，无论是重量还是体积都要无限接近最大化，同时还要产生最佳的经济效益，这就有一个科学的依据、有一个科学的比例才能保证上述目的的达成。

（一）配载原则

1. 轻重搭配的原则。车辆装货时，必须将重货置于底部，轻货置于上部，重心下移确保稳固，同时避免重货压坏轻货，以保证运输安全。
2. 大小搭配的原则。货物包装的尺寸有大有小，大小搭配以减少箱内的空隙确保稳固，同时充分利用了车厢的内容积。
3. 货物性质搭配原则 。拼装在一个车厢内的货物，其化学性质、物理属性、灭火方法不能互相抵触，以保证运输安全。
4. 到达同一地点的适合配装的货物应尽可能一次积载。
5. 根据车厢的尺寸、容积，货物外包装的尺寸来确定合理的堆码层次及方法。
6. 装载时不允许超过车辆所允许的最大载重量。
7. 装载易滚动的卷状、桶状货物，要垂直摆放。
8. 货与货之间，货与车辆之间应留有空隙并适当衬垫。
9. 装货完毕，应在门端处采取适当的稳固措施，以防开门卸货时，货物倾倒砸伤人员或造成货损。

10. 尽量做到“后送先装”。

（二）配载注意事项

1. 重货不能压轻货，大件货物不能压小件货物。
2. 注意运输工具的承重位置，不能偏重，或者重心偏向。
3. 注意附加值高的货物的装载位置，要相对保护起来。
4. 注意食品不能和有异味的、有毒的货物混装。
5. 液态物质要注意其包装的密封性并采取隔离措施。
6. 怕压、易碎、易变形的产品，在装载时要采取防护措施。

小贴士

配载与配装的区别

● 配载。一般在单个客户配送数量不能达到车辆的有效装载载荷时，应集中统一配送路线上其他客户的配送货物进行搭配装载以提高车辆运力利用率，降低配送成本。但是由于配送的货物种类繁多，特性各异，为确保配送服务质量，应选择适宜的配送车辆类型，必要时还必须分别配送。车辆配载技术要解决的主要问题是充分保证货物质量和数量完好的前提下，尽可能使车辆满载行驶，也就是尽量不要空驶。强调的是多客户情况下车辆的调配环节。

● 配装。由于配送作业本身的特点，配送工作所需车辆一般为汽车。由于需配送货物的比重、体积以及包装形式各异，在装车时，既要考虑车辆载重，又要考虑车辆容积，使车辆的载重和容积都能够得到有效利用。因此物流公司所进行的货物配装，主要是两个方面的配装，一种是载重和体积受限的配装问题，另一种就是品种混装问题，强调的是装车环节。

● 配载与配装的区别。从上述的两个概念来看，配装、配载似乎没有什么区别，都一样是为了尽可能提高车辆的利用率。但是，配装的研究对象主要是货物装载过程，即如何有效地利用车辆的装载空间；而配载的研究对象主要是车的配载过程，强调的是装车前后直到货物送到各个目的地整个过程某一辆车的有效载荷是否被有效利用。配装强调的是装，如何装好车，配载强调的是载，如何更好的调度车辆进行搭配。

三、如何完成车辆配载

完成车辆配载主要包括两个方面的工作：车辆调度，货物配载。车辆调度我们将在下一章节“送货”中再进行详细阐述，这里我们首先看看一般的运输车辆应该如何完成货物配载呢？

一般车辆货物配载主要操作流程如图 5－27 所示。

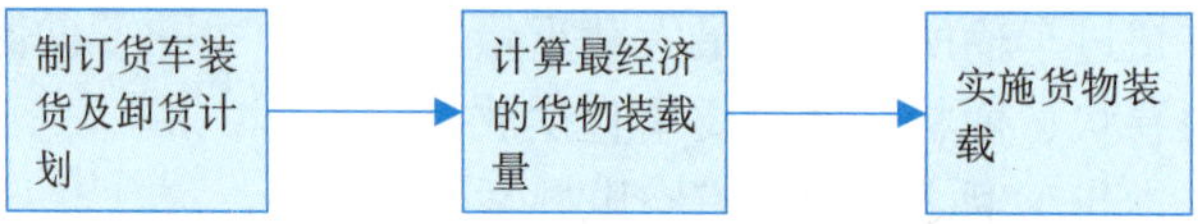

图 5－27　车辆配载操作的流程

（一）装货与卸货的基本操作流程（见图 5－28）

清理：因货物性质不同，装车前需对车辆进行清扫、清洗、消毒，达到规定的要求。

↓

装卸方式：确定最恰当的装卸方式。考虑货物的性质及包装，选择最适当的装卸方法。

↓

合理配置和使用装卸机具，力求减少装卸次数和缩短装卸路径。

↓

防止货物装卸时的混杂、散落、漏损、砸撞，特别要注意危险货物不得与普通货物混装，性质相抵触及灭火方法不同的货物不能混装。

↓

货物应捆扎牢靠，码放、堆放整齐，标志向外，箭头向上。

↓

提高货物集装化或散装化作业水平，成件货物集装化，粉粒状货物散装化不仅可以提高作业效率，同时减少作业次数，降低事故风险。所以，成件货物应尽可能集装成托盘系列、集装箱、货捆、货架、网袋等货物单元再进行装卸作业。各种粉粒状货物尽可能采用散装化作业，直接装入专用车、船、库。

↓

做好装卸现场组织工作，装卸现场的作业场地、进出口通道、作业流程、人机配置等布局设计应合理，避免由于组织管理工作不当造成装卸现场拥挤、紊乱现象，以确保装卸工作安全顺利完成。

图 5－28　装卸基本流程

（二）货物装载及卸载的工作的注意事项

1. 制订合理的装卸工艺方案：用“就近装卸”方法或用“作业量最小”法。在进行装卸工艺方案设计时应尽量减少“二次搬运”和“临时放置”，使搬运装卸工作更合理。

2. 提高装卸作业的连续性：装卸作业应按流水作业原则进行，工序间应合理衔接，必须进行换装作业的，应尽可能采用直接换装方式。

3. 装卸地点相对集中或固定：装载、卸载地点相对集中，便于装卸作业的机械化、自动化，可以提高装卸效率。

4. 力求装卸设施、工艺的标准化：为了促进物流各环节的协调，就要求装卸作业各工艺阶段间的工艺装备、设施与组织管理工作相互配合，尽可能减少因装卸环节造成的货损货差。

（三）装车堆积时该注意的问题

装车堆积是在具体装车时，为充分利用车厢载重量、容积而采用的方法。一般是根据所配送货物的性质和包装来确定堆积的行、列、层数及码放的规律。

装车堆积常用的方法有两种：（1）行列式堆码方式；（2）直立式堆码方式。

在装车堆积时，堆码方式要有规律、整齐。同时堆码高度不能太高。车辆堆装高度一是受限于道路高度限制；二是道路运输法规规定，如大型货车的高度从地面起不得超过 4 米；载重量 1000 千克以上的小型货车不得超过 2.5 米；载重量 1000 千克以下的小型货车不得超过 2 米。货物横向不得超出车厢宽度，前端不得超出车身，后端不得超出车厢的长度为：大货车不超过 2 米；载重量 1000 千克以上的小型货车不得超过 1 米；载重量 1000 千克以下的小型货车不得超过 0.5 米。

在装车堆积作业中，有以下一些因素会影响到车辆积载效率：

1. 货物特性因素：例如装载轻货、泡货时就必然会降低车辆吨位利用率。

2. 货物包装情况：如车厢尺寸不与货物包装容器的尺寸成整倍数关系，则无法装满车厢。

3. 不能拼装运输：比如有些危险品必须减载运送才能保证安全。

4. 由于装载技术的原因，造成不能装足吨位。

那在将来的工作中，同学们不妨从下面几个方面考虑提高装载效率：

1. 研究各类车厢的装载标准，根据不同货物和不同包装体积的要求，合理安排装载顺序，努力提高装载技术和操作水平，力求装足车辆核定吨位。

2. 根据客户所需要的货物品种和数量，调派适宜的车型承运，这就要求配送中心根据经营商品的特性，配备合适的车型结构。

3. 凡是可以拼装运输的，尽可能拼装运输，但要注意防止差错。

小贴士

质量体积与配载效率最大化

质量体积又称为质量体积比，是指物体在一定重量条件下所占用的空间体积。

我们可以通过一定的计算公式来得出如何使车辆、集装箱等运载工具的配载效率最大化，而不是仅仅是依靠经验。

假设有 a、b 两种货物，其质量体积分别为 Ra（立方米/吨）和 Rb（立方米/吨）。车厢容积为 V 立方米，车辆载重量为 W 吨。在车辆达到最大配载效率情况下，两种货物的载重分别为 Wa 和 Wb，则

$$Wa = (V - W \cdot Rb) / (Ra - Rb),\quad Wb = (V - W \cdot Ra) / (Rb - Ra)$$

（四）集装箱如何完成配载

集装箱船舶专业配载是随着主干航线集装箱船舶不断大型化，对配载工作提出了更高的要求而出现的新兴行业。这里就保障船货安全、提高集装箱装载率、缩短船舶在港时间等方面，从操作方面进行一些分析，以期在实践中进一步完善。

1. 集装箱配载基本要求。

（1）对船舶，保障船舶和货物的安全，满足规范及公司安全文件对船舶稳性、强度、吃水、吃水差、堆重、绑扎和视线等各方面的要求。每港的配载方案必须通过装载软件（Loading program）的模拟校核，模拟数据以 Final booking 中数据和航线积累的货物资料为准，燃油和压载水的数量及位置的模拟接近船上的实际情况，模拟计算不仅要考虑到装港的安全顺利，同时要满足卸货港的要求。

（2）对港口，合理安排装卸作业头路，满足码头港机作业需求，综合考虑装货卸货、重箱空箱、大柜小柜、甲板舱内等诸多因素。在上海港等受潮水影响、作业时间严格限制的港口，一旦因码头原因来不及按配载图装货，则允许作合理调整，以缩短船舶在港时间，为集装箱班轮准班和海上开经济航速创造条件。

（3）精益求精制作配载方案，并准备多种预案以应对各种情况，避免或减少倒箱的发生。充分利用有些港口免费倒箱的有利条件，降低成本。但当因危险品箱、冷藏箱、空箱众多，港序变化、安全和船舶结构等原因导致倒箱不可避免时，可以合理安排倒箱，但应有充分的理由。

（4）船舶发生改航线、港序和跳港时，配载人员必须通过公司集装箱运输信息系统，将 EDI 船图中的集装箱目的港和提单号等项目补齐、补正确，做出正确的改港船图，重箱的目的港以公司集装箱运输信息系统最新资料为准。如有任何疑问，必须和航线部门调度、装卸港代理核对清楚无误后才能操作。

（5）在甲板上允许兼容装箱的船舶配载时，即两个小箱的上面可以配装大箱（Topped with 40 ft container），必须充分考虑到由于集装箱箱角件的公差影响，40 英尺箱有可能盖不上去，因此 40 英尺箱底下一般配载一层 20 英尺箱为宜。对航程中可能出现的危险品箱、冷藏箱和框架箱等特种箱，应预先保留合适的位置。

2. 预配中心配载工作。预配中心主要是负责船公司经营航线集装箱船舶的配载管理，指定船舶的集装箱预配方案，协助航线部门、箱管中心制定船舶空箱装卸计划，指导口岸代理、码头和船舶的集装箱实际装载。

预配中心还参与公司新造和改造船舶的集装箱装箱及绑扎的前期设计论证工作，优化集装箱装箱布置方案。同时还负责推广维护公司船舶配载软件、集装箱 EDI 船图信息管理，制作预配日报。

3. 如何进行危险品配载操作？

（1）IMDG Code 与危险货物适装证书。

①危险品箱货的事前查核：能够接受配载的危险品箱的货物必须是《国际海运危险货物规则》（IMDG Code）中列明的危险货物，配载前确认危险货物的下列内容，但不局限于以下几点：

1）危险品的类别，包括副危险标志；

2）联合国编号；

3）货物的标准名称；

4）如是液体物质，查明有无闪点，闪点多少；

5）积载和隔离要求、包装类别；

6）装卸、运输、储存注意事项；

7）危险品的理化特性；

8）应急措施。

②配载人员应理解和执行 IMDG Code 中的有关规定，掌握和熟练使用海运危险品的积载、隔离等相关知识。危险品运输各环节应符合有关港口国的规定。

③配载员应贯彻公司对危险品箱运输的方针政策，认真查阅船舶《危险货物适装证书》

中记载的有关内容，掌握其装载能力，还应熟悉租船合同中对危险品的装载限制，查核订舱的危险品是否符合上述要求。

（2）危险品配载。

①配载人员根据拟定承运危险货物集装箱船舶的《危险货物适装证书》的装载规定、船舶现已积载的危险货物集装箱分布、危险货物集装箱的隔离要求和船舶航行安全必要条件等，测算出计划承运船舶该航次所能装载危险货物集装箱的宣载计划。

②航线配载人员根据所申报的危险品性质、结合船存过境危险品的数量位置，合理安排危险品箱的装船位置，该位置必须符合 IMDG Code、《危险货物适装证书》以及港口国的要求，如果危险品的副危险标志积载隔离要求严于危险品主类别要求，必须按照副危险标志的积载隔离要求进行配载。危险品集装箱装船指令除积载图外，应另附配载清单，清单中包括装载位置、箱型、危险品类别、副危险标志、联合国编号和船公司（Operator code）等内容。

③如果条件允许，航线配载人员应将本航次配载的危险品积载图在船舶抵港 12 小时前发送至有关船舶，让船舶事先做好核对等准备工作。

（3）危险品实装。

①根据国际船舶安全营运和防止污染管理规则（ISM）精神，船舶船长、大副必须严格审核配船的危险品是否符合 IMDG Code 各项规定，尤其是有关集装箱积载、隔离的要求，是否满足本船《危险货物适装证书》的要求，有任何怀疑应及时提出，并汇报相关部门，待查清落实后方可同意装船，船舶船长对装运危险品具有最后的决定权。

②船舶在装载危险品货箱时，当值驾驶员应亲临现场进行监装，认真核对箱号、箱位是否与实配船图相一致。按（SMS）体系文件要求核实危险品箱是否按规定贴妥相应的 IMO 危险品标志，甲板、梯口是否悬挂了严禁吸烟或严禁明火作业的警示牌，并在开航前仔细检查和落实危险品箱的绑扎情况。

4. 装船口岸现场配载工作。

（1）配载的跟踪与调整。

①船舶在港作业期间，航线配载人员必须与现场代理、港方码头配载人员和船舶船长、大副保持密切联系，跟踪配载、装船全过程，据现场箱量的变化不分昼夜随时采取措施，调整优化配载方案，尽责尽心做到集装箱配载合理完善，符合各项安全要求。

②船舶靠泊前备妥进口船图，靠泊后及时上船确定卸船数量。现场操作人员应及时获取集装箱进港信息，以便调整配载计划。收到配载部门集装箱预配船图后，配合港方配载人员按预配图进行实配，按预配意图留出直装箱和加载箱的位置，有疑问及时联系解决。配载计划如有较大更改需获公司配载人员认可。

（2）确保口岸现场代理，船到人到，船离人才离。

①为使集装箱配载装船工作顺利进行，口岸公司现场代理和工作人员应熟悉、掌握相关集装箱配载业务知识，如船舶稳性、强度、堆重限制、弯矩剪力、集装箱绑扎要求、视线要求、危险品隔离等专业知识，熟练使用公司和船舶的配载软件，备齐有关船舶的配载资料。

②为合理配载，保证船舶安全适航又能多港顺利装卸，有条件的各港现场代理必须提前提供码头实配的 EDI 电子船图，供配载人员校核，如发现不合理，现场代理应根据要求及时通知港方调整。各港现场代理必须做到船到人到，船离人离，保持通讯畅通。

（3）甲板重箱的配装。

①甲板上集装箱必须严格按照上轻下重原则堆放。对大于20t的重箱禁止配装甲板上第五、六层，原则上甲板第五、六层只能配装小于13t的重箱，如果船舶配备绑扎软件，装载的集装箱应通过绑扎计算的校核。禁止在甲板上堆装单列（Island Stow）五层或六层重箱。装货预配图必须交船舶船长或大副校核后确认，并获得船长或大副签字。

②在装卸货过程中应积极配合船方监督理货和装卸公司作业，采纳船长、大副的正确意见，满足船方提出的合理要求，加强和船舶、港方的工作协调。

（4）危险品及特种箱装载。危险品箱装载位置要按照预配船图的指示位置堆放，危险品装船位置和数量必须得到船长或大副的确认，满足危险品箱的隔离要求，备妥必要的危险品舱单等资料并及时送达船舶。注意冷藏箱的工况和设定温度，做好和港方的冷藏箱书面交接手续。装卸特种箱时，加强现场监督，督促港方做好框架箱等大型散件货的绑扎工作。

（5）装船完毕。在保障船舶安全的前提下多装货，以航线效益为中心，提高载箱率。装货结束后向船方索取装载计算资料（船舶油水舱报告、吃水、稳性资料等），认真查看并记录开船时实际吃水。开航后及时将实装集装箱船图传送给预配中心、相关部门和下一港代理。

技能活动2　送货

任务目标

知识目标：

- □ 了解合理输送的基本要求及最优化线路的基本知识
- □ 了解零售送货作业的基本要求

能力目标：

- □ 掌握零售送货作业流程操作
- □ 掌握货物送达交割手续办理流程

素养目标：

- □ 培养合理利用与支配各类资源的能力，合理分配时间，计划并掌握工作进程，有效达成工作目标
- □ 培养爱岗敬业的工作态度，理解并掌握操作相关设备的步骤、程序，有效维护设备并处理各种问题

任务描述

送货作业是利用配送车辆把用户订购的物品从制造厂、生产基地、批发商、经销商或配送中心，送到用户手中的过程。送货通常是一种短距离、小批量、高频率的运输形式，它以服务为目标，以尽可能满足客户需求为宗旨。

任务准备

1. 实训地点：物流实训室或校企合作单位。
2. 按照作业岗位分组，轮岗作业。
2. 实训时间：2 课时。

相关知识

一、送货作业

送货是指产品或服务如何送达顾客，它们包括速度、准确性和友好送货。送货的主要要求与特性如下：

1. 时效性：时效性就是确保能在指定的时间内交货，这是流通行业客户最重视的因素。送货是从客户订货至交货过程中的最后一个阶段，也是最容易引起时间延误的一个环节，而客户又非常重视送货的时效性。因此，必须在认真分析各种因素的前提下，用系统化的思想和原则，有效协调，综合管理，选择合理的配送线路、配送车辆和送货人员，使每位客户在预定的时间里收到所订购的货物。

2. 可靠性：可靠性要求将货物完好无损地送到目的地。在配送过程中，货物的装卸作业、运送过程中的机械振动和冲击及其他意外事故、客户地点及作业环境、送货人员的素质等都可能损坏货物。因此，在配送管理过程中必须注意可靠性的原则。

3. 沟通性：配送人员通过送货上门服务直接与客户接触，代表着公司的形象和声誉，在沟通中起着非常重要的作用。

4. 便利性：提高客户的满意度是配送作业的宗旨。因此，应尽可能通过采用高弹性的送货系统，如采用急送货、顺道送货与退货、辅助资源回收等方式，为客户提供真正意义上的便利服务。

5. 经济性：企业运作的基本目标是实现一定的经济利益。所以，送货不仅要满足客户的要求，提供高质量、及时方便的配送服务，还必须提高配送效率，加强成本管理与控制。

二、送货的基本流程

送货基本流程如图 5－29 所示。

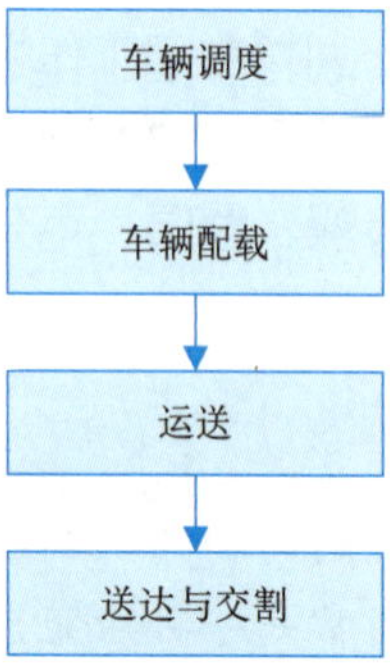

图 5－29　送货的基本流程

（一）车辆调度主要操作流程

1. 车辆安排：车辆安排要解决的问题是安排什么类型、吨位的配送车辆进行最后的送货。

2. 配送线路：知道了每辆车负责配送的具体客户后，如何以最快的速度完成对这些货物的配送，即如何选择配送距离短、配送时间短、配送成本低的线路，还需根据客户的具体位置、沿途的交通情况等做出优先选择和判断。

3. 调度配送人员及车辆：货物配好以后，物流人员应根据事先制订的配送计划分配配送任务，进行配送调度作业。

4. 出车：送货人员必须完全根据物流人员的送货作业指示（出车调派单）执行出车送货作业任务。当送货人员接到出车指示后，将车辆开到指定的装货地点，与仓库管理员、出货人员在出货区清点、交接货物。

（二）运送

1. 配送线路的优化。配送线路设计就是整合影响配送运输的各种因素，适时适当地利用现有的运输工具和道路状况，及时、安全、方便、经济地将客户所需的商品准确地送达客户手中。在配送运输线路设计中，需根据不同客户群的特点和要求，选择不同的线路设计方法，最终达到节省时间、运距和降低配送运输成本的目的。

小贴士

路线最优化方法：节约里程法

节约里程法是指用来解决运输车辆数目不确定的VRP问题的最有名的启发式算法。

节约里程法的基本思想是为达到高效率的配送，使配送的时间最少、距离最短、成本最低，而寻找的最佳配送路线。

利用节约法确定配送路线的主要出发点是，根据配送中心的运输能力和配送中心到各个用户以及各个用户之间的距离来制定，使总的车辆运输的吨公里数最小的配送方案。另还需满足以下条件：

（1）所有用户的要求；

（2）不使任何一辆车超载；

（3）每辆车每天的总运行时间或行驶里程不超过规定的上限；

（4）用户到货时间要求。

如图5－30所示，P_o为配送中心，P_i和P_j分别为两个客户所在地，假如P_o到P_i距离为a，P_o到P_j距离为b，P_i到P_j距离为c。

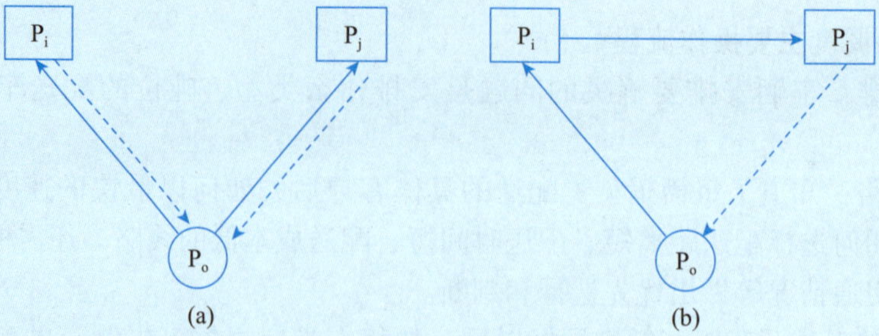

图 5－30 送货路线图

方案 1：配送路线：$p_o \to p_i \to p_o \to p_j \to p_o$，配送距离为 2（a＋b）；

方案 2：配送路线：$p_o \to p_i \to p_j \to p_o$，配送距离为 a＋b＋c。

对比这两个方案，哪个更合理呢？这就要看哪个配送距离最小，配送距离越小，则说明方案越合理。由图（a）中的配送距离，减去图（b）中的配送距离可得出：

$$2(a+b)-(a+b+c)=(2a+2b)-a-b-c=a+b-c \quad ①$$

如果把图（b）看成一个三角形，那么 a、b、c 则是这个三角形三条边的长度。由三角形的几何性质可知，三角形中任意两条边的边长之和，大于第三边的边长。因此，可以认定①式中结果是大于零的。即：

$$a+b-c>0 \quad ②$$

由②式可知，方案 2 优于方案 1，节约了（a＋b－c）的里程。这种分析方案的优劣的思想，就是节约里程法的基本思想。

2. 配送车辆如何进行管理。

（1）GPS 车辆跟踪、定位与监控系统。车辆跟踪系统中，可以利用 GPS 和电子地图实时显示出车辆的实际位置并随目标移动，使目标始终保持在屏幕上；也可打开多窗口，对多车辆实现多屏幕同时跟踪。同时，还应提供出行路线的规划和导航，规划线路可自动规划，也可实现人工设计。信息查询系统中，用户能够在电子地图上根据需要进行查询。

话务指挥系统中，指挥中心可以监测区域内车辆的运行状况，对被监控车辆进行合理调度。指挥中心也可随时与被跟踪目标通话，实行管理。

紧急援助系统中，可以通过 GPS 定位和监控管理系统对遇有险情或发生事故的车辆进行紧急援助。监控台的电子地图可显示求助信息和报警目标，规划出最优援助方案，并以报警声、光信号提醒值班人员进行应急处理。

（2）行车作业管理。由于配送主要是短距离的卡车运输，因此，送货车辆的行车作业管理也是运送作业管理的主要内容。

在货物的输送过程中，往往会出现因临时的交通状况变化、天气变化、行车人员在外不按指令行车或在驾驶过程中突发安全事故难以直接控制而导致货物输送不能如期到达、货物受损等情况，从而使运输成本上升，最终影响配送服务质量与配送效益。因此，在货物运输管理中必须加强行驶作业记录管理和行车人员的考核与管理。

（三）送达与交割

当货物送达到指定的交货地点后，送货人员应根据双方合同的约定，协助收货方将货物卸下车，放到指定位置，并与收货方一起清点货物，做好送货完成确认和送货单签回工作。

拓展阅读

零售送货的作业流程

1. 送货提单打印流程。

（1）每天按时分商场打印送货提单（同一商场不能同时打印），每天中午12:00前打印需当天下午送货的提单，每天晚上18:00前打印次日需送货的提单，打印时间设置为0:00~23:00。

（2）打印送货提单需进入ERP送货安装→送货综合管理→输出送货单（提单）→按邮编输出送货单→输入送货日期、区域编码→选择商场→点击打印。打印时如出现电脑死机、打印机死机、卡纸、假缺纸等故障，应进入记事本查找记录，核对已打印的提单是否有漏单，可“按单号输出送货单”或“送货单异常处理”进行补单，并做好记录。

（3）提单打印之后，在左上角用订书机订好。

（4）每一份提单在审核的同时加盖“广汇配送专用章”（除“0”提单外），按区域分类及时传递给派工人员。

（5）如有等商场有效单据方可送货的（欠款、回执联、内提单、出样单）则将此类打印提单第一联取下分类摆放，其余一联或两联交于派工人员。

智能配送的实践案例

（6）对于零票的提单必须严格审核后才可交给派工人员进行单据派工。需借机送货的进入“仓储管理”界面查询有无可卖数，有可卖数的直接交退换机岗位开借机单，无可卖数的交无货岗位回传事业部签字后开借机单，无保管数的按无货交接。

（7）当派工人员把提单分好后交给电脑人员打印派工单时，ERP定义送货日期为上午9:00，下午15:00，审核派工（表）记录确认无误后方可连同送货单交于派工人员。

（8）即买即送的提单电脑派工时，上午派工的ERP定义送货日期为14:00，下午派工的时间为16:00或依此后推。

（9）电脑派工前需进行无货查询，根据商品代码查出顾客资料到派工处找出送货单后，必须到仓库让仓管员签“无货”，并签上时间、姓名，方可交接给无货岗位。

（10）打印派工表时需进入ERP送货安装→送货综合管理→输出送货派工表→输入送货时间（上午：0:00—9:00；下午15:00—15:00）及送货工工号→点击打印。在提单上进行手工编号，核对无误后交接给发单人员。如有差错，需查询电脑记录，不允许随意处理。

（11）派工表打印完毕后需进行未派工查询，如有未派工记录要立即解决并打印出“未完工情况明细表”保存备查。

（12）发单完毕后，及时修改车辆送货人记录，注意送货结果。

（13）如遇顾客自提时，应凭顾客手中的回执联和提货联的号码，把顾客的提单打印出来，收回顾客手中的回执联并让顾客在回执联上写“货已收到”，并将回执联交于销单人员。

（14）如遇上电脑程序出现问题要及时与信息管理中心（部）及时联系。

（15）商场单据交接时应核对份数、发票号码、是否为本部门应收单据，并签收。

2. 送货派工作业流程。

本岗位从接到打印好的提单开始，调配好各类运输工具，交送货人或跟车工提货完为止，其简单的流程如下：

（1）审阅、分拣单据。

- 从送货时间上将上午、下午、全天送货的单据分拣开；
- 将工程机送货的单据分拣出来（尽可能用外租车去送）；
- 对需收费的单据逐项进行登记；
- 根据地区编码和用户详细地址进行分拣；
- 对个别用户资料有出入的单据进行核对；
- 对提货仓库栏和备注栏的内容进行审核；
- 对二次配送的单据进行审核，逐项登记；
- 对需分批次进行送货的单据督促提前做好有关提货手续；
- 对商场输单所出现的错误进行核对并逐项登记；
- 对未按配送方案规定时间送货的单据分检后交信息受理部门与商场联系后更改送货时间。

（2）车辆安排。

- 将已分拣好的单据合理调配各种运输车辆；
- 安排车辆按先自备车，后外租车的原则进行调配；
- 将分拣好的单据进行具体地车辆编号，交提单打印处打印“送货情况登记表”；
- 组织工人提货、监督装车。

3. 提送货流程。

（1）领单。送货工、驾驶员在派工发单处领单，签一式两联的派工表，核对提单（提单上已编号），无误后签字。

注意事项：

- 核对提单份数、商品台数是否与派工表相符；
- 提单无第一联（白联）的需看清备注栏中的文字，如“货到收回欠款×××元，将发票交顾客。或将红联交顾客签收”等，待发票或红联到后凭打印送货单到发单处领取第一联，再到该单的相应仓库提货；
- 如需先提货，可用结算联（蓝联）换取提货联（白联），待货提好后到发单处领回蓝联和发票（或粉联）。

（2）提单说明。

- 第一联（白联）：仓库提货联；
- 第二联（粉联）：司机留存联；
- 第四联（黄联）：派工留存联。

注意事项：

- 每张提单在上方都有相应商品的提货库区，提货人根据库区将提单送相应仓库；
- 提单右侧有手写的编号，仓库所发出的货物上有粉笔标的编号，与提单编号相符；
- 提单上无提货商品，数量为“0”的提单要看清备注栏内的内容。

(3) 在提单右上角上写明：车位号、车号、姓名。将第一、二联撕下根据提单的库区交相应仓库录入电脑提货。

注意事项：

- 提货时“无货”单据必须及时将一式两联（电器）、一式三联（空调）提单交至销单处；
- 如同一张提单上有“无货”或暂不配送的商品必须到财务开“分割单”，并将“分割单”和未提完的材料及时交至销单处。

(4) 收货。

- 仓库库工根据右上角填写的收货人资料将货物推往该处；
- 送货工凭出门联核对货物型号、数量，无误后在库工手中的第二联（红联）上签“货收几件”并签名；
- 库工在送货工的出派工汇总表上签上自己的姓名（货物上的编号与提单上的编号必须相符，货物上的编号由仓库编写）。

注意事项：

- 先送的货往后装，后送的货往前装；
- 装车时必须按电器正确摆放装车，不得将冰箱、空调外机、彩电、滚筒洗衣机等放倒装车；
- 装车完毕后核对、清点所有的型号、数量、材料。

(5) 送货前先与顾客电话联系，确认顾客家中有人并告知顾客大概的到达时间，货到用户家将货送到顾客指定的位置，核对顾客发票上的型号、数量，并让顾客检查外观，核对无误后要求顾客签收。

注意事项：

- 冰箱、空调外机在搬运上楼的倾斜角度不得超过45°；
- 货物搬运、摆放一定要轻拿轻放，保障顾客家中设施的安全；
- 开箱发现外观有损的与商场、客服或配送部联系并将坏机、附件包装好后拖回；
- 换机的必须先将坏机抬下楼再送新机（核对附件、保卡是否齐全）。

(6) 顾客签收“货收×件、外观完好”并签名，收回用户回执联。

注意事项：

- 有欠款的必须要先收回欠款，将发票交用户，让顾客在回执联上签“发票已收”；
- 收回欠款时注意辨别钱币的真伪（有疑问及时调换）；
- 顾客无收货联的必须在地址、姓名、电话完全正确的情况下让顾客凭有效证件打收条，核对无误后并抄下证件号码。

(7) 家中无人。

注意事项：

- 首先驾驶员必须主动与顾客电话联系，如联系不上的可留下“阳光服务卡”；

- 驾驶员在送完货后应再次上门查看；
- 必须与客服或配送部联系征得同意后方可拖回。

（8）送货完毕回派工处销单（收回的用户回执联必须在24小时内销单，过期将不予结算）。

注意事项：

- 收回欠款的必须先到财务交清欠款；
- 因顾客家中无人而拖回的电器到仓库办理暂存，并将暂存单交销单处；
- 换机或拖回的必须及时办理完相关的手续后方可销单；
- 手中的单据在销单后方可再次领单送货。

应用训练

一、活动内容

在实训场地根据配载与送货的操作流程进行模拟。

二、操作步骤

1. 配载设计。根据订单处理系统模拟的订单商品信息，并根据系统中设定的车辆信息，给出配载的设计方案，并向送货部门传递。

2. 配载模拟演练（视实训场地而定）。学生按照不同职能进行分组，模拟配载中心进行装车、装箱实务训练，并进行轮船配载的系统模拟。

3. 模拟运送。学生模拟运管中心职能，对配送车辆的实际运行情况进行跟踪管理。

三、成果展示

各小组在实训场所上完成全部操作流程，并进行多角色分组联合演练，教师依据完成质量与速度评比点评。

任务评价

操作能力评分表

考评内容	配载送货操作		
考评标准	内容	分值	实际得分
	配载设计	50	
	配载模拟	25	
	送货管理	25	
合计		100分	
小组活动评价		教师点评	

综合练习

一、单选题

1. （　　）是流通行业客户在送货中最重视的因素。

A. 时效性　　B. 可靠性

C. 沟通性　　D. 经济性

2. 车辆跟踪系统中，可以利用（　　）和电子地图实时显示出车辆的实际位置并随目标移动。

A. GPS　　B. 手机

C. 电脑　　D. 无线电

3. 以下哪个不属于送货的基本流程（　　）。

A. 车辆调度　　B. 订单处理

C. 运送　　D. 交割

4. 车厢尺寸是货物包装容器的尺寸的（　　），可装满车厢。

A. 0.9 倍　　B. 2.2 倍

C. 3 倍　　D. 无关联

5. 在装车堆积时，大型货车的高度从地面起不得超过（　　）。

A. 4 米　　B. 3 米

C. 5 米　　D. 无规定

二、多选题

1. 配载是指承运人根据货物托运人提出的托运计划，对所属运输工具的具体情况确定应装运的（　　　　）。

A. 品种　　B. 重量

C. 数量　　D. 体积

2. 从公司层面看，合理安排货物装车可以有哪些益处？（　　　　）

A. 提高车辆装载率　　B. 减少车辆的空驶率

C. 降低运输成本　　D. 减少车辆对道路的占有率

3. 装车堆积常用的方法有（　　　　）。

A. 行列式堆码方式　　B. 标准堆码方式

C. 直立式堆码方式　　D. 重叠堆码方式

4. 送货作业是利用配送车辆把用户订购的物品从（　　　　）送到用户手中的过程。

A. 制造厂　　B. 生产基地

C. 批发商　　D. 配送中心

5. 送货通常是一种（　　　　）的运输形式，它以服务为目标，以尽可能满足客户需求为宗旨。

A. 短距离　　　　B. 小批量

C. 大数量　　　　D. 高频率

三、判断题

1. 只要轻重货的总重量加起来能无限接近于限定载重量的最大值就能达到配载最优化。（　　）

2. 车辆装货时，必须将重货置于底部，轻货置于上部，重心下移确保稳固，同时避免重货压坏轻货，以保证运输安全。（　　）

3. 应该根据车厢的尺寸、容积，货物外包装的尺寸来确定合理的堆码层次及方法。（　　）

4. 配载与配装是一回事。（　　）

5. 装卸作业不必按流水作业原则进行。（　　）

四、简答题

1. 为什么要重视配载作业？

2. 如何提高装载效率？

3. 装载与装配的区别是什么？

4. 送货的主要要求是什么？

5. 车辆调度的主要操作流程是什么？

项目六 6 物流数据采集技术

任务 1 制作和打印条形码

任务目标

知识目标：

- □ 了解数据自动采集技术与行业应用，熟悉一维条码技术、二维条码技术
- □ 理解物流条码标准，熟悉条码识别系统以及条码识别设备

能力目标：

- □ 能使用条码软件设计制作条码标签
- □ 能设置和使用条码打印机打印条码标签

素养目标：

- □ 从社会主义核心价值观出发，通过学习我国物流信息技术的高速发展历史，增强民族自豪感和自信心
- □ 树立面对困难善于思考努力拼搏的决心，塑造刻苦钻研、自强不息、开拓创新的精神

任务描述

条码打印机和条码设计软件在物流行业中使用非常广泛，是物流信息管理系统信息识别和信息传输的重要工具。条形码打印机可以在无人看管的情况下实现连续高速打印。条码设计软件可以设计序列号标识、包装标识、条形码标识、信封标签等。本任务中学生需根据要求设计条码标签，并安装和使用条码打印机完成标签打印。

任务准备

1. 学生5人一组，每组配备PC、条码扫描器和条码打印机各一台。
2. 条码标签纸5卷。
3. 实训时间：4课时。

营造有利于科技型中小微企业成长的良好环境

相关知识

一、自动识别与采集技术

现代物流管理中信息流与实物流分离，因此物流数据采集便成为一项基本工作。

自动识别与数据采集技术（AIDC），是可以通过自动手段获取项目管理信息并且不使用键盘即可将信息数据实时输入计算机、微处理器、逻辑控制器等信息系统的技术。

自动识别与数据采集技术的应用过程是，将项目的管理信息通过信息化编码进行定义、代码化，并装载可自动识别的载体如条形码符号、射频标签等中，借助自动采集与识别设备，实现定义信息的自动识别、采集和输入信息处理系统。

小知识

我国物流行业新技术新模式新业态不断涌现，智慧物流引领行业创新发展。物联网、云计算、大数据、人工智能、区块链等新一代信息技术与传统物流融合。无人仓、无人码头、无人配送、物流机器人、智能快件箱等技术装备加快应用；数字货运、数字园区、数字仓库等新基建推广建设；高铁快运动车组、大型货运无人机、无人驾驶卡车等装备设施起步发展；快递电子运单、铁路货票电子化、航运与道路货运电子订单得到普及。截至2021年底，我国安装北斗导航动态监控系统的重型货车已超700万辆，物流全流程全面拥抱互联网，万物互联的物流互联网逐步形成，新技术对物流产业升级的带动作用持续增强。

二、自动识别与采集技术种类

1. 条形码技术。条形码是由不同宽度及浅色和深色的条形组成的图形，这些部分代表数字、字母或标点符号。条形码是一种十分有效的识别工具，它提供准确及时的信息来支持成熟的管理系统。条形码使用能够提高准确性和效率，节省开支并改进业务操作。

条形码技术是主要的物流自动采集技术，可用来采集有关人员、地点或物品的资料。它的应用范围很广。条形码被用来进行物品追踪、控制库存、记录时间和出勤、监视生产过程、质量控制、检进检出、分类、订单输入、文件追踪、进出控制、个人识别、送货与收货、仓库管理、路线管理、售货点作业等各方面。

2. 射频识别技术。射频识别技术（RFID）是将特殊的信息编码进电子标签，标签被粘贴在需要识别或追踪的物品上，如货架、汽车、自动导向的车辆等。射频系统的优点是不局限于视线，识别距离比光学系统远，射频识别卡可具有读写能力，可携带大量数据、难以伪造和具有一定智能等。

在物流和供应链管理方面，RFID 技术被应用于物料跟踪、运载工具和货架识别等要求非接触数据采集和交换的场合，由于电子标签具有可读写能力，对于需要频繁改变数据内容的场合尤为适用。信息的准确性和及时性是物流及供应链管理的关键因素，对此 RFID 技术能够提供充分的保证。RFID 系统使供应链的透明度大大提高，物品能在供应链的任何地方被实时追踪，同时消除了以往各环节上的人工错误。安装在工厂、配送中心、仓库及商场货架上的阅读器能够自动记录物品在整个供应链的流动，从生产线开始一直到最终的消费者。

相关知识

视觉识别技术

视觉识别系统可以看作是这样的系统：它能获取视觉图像，而且通过一个特征抽取和分析的过程，能自动识别限定的标志、字符、编码结构或呈现在图像内的其他特征。视觉系统使用一个与计算机相联的摄像机来摄取图像，然后将它转换成机器可读的形式。这个过程被称作“数字化”。软件程序被用来处理这个数字化的图像，以取得需要的信息。

视觉识别技术在没有人类干预的情况下使用计算机来处理和分析图像信息并做出结论，因此视觉系统被应用在自动识别、测量与检验、机器人指导与控制、材料搬运与分类、质量检验、测量与机械手组装线等领域。视觉识别技术系统还在识读二维码符号方面得到应用，特别是在低光源、低反差的情况下，激光扫描器或独立的 CCD 扫描器不能识读条形码，视觉识别技术系统得以应用。随着自动化的发展，视觉技术可与其他自动采集技术结合起来应用在汽车制造、电子、航天、企业物流、食品、药物、饮料、木材、橡胶、保健和金属工业。

3. 射频通信技术。射频通信（RFDC）技术是对自动采集技术的一种补充。射频通信终端机、解调器、基础站和接触点提供了在无地域限制的终端机操作人员与计算机主机之间的相互通讯。它可以取代有线终端机。射频通信终端机可以是固定的或手持式的，可以固定在铲车或其他搬运机械上或者戴在人身上。

射频通信技术在仓库管理系统中被用来进行直接收货、存储、检索、订单取货、货物补充等等。每项作业的信息被传递到计算机主机，以便进行立即的记录确认和更新。在零售业中，射频终端机用来做价格确认、订单输入和直接的商店接货。

4. 磁条技术。磁条就是一层薄薄的由定向排列的氧化铁粒子组成的材料，用树脂粘合在一起并粘在纸或塑料这样的非磁性基片上。磁条技术实际上使用与录音带和录像带相同的技术，只是编码在磁条中的是数字化信息，而不是声音或图像。

磁条技术的优点是数据可读写，即具有现场改造数据的能力；数据存储量能满足大多数需求；便于使用；成本低廉；还具有一定的数据安全性；它能粘附于许多不同规格和形式的基材上。这些优点使之在很多领域得到广泛应用，包括考勤系统、物流库存追踪、人员识别、场所管理、生产控制、交通收费系统和设施的进出控制等。

5. 智能卡技术。智能卡就是将具有处理能力和具有加密存储功能的安全可靠的集成电路芯版嵌装在一个与信用卡一样大小的基片中。其最大特点是具有独立的运算和存储功能，在无源情况下，数据也不会丢失，数据安全性和保密性都非常好，成本适中。

内装的只读型记忆（ICROM）卡称为 IC 记忆卡，它们没有可编程序的功能，但是能够储存大量信息。在理论上它们与磁条卡相似，但是 IC 卡的信息是隐蔽性的，而且它的信息存储量比磁条卡大得多。

智能卡与计算机系统相结合，可以方便地满足对各种各样信息的采集传送、加密和管理的需要，它在许多领域如：银行、公路收费、水表煤气收费、海关车辆检查等得到了广泛应用。

小贴士

20 世纪 40 年代，美国乔·伍德兰德和伯尼·西尔沃两位工程师就开始研究用代码表示食品项目及相应的自动识别设备，并于 1949 年获得了美国专利。

1974 年 Intermec 公司的戴维·阿利尔博士研制出 39 码，很快被美国国防部所采纳，作为军用条形码码制。39 码是第一个字母、数字式的条形码，后来广泛应用于工业领域。

6. 近场通信技术

近场通信（Near Field Communication，NFC）是一种新兴的技术，使用了 NFC 技术的设备（例如具备 NFC 功能的手机）可以在彼此靠近的情况下进行数据交换，是由非接触式射频识别（RFID）及互连互通技术整合演变而来的，具有极高的安全性，在短距离通信中具有性能优势。NFC 技术通过在单一芯片上集成感应式读卡器、感应式卡片和点对点通信的功能，利用移动终端实现移动支付、商超标签、电子票务、门禁、移动身份识别、防伪等应用。

NFC 作为一种短距高频的无线电技术，NFCIP－1 标准规定 NFC 的通信距离为 10 厘米以内，运行频率 13.56MHz，传输速度有 106kbit/s、212kbit/s 或者 424kbit/s 三种。NFCIP－1 标准详细规定 NFC 设备的传输速度、编解码方法、调制方案以及射频接口的帧格式，此标准中还定义了 NFC 的传输协议，其中包括启动协议和数据交换方法等。NFC 标准为了和非接触式智能卡兼容，规定了一种灵活的网关系统，具体分为三种工作模式：点对点通信模式、读写器模式和 NFC 卡模拟模式。

三、物流条码

条码是由一组按一定编码规则排列的条、空符号，用以表示一定的字符、数字及符号组成的信息。条码系统是由条码符号设计、制作及扫描阅读组成的自动识别系统。

条码技术是在计算机应用和实践中产生并发展起来的广泛应用于商业、邮政、图书管理、仓储、工业生产过程控制、交通等领域的一种自动识别技术，具有输入速度快、准确度高、成本低、可靠性强等优点，在当今的自动识别技术中占有重要的地位。

条码是由一组规则排列的条、空以及对应的字符组成的标记，“条”指对光线反射率较低的部分，“空”指对光线反射率较高的部分，这些条和空组成的数据表达一定的信息，并能够用特定的设备识读，转换成与计算机兼容的二进制和十进制信息。通常对于每一种物品，它的编码是唯一的，对于普通的一维条码来说，还要通过数据库建立条码与商品信息的对应关系，当条码的数据传到计算机上时，由计算机上的应用程序对数据进行操作和处理。因此，普通的一维条码在使用过程中仅作为识别信息，它的意义是通过在计算机系统的数据库中提取相应的信息而实现的。

条码种类很多，常见的大概有 20 多种码制，目前，国际广泛使用的条码种类有EAN 码（图 6－1）、UPC 码、Code39 码、ITF25 码、Code bar 码、Code93 码、Code128 码等。其中，EAN 码是当今世界上广为使用的商品条码，已成为电子数据交换（EDI）的基础；UPC 码主要为美国和加拿大使用；在各类条码应用系统中，Code39 码因其可采用数字与字母共同组成的方式而在各行业内部管理上被广泛使用；在血库、图书馆和照相馆的业务中，Code bar 码也被广泛使用。

4 713546 575609

图 6－1　EAN 码

四、条码技术

（一）一维条码技术

条码技术是自动识别与数据采集技术中（AIDC）最成熟、应用最广泛和最成功的技术。现在我们从超市上买回来的商品上都会有编码，不是超级市场自己编的条码，就是商品制造者编写的条码。

小贴士

条码技术的主要优点

- 简单——条码符号制作容易，扫描操作简单易行。
- 信息采集速度快——普通计算机的键盘录入速度是每分钟200字符，而利用条码扫描录入信息的速度是键盘录入的20倍。
- 采集信息量大——利用条码扫描，一次可以采集十几位字符的信息，而且可以通过选择不同码制的条码增加字符密度，使录入的信息量成倍地增加。
- 低成本——设备结构简单使用成本低。

这种条码是由一个接一个的“条”和“空”排列组成的，条码信息靠条和空的不同宽度和位置来传递，信息量的大小是由条码的宽度和印刷的精度来决定的，条码越宽，包容的条和空越多，信息量越大；条码印刷的精度越高，单位长度内可以容纳的条和空越多，传递的信息量也就越大。这种条码技术只能在一个方向上通过“条”与“空”的排列组合来存储信息，所以叫它“一维条码”。

1. 一维条码技术的基础术语：

- 条（BAR）：条码中反射率较低的部分，一般印刷的颜色较深。
- 空（SPACE）：条码中反射率较高的部分，一般印刷的颜色较浅。
- 空白区（CLEAR AREA）：条码左右两端外侧与空的反射率相同的限定区域。
- 起始符（START CHARACTER）：位于条码起始位置的若干条与空。
- 终止符（STOP CHARACTER）：位于条码终止位置的若干条与空。
- 中间分隔符（CENTRAL SEPERATING CHARACTER）：位于条码中间位置的若干条与空。
- 条码数据符（BAR CODE DATA CHARACTER）：表示特定信息的条码符号。
- 校验符（CHECK CHARACTER）：表示校验码的条码若干条与空。
- 供人识别字符（HUMAN READABLE CHARACTER）：位于条码符的下方，与相应的条码相对应的、用于供人识别的字符。

2. 一维条码的结构。任何一个完整的一维条码通常都是由两侧的空白区、起始符、数据字符、校验符、终止符和供人识别字符组成的。

一维条码符号中的数据字符和校验符是代表编码信息的字符，扫描识读后需要传输处理，左右两侧的空白区、起始符、终止符等都是不代表编码信息的辅助符号，仅供条码扫描识读时使用，不需要参与信息代码传输。

3. 一维条码的编码方法。条码的编码方法是指条码中条空的编码规则以及二进制的逻辑表示的设置。条码的编码方法有两种：模块组合法和宽度调节法。

- 模块组合法是指条码符号中，条与空是由标准宽度的模块组合而成。一个标准宽度的条表示二进制的“1”，而一个标准宽度的空模块表示二进制的“0”。商品条码模块的标准宽度是0.33毫米，它的一个字符由两个条和两个空构成，每一个条或空由1～4个标准宽度模块组成。

• 宽度调节法是指条码中，条与空的宽窄设置不同，用宽单元表示二进制的“1”，而用窄单元表示二进制的“0”，宽窄单元之比一般控制在2:3。

4. 一维条码的种类。条码按照不同的分类方法，不同的编码规则可以分成许多种，现在已知的世界上正在使用的条码就有250种之多。下面简要介绍世界上使用比较广泛的几种条码。

（1）EAN条码。EAN码是国际物品编码协会在全球推广应用的商品条码，是定长的纯数字型条码，它表示的字符集为数字0~9。在实际应用中，EAN码有两种版本，标准版和缩短版。标准版是由13位数字组成，称为EAN－13码或长码（图6－2）；缩短版EAN码是由8位数字组成，称为EAN－8码或者短码。

图6－2　EAN－13码的结构

①EAN－13码。EAN－13码是按照“模块组合法”进行编码的。EAN－13码由13位数字组成。根据EAN规范，这13位数字分别赋予了不同的含义。

厂商识别代码由7~9位数字组成，用于对厂商的唯一标识。厂商代码是各国的EAN编码组织在EAN分配的成员前缀码（X13，X12，X11）的基础上分配给厂商的代码。前缀码是标识EAN所属成员的代码，由EAN统一管理和分配，以确保前缀码在国际范围内的唯一性。商品项目代码由5~3位数字组成，用以标识商品的代码。商品项目代码由厂商自行编码。在编制商品项目代码时，厂商必须遵守商品编码的基本原则：对同一商品项目的商品必须编制相同的商品项目代码；对不同的商品项目必须编制不同的商品项目代码；保证商品项目与其标识代码一一对应，即一个商品项目只有一个代码，一个代码只标识一个商品项目。校验码用以校验代码的正误，是由一位数字组成。校验码是根据条码字符的数值按一定的数学算法计算得出的。

小贴士

中国于1991年加入了国际物品编码协会，EAN分配给中国大陆地区的前缀码是690~692。

以690、691为前缀码的EAN－13码只能分别对10000个制造厂商进行编码，这是因为制造厂商代码只有4位，制造厂商代码只能从0000~9999这一万组数字中进行分配。每一个制造厂商可以对自己生产的10万种商品进行编码。

②EAN－8码。EAN－8码是EAN－13码的压缩版，由8位数字组成，用于包装面积较小的商品上。与EAN－13码相比，EAN－8码没有制造厂商代码，仅有前缀码、商品项目代码和校验码。

在中国，凡需使用EAN－8码的商品生产厂家，需将本企业欲使用EAN－8码的商品目录及其外包装或设计稿报至中国物品编码中心或其分支机构，由中国物品编码中心统一赋码。

（2）UPC条码。UPC码是美国统一代码委员会UCC制定的商品条码，它是世界上最早出现并投入应用的商品条码，在北美地区得以广泛应用。UPC码在技术上与EAN码完全一致，它的编码方法也是模块组合法，也是定长、纯数字型条码。UPC码有5种版本，常用的商品条码版本为UPC－A码和UPC－E码。UPC－A码是标准的UPC通用商品条码版本，UPC－E码为UPC－A的压缩版。

①UPC－A码。UPC－A码供人识读的数字代码只有12位，它的代码结构由厂商识别代码（6位）（包括系统字符1位）、商品项目代码（5位）、校验码（1位）共三部分组成。

UPC－A码的代码结构中没有前缀码，它的系统字符为一位数字，用以标识商品类别。带有规则包装的商品，其系统字符一般为“0，6或7”。

②UPC－E码。UPC－E码是UPC－A码的缩短版，是UPC－A码系统字符为0时，通过一定规则销0压缩而得到的。

（3）二五条码。二五条码是根据宽度调节法进行编码，并且只有条表示信息的非连续型条码。每一个条码字符由规则的5个条组成，其中有两个宽单元，三个窄单元，故称为“二五条码”。它的字符集为数字字符0～9。

交叉二五条码。二五条码是最简单的条码，但二五条码不能有效的利用空间，人们在二五条码的启迪下，将条表示信息，扩展到用空也表示信息，就产生了交叉二五条码。

（二）二维条码技术

随着现代信息技术的发展，迫切要求用条码在有限的几何空间内表示更多的信息，从而满足千变万化的信息的需求。二维条码正是为了解决一维条码无法解决的问题而诞生的。它具有密度高、容量大等特点，所以可以用它表示数据文件（包括汉字文件）、图片等。二维条码是各种证件及卡片等大容量、高可靠性信息实现存储、携带并自动识别的最理想的方法。

为了满足人们的这种需求，美国Symbol公司于1991年正式推出名为PDF417的二维条码，简称为PDF417条码（图6－3），即“便携式数据文件”。

图6－3　PDF417码

PDF417条码是一种高密度、高信息含量的便携式数据文件，是实现证件及卡片等大容量、高可靠性信息自动存储、携带并可用机器自动识读的理想手段。

1. PDF417 条码的特点。

（1）信息容量大。根据不同的条空比例每平方英寸可以容纳 250 到 1100 个字符。在国际标准的证卡有效面积上 PDF417 条码可以容纳 1848 个字母字符或 2729 个数字字符，约 500 个汉字信息。这种二维条码比普通条码信息容量高几十倍。

（2）编码范围广。PDF417 条码可以将照片、指纹、掌纹、签字、声音、文字等可数字化的信息进行编码。

（3）保密、防伪性能好。PDF417 条码具有多重防伪特性，它可以采用密码防伪、软件加密及利用所包含的信息如指纹、照片等进行防伪，因此具有极强的保密防伪性能。

（4）译码可靠性高。普通条码的译码错误率约为百万分之二左右，而 PDF417 条码的误码率不超过千万分之一，译码可靠性极高。

（5）修正错误能力强。PDF417 条码采用了世界上最先进的数学纠错理论，如果破损面积不超过 50%，条码由于玷污、破损等所丢失的信息，可以照常破译出丢失的信息。

（6）容易制作且成本低。利用现有的点阵、激光、喷墨、热敏/热转印、制卡机等打印技术，即可在纸张、卡片、PVC，甚至金属表面上印出 PDF417 二维条码。由此所增加的费用仅是油墨的成本，因此人们又称 PDF417 是“零成本”技术。

（7）条码符号的形状可变。同样的信息量，PDF417 条码的形状可以根据载体面积及美工设计等进行自我调整。

将 PDF417 条码卡与 IC 卡、磁卡技术比较可看出：

磁卡优点：可读可写，成本略高于 PDF417 二维条码卡。缺点：信息容量小，常依赖于外界的数据库；保密防伪性差；可靠性低，易受电磁场干扰而损毁信息；寿命短。

IC 卡优点：信息容量大，可读可写。缺点：成本高，IC 卡的成本通常是 PDF417 条码卡的 3～5 倍；寿命较短，易于折损；可靠性差，易受外界强磁场干扰而损毁信息；保密防伪性相对较差。

PDF417 二维条码卡优点：信息容量大、保密防伪性强、可靠性高；成本低，按照材料的不同选用载体；寿命长，PDF417 二维条码卡的寿命可达 8、9 年。缺点：信息不可改写。

2. 二维条码在物流管理中的应用。

（1）产品跟踪。在企业生产中，对产品的生产过程进行跟踪。首先由计划部门下达生产任务单，任务单跟随相应的产品进行流动。然后每一生产环节开始时，用生产线终端扫描任务单上的条码，更改数据库中的产品状态。最后产品下线包装时，打印并粘贴产品的客户信息条码。

（2）产品标签管理。在产品下线时，产品标签由制造商打印并粘贴在产品包装的明显位置。产品标签将成为跟踪产品流转的重要标志。若产品制造商未提供条码标签或标签损坏，可利用系统提供的产品标签管理模块，重新生成所需的标签。

（3）产品入库管理。入库时识读商品上的二维条码标签，同时录入商品的存放信息，将商品的特性信息及存放信息一同存入数据库，存储时进行检查，看是否是重复录入。通过二维条码传递信息，有效的避免了人工录入的失误，实现了数据的无损传递和快速录入，实现商品的单品管理。

（4）产品出库管理。根据商务中心产生的提货单或配送单，选择相应的产品出库。为出库备货方便，可根据产品的特征进行组合查询，可打印查询结果或生成可用于移动终端的数据文件。产品出库时，要扫描商品上的二维条码，对出库商品的信息进行确认，同时更改其库存状态。

（5）仓库内部管理。在库存管理中，一方面二维条码可用于存货盘点。通过手持无线终端，收集盘点商品信息，然后将收集到的信息由计算机进行集中处理，从而形成盘点报告。另一方面二维条码可用于出库备货。

（6）货物配送。二维条码在配送管理中具有重要的意义。配送前将配送商品资料和客户订单资料下载到移动终端中，到达配送客户后，打开移动终端，调出客户相应的订单，然后根据订单情况挑选货物并验证其条码标签，确认配送完一个客户的货物后，移动终端会自动校验配送情况，并做出相应的提示。

（7）保修维护。维修人员使用二维条码识读器识读客户信息条码信息标签，确认商品的资料。维修结束后，录入维修情况及相关信息。

五、物流条码

京东物流 5G
全连接智能仓

1. 物流条码体系。物流条码是供应链中用以标识物流领域中具体实物的一种特殊代码，是整个供应链过程，包括生产厂家、配送运输业、消费者等环节的共享数据。它贯穿整个贸易过程，并通过物流条码数据的采集、反馈，提高整个物流系统的经济效益。

2. 物流条码的特点。

（1）商品条码是最终消费品，通常是单个商品的唯一标识，用于零售业现代化的管理；物流条码是储运单元的唯一标识，通常标识多个或多种类商品的集合，用于物流的现代化管理。

（2）服务于供应链全过程。生产厂家生产出产品，经过包装、运输、仓储、分拣、配送，直到零售商店，中间经过若干环节，物流条码是这些环节中的唯一标识，因此它涉及更广，是多种行业共享的通用数据。

（3）信息多。物流条码可表示货物的体积、重量、生产日期、批号等信息。是贸易伙伴根据共同需求，经过协商统一制定的。

（4）可变性。物流条码是随着贸易的不断发展，贸易伙伴对各种信息需求的不断增加应运而生的，其应用在不断扩大，内容也在不断丰富。

（5）维护性。物流条码的相关标准是一个需要经常维护的标准。及时沟通用户需求，传达标准化机构有关条码应用的变更内容，是确保物流现代化、信息化管理的重要保障之一。

3. 物流条码标识内容及码制选择。物流条码标识的内容主要有项目标识（货运包装箱代码 SCC－14）、动态项目标识（系列货运包装箱代码 SSCC－18）、日期、数量、参考项目（客户购货订单代码）、位置码、特殊应用（医疗保健业等）及内部使用，具体规定可见相关国家标准。

现有的条码码制多种多样，但国际上通用的和公认的物流条码码制只有三种：ITF－14 条码、UCC/EAN－128 条码及 EAN－13 条码。选用条码时，要根据货物的不同和商品包装的不同，采用不同的条码码制。单个大件商品，如电视机、电冰箱、洗衣机等商品的包装箱往往采用 EAN－13 条码。储运包装箱常常采用 ITF－14 条码（图 6－4）或 UCC/EAN－128

应用标识条码，包装箱内可以是单一商品，也可以是不同的商品或多件头商品小包装。

EAN－13 条码（标准版商品条码）：参见 GB 12904。

06901234567892

图 6－4　ITF－14 条码

六、条码系统设备

条码自动识别系统一般由条码自动识别设备、系统软件、应用软件等组成。条形码自动识别设备包括扫描器、译码器、计算机和打印设备以及显示器。条形码自动识别软件一般包括扫描器输出信号的测量、条形码码制及扫描方向的识别逻辑值的判断，以及阅读器与计算机之间的数据通信等几部分。根据需要，一台计算机可配置多台阅读器终端，一台译码器也可以用若干个扫描器联网，形成一个数据采集网络。

（一）条码识读设备

条码识读设备是用来读取条码信息的设备。它使用一个光学装置将条码的条空信息转换成电平信息，再由专用译码器翻译成相应的数据信息。条码识读设备一般不需要驱动程序，接上后可直接使用，如同键盘一样。

条码扫描设备从原理上可分为光笔、CCD 和激光三类，从形式上有手持式（见图 6－5）和固定式（见图 6－6）两种。手持式包括 CCD、激光枪、光笔、数据采集终端。台式包括 CCD、激光平台。

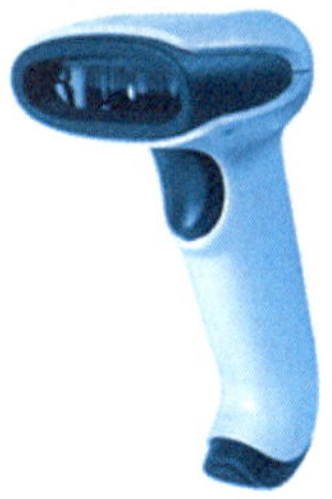

图 6－5　CCD 条码扫描器

图 6－6　立式激光扫描平台

1. 光笔扫描器。这种方式的扫描，光笔必须与被扫描阅读的条码接触，才能达到读取数据的目的。光笔扫描器的优点是成本低、耗电低、耐用，适合数据采集，可读较长的条码符号；其缺点是光笔对条码有一定的破坏性，随着条码应用的推广，目前已逐渐被 CCD 取代。

2. CCD 扫描器。采用 CCD 和发光二级管光源的识读设备，称为 CCD 扫描器。它是将发光二级管所发出的光照射到被阅读的条码上，通过光的反射，达到读取数据的目的。CCD 扫描器操作方便，易于使用，只要在有效景深范围内，光源照射到条码符号即可自动完成扫描，对于表面不平的物品、软质的物品均能方便地进行识读，无任何运动部件，因此性能可靠，使用寿命长。与其他条码扫描设备比较，具有耗电省、体积小、价格便宜等优点，但其阅读条码符号的长度受扫描器的元件尺寸限制，扫描景深长度不如激光扫描器。目前，已有厂家针对 CCD 的不足，开发出长距离 CCD，扫描距离可达 20 厘米。

3. 激光扫描器。这是一种远距离条码阅读设备，其性能优越，因而被广泛应用。激光扫描器的扫描方式有单线扫描、光栅式扫描和全角度扫描三种方式。激光手持式扫描器属单线扫描，其景深较大，扫描首读率和精度较高，扫描宽度不受设备开口宽度限制；卧式激光扫描器为全角扫描器，其操作方便，操作者可双手对物品进行操作，只要条码符号面向扫描器，不管其方向如何，均能实现自动扫描，超级市场大都采用这种设备。

（二）条码标签

条码标签绝大多数是纸质基材，一般由信息系统控制打印生成，或直接印刷在物品包装上，具有经济、抗电磁干扰能力强等特点，在许多环境恶劣的制造业企业内部物流中也有广泛的应用。有些企业甚至利用条码技术实现了产品从原料到成品的全过程跟踪。

目前，条码打印机行业应用较多的是不干胶标签。不干胶标签由离型纸、面纸及作为两者粘合的粘胶剂三部分组成，离型纸俗称“底纸”，表面呈油性，底纸对粘胶剂具有隔离作用，所以用其作为面纸的附着体，以保证面纸能够很容易从底纸上剥离下来。下面介绍几种常见的标签纸：

小知识

热敏纸标签

热敏纸标签是经高热敏性热敏涂层处理的纸材，高敏感度的面材可适用低电压打印头，因而对打印头的磨损极小。热敏纸是专门用于电子称、收银机内的一种热打纸，测试热敏纸最简单的方法：用指甲用力在纸上划过，会留下一道黑色的划痕。热敏纸适用于冷库、冷柜等货架签上，其尺寸大多固定为 40mm×60mm 标准。

（三）条码生成设备

目前，打印条码标签有两种方式：条码打印机（见图 6－7）打印方式和软件配合激光打印机方式。两种方式各有优缺点，并且各有其理想的适用场合。

图 6－7 条码打印机

条码打印机打印方式是一种传统的条码打印方式。条码打印机是一种专用设备，一般有热敏型和热转印型打印方式，使用专用的标签纸和碳带。此种打印机一般使用标签纸，该机上的标签检测装置可自动检测标签的大小和起始位置，可以按标签为单位进行高速打印，同时可打印特殊材料（PVC 等），可外接切刀等进行功能扩展，但其价格昂贵，使用维护较复杂，适合于需大量制作标签的专业用户使用。

应用普通的打印机配合专门的条码标签设计打印软件是制作条码标签的另一种方式。该方式可实现一机多用，且激光打印机精度高，图形表现能力强，且可打印彩色标签。但其打印速度较慢，且可打印材料较少。

软件方式与条码打印机方式的选择：根据上面的比较，两者各有优缺点，分别适用于不同的场合。在需大量打印标签的地方，特别是工厂需在短时间内大量打印以及需要特殊标签（如 PVC 材料、防水材料）、需要即用即打的地方，应选择条码打印机。在标签打印量较少，且多为一次性打印的地方，应选择激光打印方式。

应用训练

一、活动内容

在电脑中安装相关软件，安装条码打印机、打印纸和碳带，为 Colgate 牙膏制作商品条码 EAN13（6920354800399）并打印条码标签。

二、操作步骤

1. 打开条码打印机电源。电源开关位于打印机后面。安装打印机时，请注意检查拨动开关的位置，确保打印机的工作电压与供电电压相符，同时检查供电电源是否安全接地。某些外界的影响，如闪电，电源或信号线上的噪声也会使打印机出现误操作。关掉打印机，再重新打开，可使打印机恢复正常。在插拔任何连线时，都应该关闭电脑和打印机的电源。否则易损坏打印机和电脑主板。

2. 安装标签和色带。

（1）安装标签和色带时，按照打印机内的安装指示图即可。色带安装时，要分清色带的绕向，不能装反，否则会损害打印机的组件。

（2）安装标签和色带时，注意不要划伤打印头。色带及标签勿沾有泥沙，灰尘杂物。

（3）当第一次安装新的标签时，打印机做测试工作。

（4）当标签被卷入打印头下面的滚筒中时，不能用刀片来划开标签。只可以用手慢慢反向转动滚筒将标签撤出。

（5）安装完标签和色带后，合上机盖。

3. 制作和打印条码标签。

（1）在计算机桌面上点击图标

，打开条码打印软件。

（2）点击菜单栏中文件\新建选项，制作一个新标签（见图 6-8）。

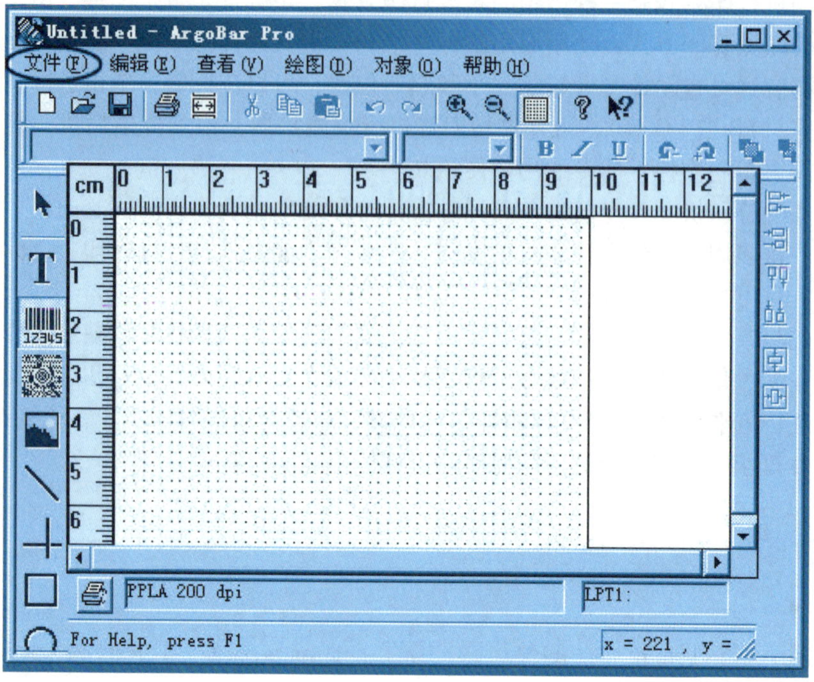

图 6－8 新建标签

（3）在左侧菜单栏中点击条码选项（见图 6－9），弹出条码属性窗口。

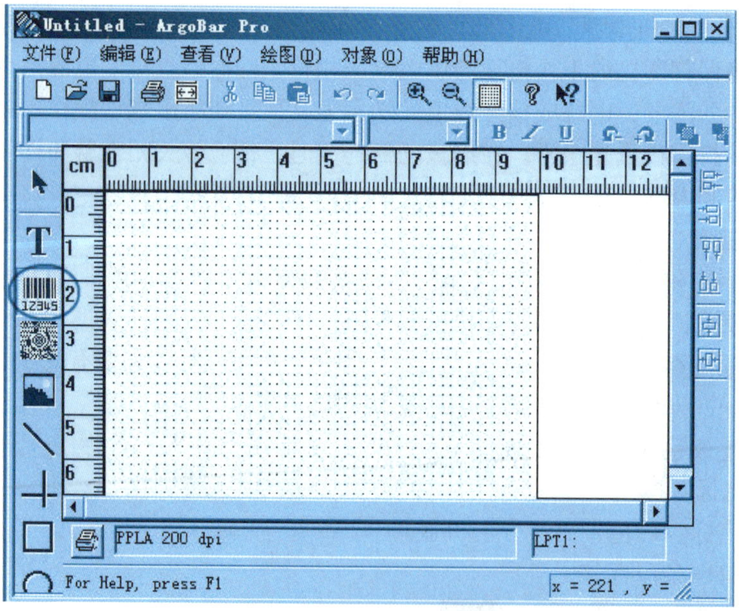

图 6－9 条码选项

（4）在条码属性窗口中设置旋转角度 None、细线宽度 2、条码高度 25、比例 2∶1 等参数（见图 6－10）。

图 6-10 设置条码参数

(5) 设置条码种类为 EAN/JAN-13 (见图 6-11)。

图 6-11 设置条码种类

（6）输入条形码号 EAN13（6920354800399）（见图 6－12）。

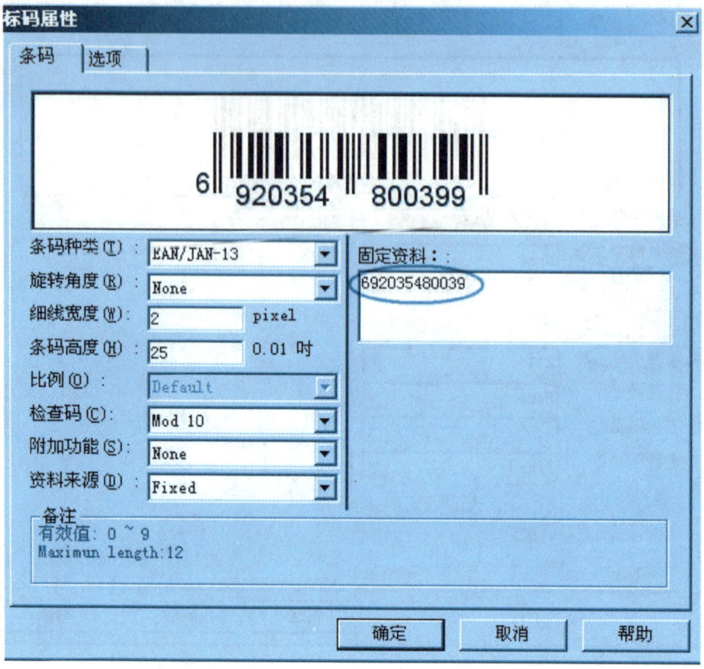

图 6－12　输入条形码号

（7）点击打印图标，弹出打印窗口（见图 6－13）。

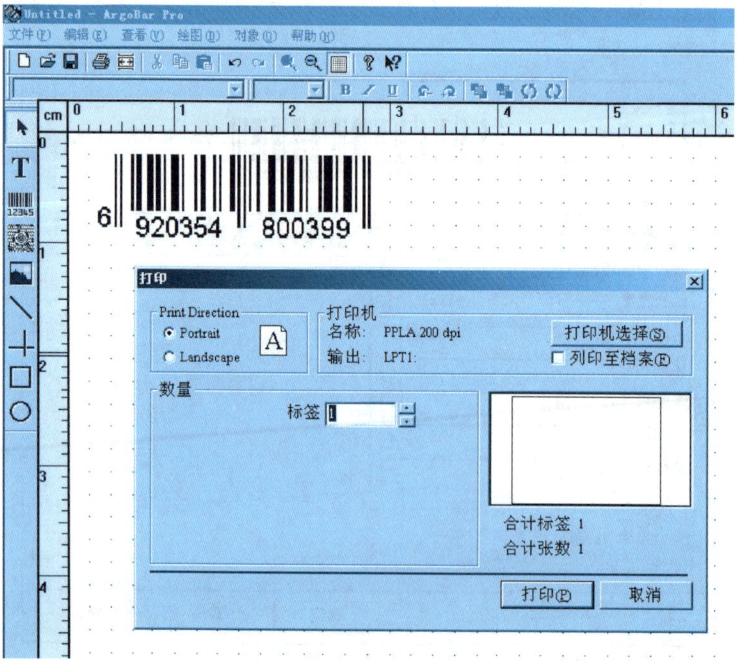

图 6－13　条码打印机结构

（8）设定打印标签数量，点击打印（见图6－14），完成条码标签打印。

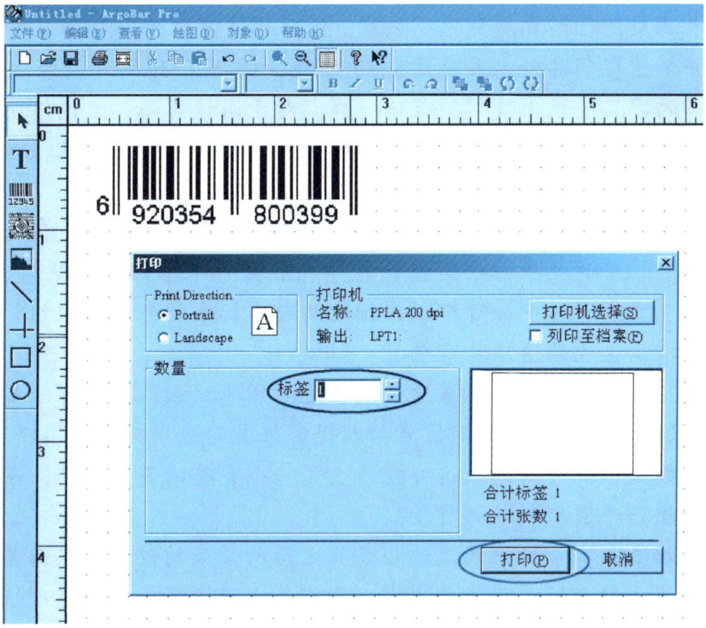

图6－14　设定打印标签数量

（9）用条码扫描仪检验制作完成的条码标签。

三、成果展示

各小组完成条码标签制作任务后，用条码扫描仪检验标签正确性，并依据正确率和标签设计合理性进行评比。

任务评价

条码打印机操作能力评分表

考评内容	条码打印机打印标签操作		
考评标准	内容	分值	实际得分
	安装标签纸、碳带	30分	
	设计条码标签	40分	
	打印标签	30分	
合计		100分	
小组活动评价		教师点评	

拓展提升

物流条码技术的应用已经拓展到医药领域。医药领域使用的条码是多种多样的，而真正能够起到作用的并不是在药品外包装上看到的 EAN－13 码。药品外包装上的条码只是商品标识码，就像所有的商品包装上使用的条码一样。对于同种商品，无论何时何地生产，只要厂商不变，产品规格不变，产品条码就不变。这显然不适用于产品属性较多的药品标识，同时在物流过程中为确保产品标识的唯一性，也不适用 EAN13 码。

目前国际上较为流行的就是采用 EAN 储运单元码，EAN 系列储运单元码是独立的运输包装的唯一识别标准。当商品从一个运输包装分包成另一个不同的包装时，可由 EAN 储运单元码标识。例如在发货通知中，可标识出标准的或非标准的包装箱内的货物信息，较好地提高货物发送、运输、接收的速度和准确性。

同时为解决药品属性多，难以用普通条码表达的困难。因此引入了 EAN. UCC 应用标识符 AI 标准。在条码前和条码中的给定位置加入规定位数的应用标识，用以表示药品的包装、商品编码、数量、效期、批号信息。这样就产生了一个完整的药品信息，在整个物流过程中可以用此来唯一标识一个固定包装的货物。

医药领域使用物流条码来标识物流过程药品之后所带来的效益是显而易见的。条码作为数据的载体，提供了一种新的数据采集技术，它有着准确性高、输入速度快、投入少、灵活实用的特点。那么具体表现在收货验证、入库上架、货物拆零、仓库盘点、出库拣选等作业的条码化数据采集。尤其在使用先进的无线数据采集终端后，更能对现场作业起到指导、调度和作业管理的作用。由此来提高作业效率，保证准确。

在医药物流系统中使用条码能促进企业物流信息管理的水平。企业是整个供应链中关键部分，物流信息在医药公司的供应商、医药公司、医药公司的用户之间共享。医药公司在这个物流供应链中具有双重身份，它既是客户又是供货方。作为客户，它应让供货方共享它的库存数据和销售信息；作为供应商，它也要了解医疗机构等客户的库存、销售情况，主动为它们提供建议性的订单。这样，可以降低供货成本，提高供货速度和准确性，降低库存水平，还可以提高产品的可获得性，从而为客户提供最佳服务，由此可以让整个物流链上的资源得到高度的协调管理。

任务 2
制作和使用 RFID 标签

任务目标

知识目标：

☐ 了解 RFID 技术原理及在网络行业中的应用
☐ 了解 RFID 标签的构造与技术标准

能力目标：

- □ 能使用射频设备和软件编辑和操作 RFID 标签
- □ 能使用 RFID 标签进行出入库操作

素养目标：

- □ 牢固树立共产主义远大理想和中国特色社会主义共同理想，培育和践行社会主义核心价值观
- □ 培养数据信息素养，提高数据的敏感性，加强数据收集能力、分析和处理能力，树立面对困难善于思考、刻苦钻研的精神

任务描述

RFID 是在频谱的射频部分，利用电磁耦合或感应耦合，通过各种调式和编码方案，与射频标签交互通信唯一读取射频标签身份的技术。射频识别系统由射频标签、识读器、计算机网络和应用程序及数据库组成的自动识别和数据采集系统。射频识别（RFID）是一种非接触式的自动识别技术，可通过射频信号自动识别目标对象并获取相关数据，能用于物流行业各种环境。RFID 能识别高速运动物体并可同时识别多个标签，操作快捷方便。本任务要求使用专业软件制作 RFID 标签，并用 RFID 标签完成入库管理。

任务准备

1. 学生 5 人一组，每组配备 PC 及 RFID 出入库门禁系统。
2. RFID 标签 10 只、RFID 读写器 1 台，PC 机连接线 1 条，RFID 读写器应用程序。
3. 实训时间：6 课时。

相关知识

一、射频识别的应用

RFID 技术的应用已趋成熟。在北美、欧洲、大洋洲、亚太地区及非洲南部都得到了相当广泛的应用。典型的应用领域包括：

（1）物流、仓储自动管理。大型物流、仓储企业。

（2）车辆道路交通自动收费管理。如：北美部分收费高速公路的自动收费中国部分高速公路自动收费管理、东南亚国家部分收费公路的自动收费管理。

（3）旅客航空行包的自动识别、分拣、转运管理。如：北美部分机场。

（4）车辆出入控制。如：停车场、垃圾场车辆出入、称重管理等。

（5）生产线产品加工过程自动控制。主要应用在大型工厂的自动化流水作业线上。

（6）贮气容器的自动识别管理。

（7）汽车遥控门锁、电子门锁等。

目前 RFID 技术已开始广泛应用于物流和供应链管理领域。信息的准确性和及时性是物流及供应链管理的关键因素，对此 RFID 技术能够提供充分的保证。RFID 系统使供应链的透明度大大提高，物品能在供应链的任何地方被实时的追踪，同时消除了以往各环节上的人工错误。安装在工厂、配送中心、仓库及商场货架上的识读器能够自动记录物品在整个供应链的流动过程。

中国菜鸟网络科技有限公司在全球已经组建起一张较完整的跨境包裹网络，这张物流网络由规模庞大的数智化基础设施组成。典型的设施包括全球 6 大 eHub、9 大国家级分拨中心，直接运营 300 多万平方米的各类跨境物流仓库，每月有 240 多架包机穿梭于跨境干线，与全球超过 50 个港口合作建立了智能清关系统，以及国家之间庞大的区域卡车网络。菜鸟在欧洲几个重点国家甚至搭建了本地化的物流网络。

这些成绩的取得离不开菜鸟对射频识别技术的精准应用。菜鸟耗时两年多的研发，通过优化芯片、读写器及其背后的一整套识别算法，将识别准确率大幅提升到 99.8%，达到全球领先。这一关键技术的突破，使得 RFID 的大规模商业应用成为可能。

二、射频识别系统

1. RFID 系统的组成。最基本的 RFID 系统由电子标签、识读器、天线及主计算机系统集成为一个整体，不同制造商有各自不同的集成方法。在以上基本配置之外，还应包括相应的应用软件。

（1）电子标签（Tag，即射频卡）：载有目标物相关信息的 RFID 单元，由耦合元件及芯片组成，标签含有内置天线，用于和射频天线间进行通信。

（2）识读器：接收从 RFID 单元上返回的 RF 信号并将解码的数据传输到主机系统以供处理的读写器，是读取（在读写卡中还可以写入）标签信息的设备。

（3）天线：在标签和读写器间传递射频信号。

2. RFID 系统的分类。根据 RFID 系统完成的功能不同，可以粗略地把 RFID 系统分成四种类型：EAS 系统、便携式数据采集系统、物流控制系统、定位系统。

（1）物流控制系统。在物流控制系统中，固定布置的 RFID 识读器分散布置在给定的区域，并且识读器直接与数据管理信息系统相连，信号发射机是移动的，一般安装在移动的物体、人上面。当物体、人流经识读器时，识读器会自动扫描标签上的信息并把数据信息输入数据管理信息系统存储、分析、处理，达到控制物流的目的。

RFID 在汽车工业 4.0 中的应用

（2）便携式数据采集系统。便携式数据采集系统是使用带有 RFID 识读器的手持式数据采集器采集 RFID 标签上的数据。这种系统具有比较大的灵活性，适用于不宜安装固定式 RFID 系统的应用环境。手持式识读器（数据输入终端）可以在读取数据的同时，通过无线电波数据传输方式（RFDC）实时地向主计算机系统传输数据，也可以暂时将数据存储在识读器中，再一批一批地向主计算机系统传输数据。

（3）EAS 技术。EAS 商品防盗系统是一种特殊的（1Bit）RFID 系统，标签只有两种编码状态，当识读器（感应器）感应到其中一种状态时即报警。随着 RFID 技术的发展，未来的 EAS 系统在报警的同时还可以显示出被盗商品的名称及数量。

EAS 是一种设置在需要控制物品出入的门口的 RFID 技术。这种技术的典型应用场合是商店、图书馆、数据中心等地方，当未被授权的人从这些地方非法取走物品时，EAS 系统会发出警告。在应用 EAS 技术时，首先在物品上粘上 EAS 标签，当物品被正常购买或者合法移出时，在结算处通过一定的装置使 EAS 标签失活，物品就可以取走。物品经过装有 EAS 系统的门口时，EAS 装置能自动检测标签的活动性，发现活动性标签 EAS 系统会发出警告。EAS 技术的应用可以有效防止物品的被盗，不管是大件的商品，还是很小的物品。应用 EAS 技术，物品不用再锁在玻璃橱柜里，可以让顾客自由地观看、检查商品，这在自选日益流行的今天有着非常重要的现实意义。

EAS 系统的工作原理是：在监视区，发射器以一定的频率向接收器发射信号。发射器与接收器一般安装在零售店、图书馆的出入口，形成一定的监视空间。当具有特殊特征的标签进入该区域时，会对发射器发出的信号产生干扰，这种干扰信号也会被接收器接收，再经过微处理器的分析判断，就会控制警报器的鸣响。

（4）定位系统。定位系统用于自动化加工系统中的定位以及对车辆、轮船等进行运行定位支持。识读器放置在移动的车辆、轮船上或者自动化流水线中移动的物料、半成品、成品上，信号发射机嵌入到操作环境的地表下面。信号发射机上存储有位置识别信息，识读器一般通过无线的方式或者有线的方式连接到主信息管理系统。

3. 电子标签 RFID 技术与条码技术。和传统条形码识别技术相比，RFID 有以下优势：

（1）快速扫描。RFID 的扫描速度是传统条形码技术所不能与之相提并论的，RFID 的识读器每 250 毫秒便可从电子标签中读出商品的相关数据。同时，通过使用防冲撞技术 RFID 支持批量处理，条形码标签则需要一个一个识别，RFID 识读器可以同时处理 200 个以上的标签，例如 TI 的 13.56MHz 系统每秒钟能处理大约 50 张标签。

（2）体积小型化、形状多样化。RFID 在读取上并不受尺寸大小与形状限制，不需为了读取精确度而配合纸张的固定尺寸和印刷品质。此外，RFID 标签更可往小型化与多样形态发展，以应用于不同产品。

（3）抗污染能力和耐久性。RFID 具有使用寿命长、安全性高、对环境要求低等优点。RFID 标签的寿命最高可以达到 10 年以上，其拥有条形码所不具备的防水、防磁、耐高温等性能；在遇到雪、雾、冰、各种污迹等等各种恶劣的工作环境下，传统条形码的光学识别技术将会失效，而 RFID 依然可以正常地工作。

（4）可重复使用。条形码在印刷之后就无法更改，RFID 标签则可以重复地新增、修改、删除 RFID 卷标内储存的数据，方便信息的更新。

（5）穿透性和无屏障阅读。在被覆盖的情况下，RFID 能够穿透纸张、木材和塑料等非金属或非透明的材质，并能够进行穿透性通信。而条形码扫描机必须在近距离而且没有物体阻挡的情况下，才可以辨读条形码。

（6）数据的记忆容量大。RFID 标签拥有现有的条形码标签不可比拟的容量优势。现行一维条码 EAN/UPC 条形码，其容量不过几十个字符，而容量最大的二维条码（PDF417），最多也只能存储2725个数字，容量受限制，决定了条形码只能充当一种标示数据，而不能直接对产品进行描述。RFID标签的容量可以根据用户的需要最大扩充到数十K，用户在电子标签上不仅可以知道产品的价格、产地、制造商、产品注意事项等关键信息，甚至可以读到一些关于本产品的相关轶闻趣事。

（7）安全性。由于RFID承载的是电子式信息，其数据内容可经由密码保护，使其内容不易被伪造及变造。近年来，RFID因其所具备的远距离读取、高储存量等特性而备受瞩目。它不仅可以帮助一个企业大幅提高货物、信息管理的效率，还可以让销售企业和制造企业互联，从而更加准确地接收反馈信息，控制需求信息，优化整个供应链。

三、射频识别设备

射频识别系统的组成一般至少包括三个部分：电子标签（射频识别标签）、识读器和天线（见图6-15）。

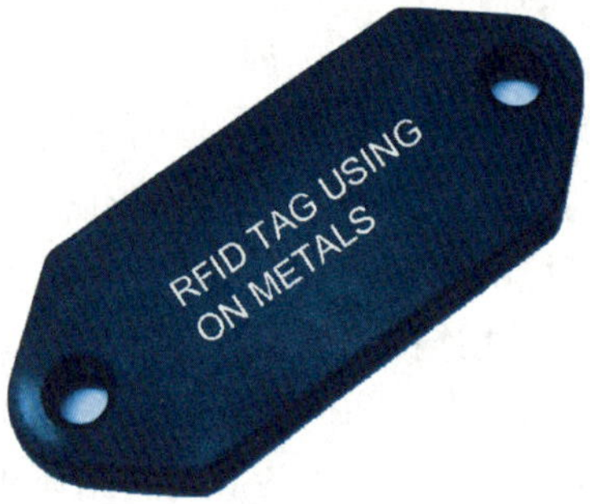

图6-15 电子标签

（一）电子标签

电子标签（见图6-16）是载有目标物相关信息的RFID单元。RFID单元中载有关于目标物的各类相关信息，如：该目标物的名称，目标物运输起始终止地点、中转地点及目标物经过某一地的具体时间等，还可以载入诸如温度等指标。RFID单元，如标签、卡等可灵活附着于从车辆到载货底盘的各类物品。

（二）数据采集器

数据采集器可无接触地读取并识别电子标签中所保存的电子数据，从而达到自动识别物体的目的。数据采集器的功能包括：通过计算机及计算机网络实现与应用系统软件进行通信，并执行应用系统软件发来的命令；控制与电子标签的通信过程；信号的编解码。对一些特殊的系统还有执行反碰撞算法，对电子标签与数据采集器间要传送的数据进行加密和解密，以及进行电子标签和数据采集器间的身份验证等附加功能。通常数据采集器发送时所使用的频率被称为RFID系统的工作频率，基本上划分为3个范围：低频（30～300kHz）、高频（3～30MHz）和超高频（300～3GHz）。常见的工作频率有低频125kHz、134.2kHz及高频 13.56MHz 等等。

常见的手持式数据采集器（图 6 - 16）是一种能独立工作、方便携带，具有电子标签进行识别、信息采集和存储等功能，并通过编程能完成一定管理、控制功能的终端。适用于由相应标签构成的识别系统的故障应急处理、临时监控处理。也可用于在特殊环境下的标签测试、系统开发调试及标签发行。内置嵌入式系统，可编程控制，应用管理可根据需求编程设计。

图 6 - 16 手持式数据采集器

（三）天线

天线是标签与数据采集器之间传输数据的发射、接收装置。任何 RFID 系统至少应包含一根天线以发射和接收 RF 信号。有些 RFID 系统是由一根天线来同时完成发射和接收；而另一些 RFID 系统则是由一根天线来完成发射而另一根天线来承担接收，所采用天线的形式及数量应视具体应用而定。

在实际应用中，射频识别系统的读写距离是一个非常关键的参数。目前，长距离射频识别系统的价格比较高，因此寻找提高其读写距离的方法很重要。影响电子标签读写距离的因素包括天线工作频率、数据采集器的 RF 输出功率、数据采集器的接收灵敏度、电子标签的功耗、天线及谐振电路的 Q 值、天线方向、数据采集器和电子标签的耦合度，以及电子标签本身获得的能量及发送信息的能量等。大多数系统的读取距离和写入距离是不同的，写入距离大约是读取距离的 40% ~ 80% 。

应用训练

一、活动内容

RFID 读写器系统安装。RFID 读写器既可以直接连接到用户 PC 机上，作为一个 RFID 标签读写器独立使用，又可以作为用户应用系统的一部份，嵌入到用户系统中。完成 RFID 读写器与 PC 机的连接，应用系统提供的测试软件对标签进行操作，实现 RFID 系统下的入库管理。

二、RFID 读写器功能说明

RFID 系列读写器/模块可以完成对符合 ISO 15693 标准的标签的所有读写操作，其操作由连接的主控系统发出的读写命令控制完成，具体可以完成如下功能：

· 模块操作：连接模块，读取模块号；
· 标签呼叫：防冲突处理，读取标签序列号；
· 标签静止：使标签处于静止状态；
· 读取标签系统信息；
· 选择标签；
· 复位标签；
· 读取标签数据；
· 写标签数据；
· 锁定标签数据；
· 写标签的 AFI；
· 锁定标签的 AFI；
· 写标签的 DSFID；
· 锁定标签的 DSFID；
· 读取标签的"写锁定"位信息。

三、操作步骤

1. 连接 RFID 读写器。

（1）关闭计算机电源，拔出键盘；将键盘的电缆接头连接到 RFID 读写器通信电缆的相应座中；RFID 读写器的电源是直接取自计算机键盘，对于无法与本电缆插头配套的计算机，用户可自行加入 +5V 电源至 RFID 读写器/模块中。

（2）将 RFID 读写器的通信电缆插入到 PC 机键盘座中，连接好 RS232 串行插口；连接 RFID 通信电缆和 RFID 读写模块。

（3）将 RFID 天线与 RFID 模块连接好。

（4）打开 PC 机，将 RFID 系统盘拷贝到计算机中，安装系统软件。

（5）运行 RFID 读写器测试程序，执行系统提供的各个测试命令。

2. 把信息写入 RFID 标签。

（1）在 PC 桌面上点击 RFID 读写程序图标

。

（2）打开 RFID 读写程序（见图 6－17），把 RFID 标签放在读写器接触面上。

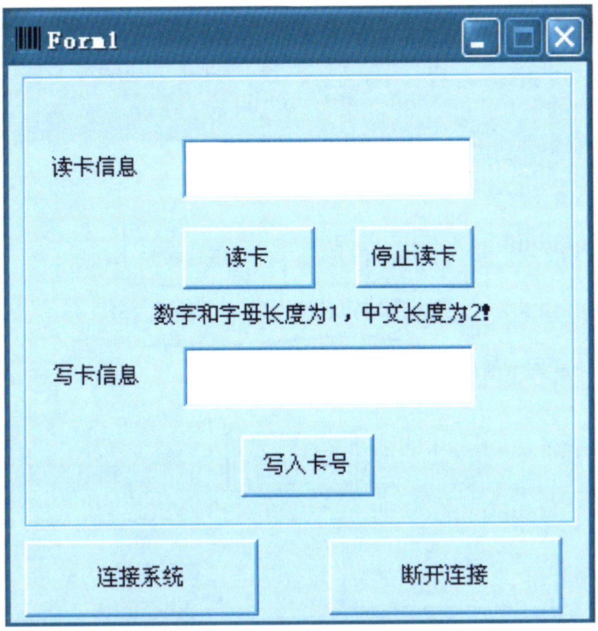

图 6－17　RFID 读写程序

（3）点击“连接系统”，显示“开读写器成功!”，然后点击“确定”（见图 6－18）。

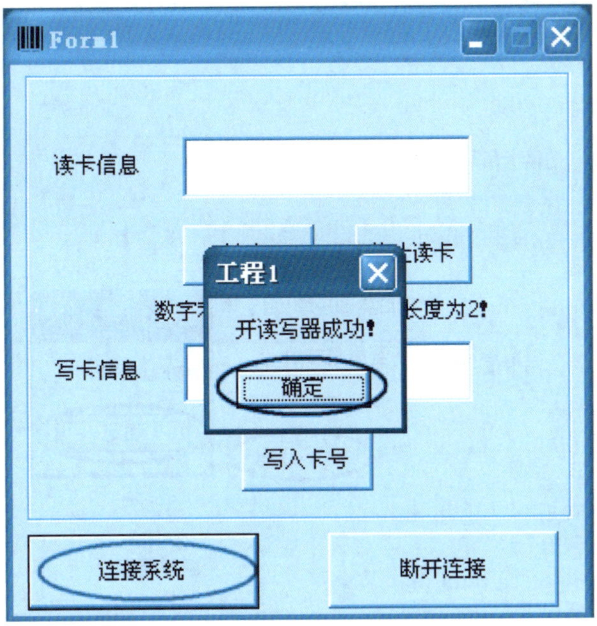

图 6－18　连接系统

（4）在写卡信息栏中填入“芦荟香皂 TP01”（见图 6－19）。

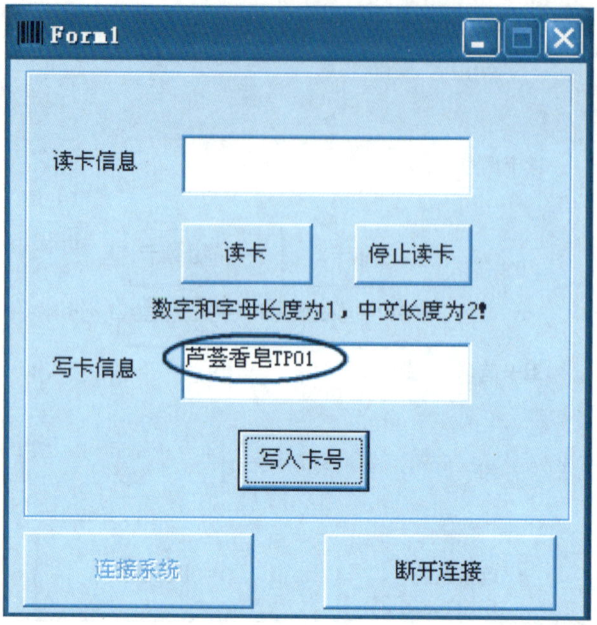

图 6－19　填入写卡信息

（5）点击写入卡号，系统显示“Write Ok!”后点击确定（见图 6－20）。

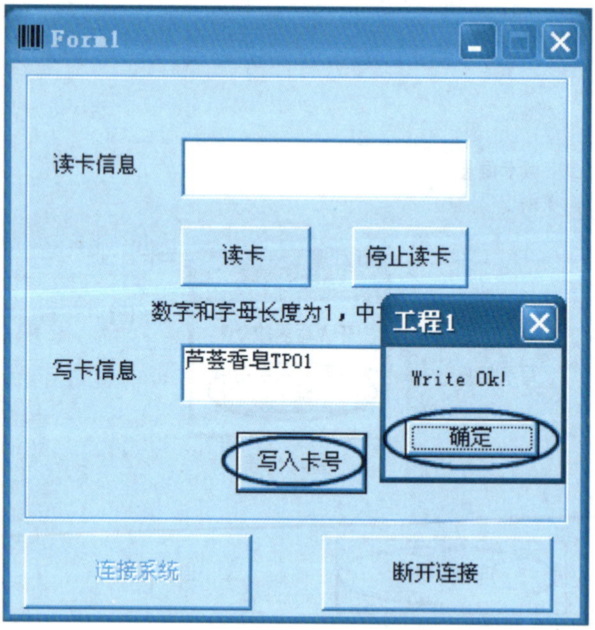

图 6－20　写入卡号

（6）点击“读卡”按钮，读卡信息栏显示：“芦荟香皂 TP01”，写入成功（见图 6－21）。

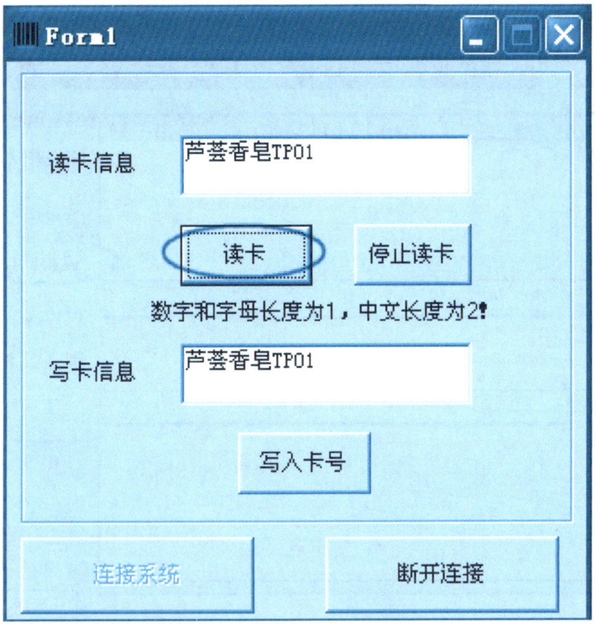

图 6－21　读卡成功

3. 通过 RFID 门禁系统入库。

（1）在 PC 桌面上点击 RFID 门禁程序图标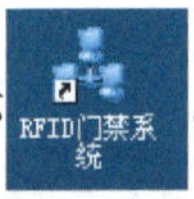

。

（2）在弹出窗口中点击“连接服务器”（见图 6－22）。

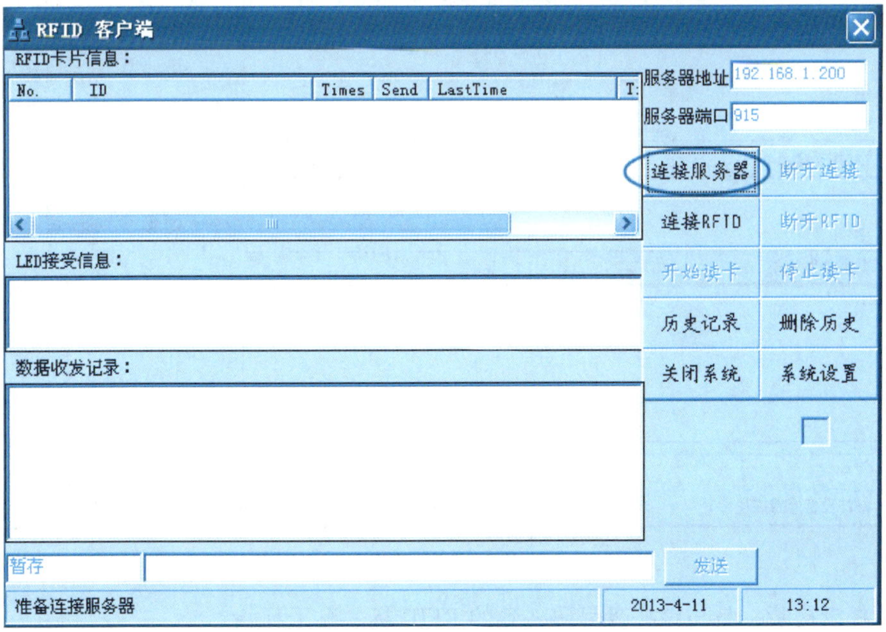

图 6－22　连接服务器

（3）数据传输完毕后，点击“连接 RFID”（见图 6－23）。

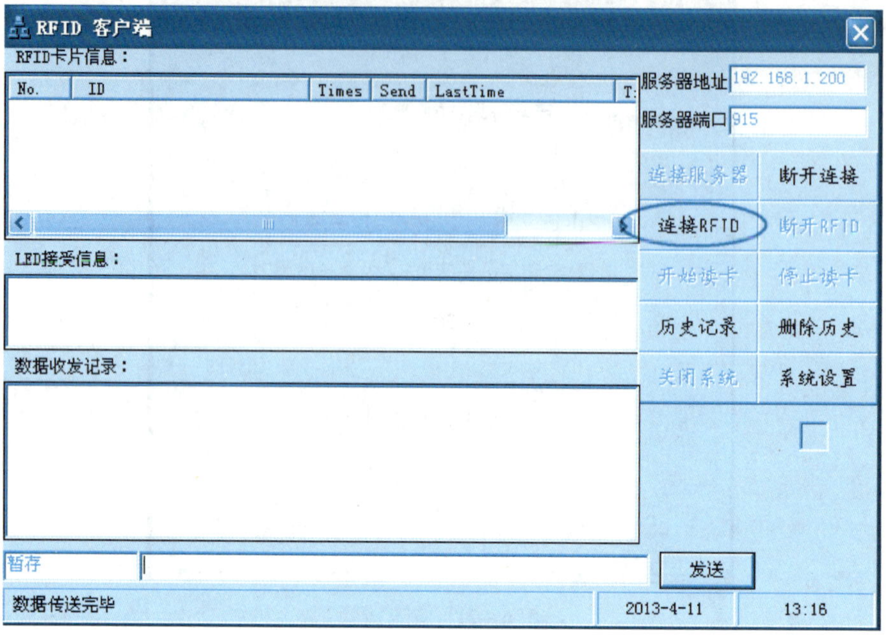

图 6－23　连接 RFID

（4）连接成功后，点击“开始读卡”（见图 6－24）。

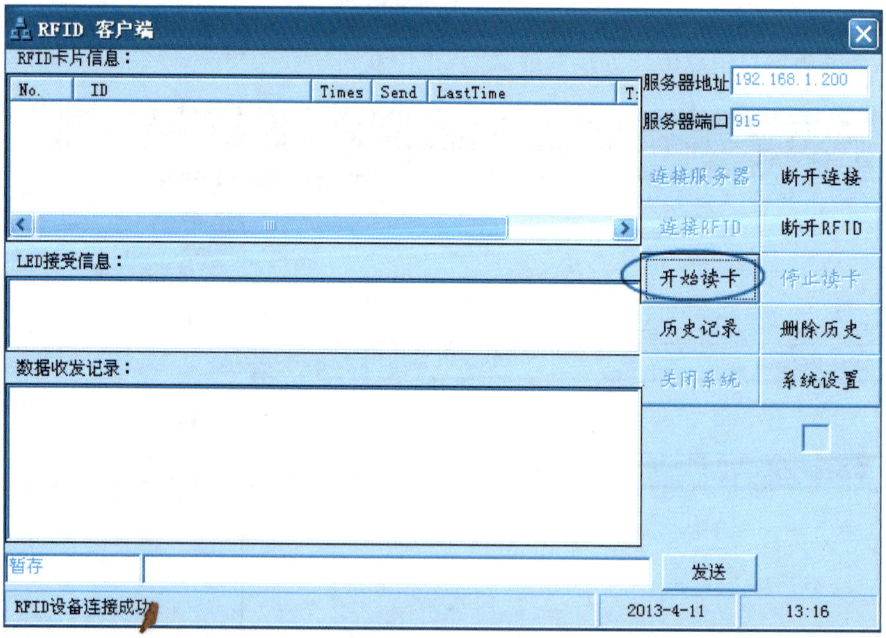

图 6－24　读卡

（5）托盘接货，将与该托盘号码一致的 RFID 标签贴上托盘。

（6）用手动搬运车搬运托盘货物通过 RFID 入库门禁，根据电子看板显示信息，放入货架的指定位置。

（7）系统显示接受信息（见图6－25）。

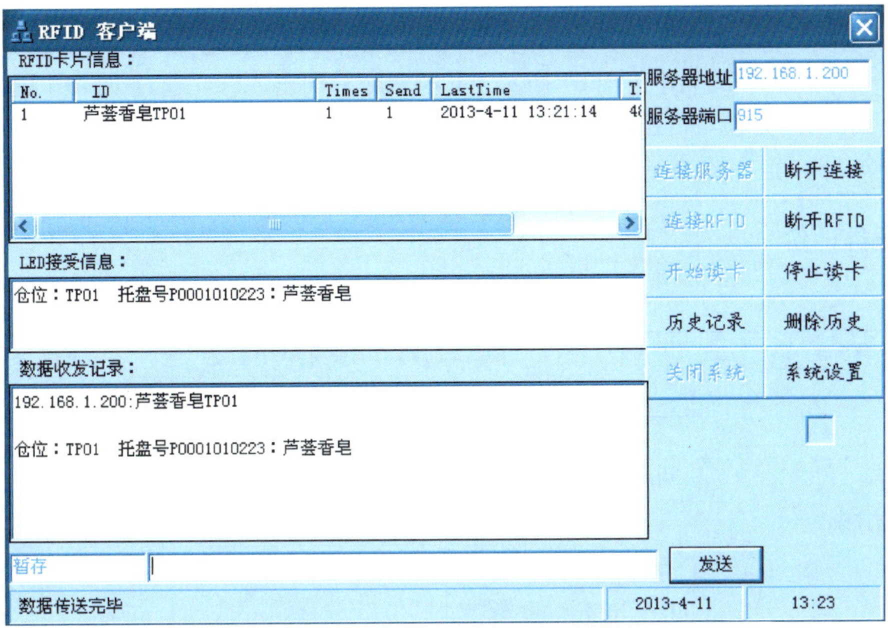

图6－25　系统接受信息

（8）点击“发送”，完成入库操作（见图6－26）。

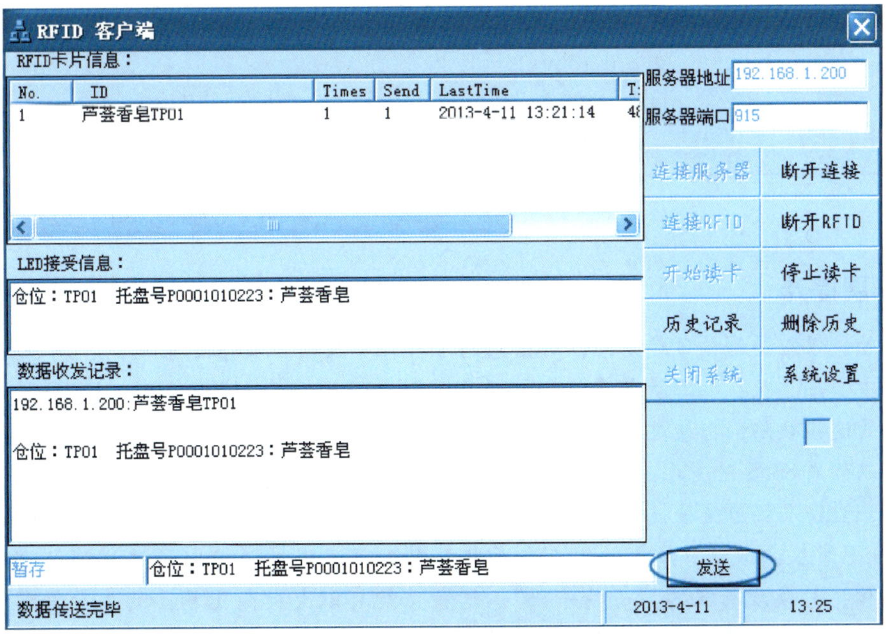

图6－26　发送信息

四、成果展示

各小组完成RFID标签写入任务后，把贴上RFID标签的货物装上手动搬运车后通过RFID门禁系统，完成入库作业，观察电子看板上入库货物托盘与货架位置信息是否正确。货物出库时将客户订单号制成RFID标签，并与货物一同出库，在通过RFID门禁系统时，观察电子看板上显示货物的出库单号和货物将放置车辆信息是否正确，根据正确率与工作效率综合评分。

任务评价

能力评分表

考评内容	制作与使用RFID标签		
考评标准	内容	分值	实际得分
	RFID读写器连接	20分	
	RFID标签写入操作	30分	
	托盘操作	10分	
	手动搬运车操作	10分	
	RFID门禁系统入库操作	30分	
合计		100分	
小组活动评价		教师点评	

拓展提升

现代物流供应链结构日趋复杂，对信息的准确性和及时性要求越来越高。调查数据显示，一个配送中心每年花在人工清点货物和扫描条形码上的时间达11000小时。RFID技术可以克服条形码的这些缺陷，将该过程自动化，为供应链提供即时数据。据分析若采用RFID，沃尔玛每年可以节省83.5亿美元，其中大部分是扫描条码的人力成本。此外，RFID可解决零售业物品脱销、盗窃及供应链被搅乱带来的损耗，而沃尔玛每年因盗窃带来的损失达20亿美元。

RFID无线双向通信，最大的优点在于非接触，可实现批量读取和远程读取，可识别高速运动物体，可实现真正的“一物一码”。这种系统可以大大简化物品的库存管理，满足信息流量不断增大和信息处理速度不断提高的需求。

RFID技术是革命性的，有人称为“在线革命”，它可将所有物品无线连接到网络上。在可以预见的时间内，RFID标签将高速发展，并与条形码长期共存。RFID标签和条形码适用于不同的场合，各具优势：条形码适合成本极低的物品，而 RFID 适合对高速移动或多目标的同时识别环境。

目前，RFID 技术在中国的应用主要集中在交通运输行业，比较成熟的应用有全国铁路车号识别系统、地铁线控制系统、港口集装箱管理。此外，在门禁、车场管理及高速公路收费管理等方面的应用也初具规模。随着物流业转型发展的深入开展，RFID 将作为主要的技术应用获得推广。

综合练习

一、单选题

1.（　　）是由一组规则排列的条、空及其对应字符组成的标记，用以表示特定的信息。

A. 射频识别技术　　B. 信息编码

C. 信息代码　　D. 条码

2.（　　）是指一组用来表征客观事物的一个或一组有序的符号。

A. 条码　　B. 代码

C. 射频识别技术　　D. 信息代码

3. 在代码设计的原则中，（　　）是指必须在逻辑上满足应用需要，在结构上与处理方法相一致。

A. 唯一性　　B. 简单性

C. 合理性　　D. 规范性

4. 在信息系统中，代码设计的首要任务是（　　）。

A. 唯一化　　B. 系统化

C. 规范化　　D. 标准化

二、多选题

1. 一维条码按照应用可分为商品条码和物流条码。其中物流条码主要有以下哪几种？（　　）

A. 128 码　　B. ITF 码

C. EAN 码　　D. 库德巴

2. 条码作为一种图形识别技术与其他识别技术相比有哪些特点？（　　）

A. 简单　　B. 信息采集速度快

C. 采集信息量大　　D. 超前性

3. 在信息系统中，代码的作用体现在以下哪几个方面？（　　）

A. 唯一化　　B. 标准化

C. 规范化　　D. 系统化

4. 条码应用系统开发过程中，系统设计的原则有（　　）。

A. 系统的工作效率　　B. 系统的可靠性和可变性

C. 系统的工作质量　　D. 系统的经济性

5. 商品条码编码原则包括（　　）。

A. 惟一性原则　　B. 无含义性原则

C. 安全性原则　　D. 稳定性原则

三、判断题

1. 图像识别技术创始于20世纪70年代后期，随后开始崛起，经过发展，已经成为科研和生产中不可或缺的重要部分。（　）

2. 条码是由一组规则排列的条、空及其对应字符组成的标记，用以表示特定的信息。（　）

3. 所谓对物品的标识，就是首先给某一物品分配一个代码，然后以条码的形式将这个代码表示出来，并且标识在物品上，以便识读设备通过扫描识读条码符号而对该物品进行识别。（　）

4. 条码的码制是指条码符号的编码规则。（　）

5. EAN条码的字符集为字母A～Z。（　）

6. 射频识别标签是一种标签形式，将特殊的信息编码进电子标签。标签被粘贴在需要识别或追踪的物品上，如货架、汽车、自动导向的车辆、动物等。（　）

四、简答题

1. 什么是自动识别与数据采集技术？
2. 自动识别技术有哪些种类？
3. 什么是EAN－13码？什么是UPC码？
4. 什么是PDF417条码？它有什么特点？
5. 物流条码标识内容有哪些？
6. RFID中电子标签处于什么地位？有哪些功能特征？
7. 简述各射频段电子标签的特点。
8. 试述RFID系统的一般工作流程。
9. 读写器有哪些功能特征？
10. 什么是近场通信技术？打开手机NFC功能，学会设置门禁卡。

参考资料

1. 王淑荣：《物流企业管理实务》，中国物资出版社 2006 年版。
2. 彭岩：《物理企业管理》，清华大学出版社 2009 年版。
3. 宋文官：《物流基础》，高等教育出版社 2010 年版。
4. 张健雄：《物流员》，中国劳动社会保障出版社 2004 年版。
5. 彭麟：《现代物流基础》，机械工业出版社 2011 年版。
6. 陈百建：《物流业务流程》，华东师范大学出版社 2011 年版。
7. 曲建科、杨明：《物流成本管理》，高等教育出版社 2012 年版。
8. 刘志强：《物流配送系统设计》，清华大学出版社 2004 年版。
9. 贾争现、刘康：《物流配送中心规划与设计》，机械工业出版社 2004 年版。
10. 姚城：《物流配送中心规划与运作管理》，广东经济出版社 2004 年版。
11. 刘昌棋：《物流配送中心设计》，机械工业出版 2001 年版。
12. 李万秋：《物流中心运作与管理》，中国物资出版社 2002 年版。
13. 秦明森：《物流作业优化方法》，中国物资出版社 2003 年版。
14. 陈子、侠张芮、陈颢：《物流中心规划设计》，高等教育出版社 2005 年版。
15. 王燕、蒋笑梅：《配送中心全程规划》，机械工业出版社 2004 年版。
16. 杜文：《物流运输与配送管理》，机械工业出版社 2006 年版。
17. 李军、郭耀煌：《物流配送车辆优化调度理论与方法》，中国物资出版社 2001 年版。
18. 牛鱼龙：《EDI 知识与应用》，海天出版社 2005 年版。
19. 阎子刚：《物流信息技术》，高等教育出版社 2003 年版。
20. 吴明：《物流信息管理实务》，中国物资出版社 2003 年版。
21. 刘伯莹：《MRP Ⅱ/ERP 原理与实施》，天津大学出版社 2001 年版。
22. 欧阳文霞：《物流信息系统》，机械工业出版社 2005 年版。
23. 牛东来：《现代物流信息系统》，清华大学出版社 2004 年版。
24. John Coyle：《企业物流管理》，电子工业出版社 2003 年版。
25. 鲁晓春：《仓储自动化》，清华大学出版社 2002 年版。
26. David Burt：《世界级供应管理》，电子工业出版社 2003 年版。
27. 丁立言、张铎：《物流基础》，清华大学出版社 2000 年版。
28. 用友软件有限公司编著：《ERP 应用指南》，机械工业出版社 2002 年版。
29. 王国卿：《物流信息技术》，人民交通出版社 2003 年版。
30. Michael E. Whitman：《信息安全原理》，清华大学出版社 2004 年版。

31. 陈春，候晓华：《电子商务技术与应用》，科学出版社 2004 年版。
32. 李健：《企业资源计划（ERP）及其应用》，电子工业出版社 2004 年版。
33. 陈庄等：《ERP 原理与应用教程》，电子工业出版社 2003 年版。
34. 罗鸿：《ERP 原理·设计·实施》，电子工业出版社 2002 年版。
35. 蔡淑琴：《物流信息系统》，中国物资出版社 2002 年版。
36. 何发智：《物流管理信息系统》，人民交通出版社 2003 年版。
37. 李苏剑：《物流管理信息系统理论与案例》，电子工业出版社 2003 年版。
38. 刘淑萍：《现代物流基础》，华东师范大学出版社 2011 年版。
39. 阮喜珍：《现代物流企业管理》，机械工业出版社 2011 年版。